U0595943

人工智能

在量化交易中的应用与实战

王 征 李晓波 ◎著

中国铁道出版社有限公司
CHINA RAILWAY PUBLISHING HOUSE CO., LTD.

内 容 简 介

本书首先讲解人工智能的基础知识，即什么是人工智能，为什么要学习人工智能，什么是智能，智能类型，人工智能的研究与应用领域，为什么使用 Python 来开发人工智能，利用量化交易平台编写 Python 程序，人工智能的发展历史；然后讲解 Python 编程基础和人工智能的三个重要的包，即 Numpy 包、Pandas 包和 Matplotlib 包；接着讲解 5 种机器学习算法，即决策树、随机森林、支持向量机（SVM）、朴素贝叶斯和人工智能的神经网络；然后讲解 Python 量化交易策略的编写、获取数据函数、Python 基本面量化选股、Python 量化择时的技术指标函数、Python 量化交易策略的回测技巧、Python 量化交易策略的机器学习方法应用；最后讲解 Python 量化交易策略的因子分析技巧和 Python 量化交易策略实例。

在讲解过程中既考虑读者的学习习惯，又通过具体实例剖析讲解人工智能在量化交易应用中的热点问题、关键问题及种种难题。

本书适用于各种投资者，如股民、期民、中小散户、职业操盘手和专业金融评论人士，更适用于那些有志于在这个充满风险、充满寂寞的征程上默默前行的征战者和屡败屡战、愈挫愈勇并最终战胜失败、战胜自我的勇者。

图书在版编目（CIP）数据

人工智能在量化交易中的应用与实战/王征，李晓波著. —北京：中国铁道出版社有限公司，2019. 7（2022. 1重印）

ISBN 978-7-113-25784-2

Ⅰ. ①人… Ⅱ. ①王… ②李… Ⅲ. ①人工智能-应用-股票交易-研究 Ⅳ. ①F830. 91-39

中国版本图书馆CIP数据核字（2019）第091679号

书　名：人工智能在量化交易中的应用与实战
作　者：王　征　李晓波

责任编辑：张亚慧　　　编辑部电话：（010）51873035　　　邮箱：lampard@vip. 163. com
封面设计：MXK DESIGN STUDIO
责任印制：赵星辰

出版发行：中国铁道出版社有限公司（100054，北京市西城区右安门西街8号）
印　　刷：佳兴达印刷（天津）有限公司
版　　次：2019年7月第1版　2022年1月第2次印刷
开　　本：700 mm×1 000 mm　1/16　印张：26.75　字数：495 千
书　　号：ISBN 978-7-113-25784-2
定　　价：79.00 元

前 言 ◦━━━━━━━━━━━━━━━━━━━━━━━━━━━━━

随着计算机技术的发展,人工智能已经从科幻逐步走入现实。从1956年人工智能这个概念被首次提出以来,人工智能的发展几经沉浮。随着核心算法的突破、计算能力的迅速提高,以及海量互联网数据的支撑,人工智能终于在21世纪的第二个十年里迎来质的飞跃,成为全球瞩目的科技焦点。在政府积极引导和企业战略布局等推动下,人工智能产业从无到有,规模快速壮大,创新能力显著增强,服务能力大幅提升,应用范畴不断拓展,并为云计算、大数据、物联网、量化交易等新兴领域的发展提供了基础支撑。与此同时,对人工智能人才的需求也极为迫切。

以美国为主的成熟资本市场,量化交易占比超过50%,量化对冲基金已经成为资管行业中的翘楚。中国的量化交易起步较晚,量化交易在证券市场占比还不足5%。随着科技的进步,中国的量化交易市场正在快速发展。

目前我国的量化交易主要应用在商品期货上。随着股指期货的上市,期货市场和证券市场实现了真正意义上的互动,投资者不仅可以在期货市场上进行投机交易,同时可以在期货与股票之间进行套利交易。利用量化交易对股指期货进行操作将会是投资者(尤其是机构投资者)的一个重要的发展方向。

| 内容结构

本书共16章,具体章节安排如下。

➤ 第1章:讲解人工智能的基础知识,即什么是人工智能,为什么要学习人工智能,什么是智能,智能类型,人工智能的研究与应用领域,为什么使用Python来开发人工智能,利用量化交易平台编写Python程序,人工智能的发展历史。

➤ 第2章到第5章:讲解Python编程基础和人工智能的三个重要的包,即Numpy包、Pandas包和Matplotlib包。

➤ 第6章到第8章:讲解5种机器学习算法,即决策树、随机森林、支持向量机(SVM)、朴素贝叶斯和人工智能的神经网络。

※ 第9章到第14章：讲解Python量化交易策略的编写、获取数据函数、Python基本面量化选股、Python量化择时的技术指标函数、Python量化交易策略的回测技巧、Python量化交易策略的机器学习方法应用。

※ 第15章到第16章：讲解Python量化交易策略的因子分析技巧和Python量化交易策略实例。

| 内容特色

本书的特色归纳如下。

※ （1）实用性：本书首先着眼于人工智能在量化交易中的实战应用，然后再探讨深层次的技巧问题。

※ （2）详尽的例子：本书附有大量的例子，通过这些例子介绍知识点。每个例子都是作者精心选择的，投资者反复练习，举一反三，就可以真正掌握人工智能在量化交易中的实战技巧，从而学以致用。

※ （3）全面性：本书包含了人工智能和量化交易的所有知识，分别是人工智能基础知识、Python编程基础、Numpy包、Pandas包、Matplotlib包、决策树、随机森林、支持向量机(SVM)、朴素贝叶斯、人工智能的神经网络、Python量化交易策略的编写、获取数据函数、Python基本面量化选股、Python量化择时的技术指标函数、Python量化交易策略的回测技巧、Python量化交易策略的机器学习方法应用、Python量化交易策略的因子分析技巧和Python量化交易策略实例。

| 适合读者

本书适用于各种投资者，如股民、期民、中小散户、职业操盘手和专业金融评论人士，更适用于那些有志于在这个充满风险、充满寂寞的征程上默默前行的征战者和屡败屡战、愈挫愈勇并最终战胜失败、战胜自我的勇者。

| 创作团队

本书由王征、李晓波合作撰写，对本书的编写提出过宝贵意见并参与部分编写工作的人员有：陆佳、张振东、王真、周贤超、杨延勇、王荣芳、李岩、周科峰、陈勇、孟庆国、赵秀园、吕雷、孙更新、于超、栾洪东、尹吉泰、纪欣欣、王萍萍、高云、李永杰、盛艳秀。

由于时间仓促，加之水平有限，书中的缺点和不足之处在所难免，敬请读者批评指正。

编　者
2019年3月

| 目 录 |
CONTENTS

第 10 章 Python 量化交易策略的获取数据函数 / 235

第 11 章　Python 基本面量化选股　/　265

第1章

人工智能快速入门

人工智能作为新一代信息技术的标志，是信息技术发展和信息社会需求到达一定阶段的产物。在政府积极引导和企业战略布局等推动下，人工智能产业从无到有，规模快速壮大，创新能力显著增强，服务能力大幅提升，应用范畴不断拓展，并为云计算、大数据、物联网、量化交易等新兴领域的发展提供了基础支撑。

本章主要内容包括：

➤ 人工智能的定义及为什么要学习人工智能

➤ 智能类型及智能的组成

➤ 人工智能的研究与应用领域

➤ 为什么使用Python来开发人工智能

➤ Python的下载、安装和程序编写

➤ 利用量化交易平台编写Python程序

➤ 人工智能的发展历史

1.1 初识人工智能

人工智能是计算机学科的一个分支，20世纪70年代以来被称为世界三大尖端技术之一（空间技术、能源技术、人工智能），也被认为是21世纪三大尖端技术（基因工程、纳米科学、人工智能）之一。这是因为近30年来它获得了迅速的发展，在很多学科领域都获得了广泛应用，并取得了丰硕的成果，人工智能已逐步成为一个独立的分支，无论在理论上还是在实践上都已自成一个系统。

1.1.1 什么是人工智能

人工智能（Artificial Intelligence），英文缩写为AI。它是研究使用计算机来模拟人的某些思维过程和智能行为（如学习、推理、思考、规划等）的学科，主要包括计算机实现智能的原理、制造类似于人脑智能的计算机，使计算机能实现更高层次的应用。

人工智能将涉及计算机科学、心理学、哲学和语言学等学科。可以说几乎是自然科学和社会科学的所有学科，其范围已远远超出了计算机科学的范畴，人工智能与思维科学的关系是实践和理论的关系，人工智能处于思维科学的技术应用层次，是它的一个应用分支。从思维观点看，人工智能不仅限于逻辑思维，要考虑形象思维、灵感思维才能促进人工智能的突破性的发展，数学常被认为是多种学科的基础科学，数学也进入语言、思维领域，人工智能学科也必须借用数学工具，数学不仅在标准逻辑、模糊数学等范围发挥作用，还进入人工智能学科，它们将互相促进而更快地发展。

1.1.2 为什么要学习人工智能

人工智能追求的是创造出像人一样聪明的机器。我们学习人工智能的原因很多，主要有六点，分别是人工智能可以处理大量的数据、人工智能可以处理大量变化的数据、人工智能可以更深入地分析数据、人工智能分析数据有很高的准确率、人工智能可以组织数据并最大限度地加以利用、人工智能可以构建智能系统，如图1.1所示。

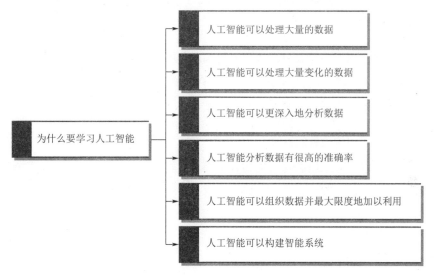

图1.1　为什么要学习人工智能

1. 人工智能可以处理大量的数据

在我们的实际工作中，往往需要处理大量的数据，如股民要从3 000多只股票中选出某只股票或几只股票，并且在选股时要参考很多指标，如市盈率、市净率、总股本等。

人类的大脑无法追踪这么多的数据，这就需要对大量数据进行自动化处理。为了实现自动化处理大量数据，就需要学习人工智能。因为人工智能可以从数据中学习，并且可以准确无误地完成重复任务。

2. 人工智能可以处理大量变化的数据

我们在实际工作中处理的数据，有时数据本身就在不断变化，如股票的价格、动态市盈率、MACD指标等。人工智能建立的智能系统具有自学习功能，这样就可以帮助我们处理大量变化的数据。

3. 人工智能可以更深入地分析数据

人工智能借助神经网络，可以更深入地分析数据。人工智能正是依靠这种能力,可以实现根据实时情况进行思考并及时响应。

4. 人工智能分析数据有很高的准确率

在深度神经网络的帮助下,人工智能可以达到极高的准确度。例如,人工智能有助于医学领域中,从患者的MRI(核磁共振)检查中诊断癌症等疾病。

5. 人工智能可以组织数据并最大限度地加以利用

面对大量的数据,人工智能的自学习功能,使它总是能够提供最佳结果的方式对数据进行索引和组织。

6. 人工智能可以构建智能系统

通过人工智能,我们可以构建智能系统。需要注意的是,我们需要理解智能的概念,以便我们的大脑可以构建像自己一样的另一个智能系统。

1.2 智能概述

智能是知识和智力的总和,前者是智能的基础,后者是指获取和运用知识求解的能力。

1.2.1 智能类型

根据美国发展心理学家霍华德·加德纳的多元智能理论,人类的智能可分为7类,分别是语言智能、音乐智能、数学逻辑智能、空间智能、身体运动智能、自我认知智能、自然认知智能,如图1.2所示。

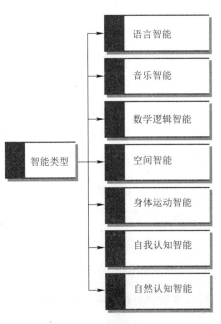

1. 语言智能

语言智能是指有效地运用口头语

图1.2 智能类型

言或文字表达自己的思想并理解他人，灵活掌握语音、语义、语法，具备用言语思维、用言语表达和欣赏语言深层内涵的能力结合在一起并运用自如的能力。它们适合的职业是主持人、演说家、教师等。

2. 音乐智能

音乐智能是指人能够敏锐地感知音调、旋律、节奏、音色等能力。这项智能对节奏、音调、旋律或音色的敏感性强，与生俱来就拥有音乐的天赋，具有较高的表演、创作及思考音乐的能力。它们适合的职业是歌唱家、指挥家、调琴师等。

3. 数学逻辑智能

数学逻辑智能是指有效地计算、测量、推理、归纳、分类，并进行复杂数学运算的能力。这项智能包括对逻辑的方式和关系，陈述和主张，功能及其他相关的抽象概念的敏感性。它们适合的职业是科学家、会计师、工程师等。

4. 空间智能

空间智能是指准确感知视觉空间及周围一切事物，并且能把所感觉到的形象以图画的形式表现出来的能力。这项智能包括对色彩、线条、形状、形式、空间关系很敏感。它们适合的职业是室内设计师、建筑师、摄影师、画家等。

5. 身体运动智能

身体运动智能是指善于运用整个身体来表达思想和情感、灵巧地运用双手制作或操作物体的能力。这项智能包括特殊的身体技巧，如平衡、协调、敏捷、力量、弹性和速度以及由触觉所引起的能力。它们适合的职业是运动员、演员、舞蹈家等。

6. 自我认知智能

自我认知智能是指自我认识和善于自知之明并据此做出适当行为的能力。这项智能能够认识自己的长处和短处，意识到自己的内在爱好、情绪、意向、脾气和自尊，喜欢独立思考。它们适合的职业是哲学家、政治家、思想家等。

7. 自然认知智能

自然认知智能是指善于观察自然界中的各种事物，对物体进行辩论和分类的能力。这项智能有着强烈的好奇心和求知欲，有着敏锐的观察能力，能了解各种事物的细微差别。它们适合的职业是天文学家、生物学家、地质学家、考古学家等。

1.2.2　智能的组成

智能是无形的，它由4个部分组成，分别是推理、学习、解决问题、知觉，如图1.3所示。

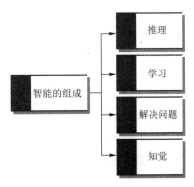

图1.3　智能的组成

1. 推理

推理是由一个或几个已知的判断推出一个新的判断的思维形式。

例如"客观规律总是不以人们的意志为转移的，经济规律是客观规律，所以，经济规律是不以人们的意志为转移的"，这段话就是一个推理。其中"客观规律总是不以人们的意志为转移的"，"经济规律是客观规律"是两个已知的判断，从这两个判断推出"经济规律是不以人们的意志为转移的"这样一个新的判断。

任何一个推理都包含已知判断、新的判断和一定的推理形式。作为推理的已知判断叫前提，根据前提推出新的判断叫结论。前提与结论的关系是理由与推断，原因与结果的关系。

推理按推理过程的思维方向来分，可分为三种，分别是演绎推理、归纳推理和类比推理，如图1.4所示。

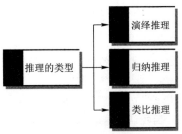

图1.4　推理的类型

演绎推理是由普遍性的前提推出特殊性结论的推理。例如，所有60岁以上的男性都是爷爷，张亮（男）已经65岁了，因此张亮是爷爷。

归纳推理是由特殊的前提推出普遍性结论的推理。例如，李平是老师，李平很好学，所以老师都很好学。

类比推理是从特殊性前提推出特殊性结论的一种推理，也就是从一个对象的属性推出另一对象也可能具有的属性。

2. 学习

学习智能可以分为8种，具体如下。

听觉学习：通过听力来学习。例如，听录音学英语。

情节学习：通过记住人们目睹或经历的一系列事件来学习。

运动学习：通过肌肉的精确运动来学习

观察学习：通过观看和模仿他人来学习。例如，孩子试图通过模仿他的父母来学习。

感性学习：通过感知认识到一个之前已经看到过的刺激。

关系学习：它涉及在关系属性的基础上学习区分各种刺激，而不是绝对属性。例如，在烹制上次咸的土豆时添加"少量"的盐，这是因为之前已加入一大汤匙盐。

空间学习：通过视觉刺激来学习，如图像、颜色、地图等。例如，一个人可以在实际跟随道路之前在脑海中创建路线图。

刺激反应学习：当某种刺激存在时，学习执行特定的行为。例如，一只狗在听到门铃时抬起耳朵。

3. 解决问题

早期的人工智能研究人员直接模仿人类进行逐步的推理，就像是玩棋盘游戏或进行逻辑推理时人类的思考模式。到了20世纪80和90年代，利用概率和经济学上的概念，人工智能研究还发展了非常成功的方法来处理不确定或不完整的资讯。

对于困难的问题，有可能需要大量的运算资源，也就是发生了"可能组合爆增"：当问题超过一定的规模时，电脑会需要天文数量级的存储器或是运算时间。寻找更有效的算法是优先的人工智能研究项目。

人类解决问题的模式通常是用最快捷、最直观的判断，而不是有意识的、一步一步的推导，早期人工智能研究通常使用逐步推导的方式。人工智能研究已经在这种"次表征性的"解决问题的方法上取得进展：实体化代理研究强调感知运动的重要性。神经网络研究试图以模拟人类和动物的大脑结构重现这种技能。

4. 知觉

人工智能中的知觉包括3项,分别是机器感知、计算机视觉和各种识别。

机器感知是指能够使用传感器所输入的资料(如照相机、麦克风、声呐以及其他的特殊传感器)然后推断世界的状态。计算机视觉能够分析影像输入。各种识别,即语音识别、人脸辨识和物体辨识。

1.3 人工智能的研究与应用领域

人工智能的知识领域非常宽广,很难面面俱到,但是各个领域的思想和方法有许多可以互相借鉴的地方。随着人工智能理论研究的发展和成熟,人工智能的应用领域更为宽广,应用效果更为显著。从应用的角度看,人工智能的研究主要集中在13个方面,分别是专家系统、自然语言理解、机器学习、机器定理证明、自动程序设计、分布式人工智能、机器人学、模式识别、人机博弈、计算机视觉、软计算、智能控制、智能规划,如图1.5所示。

1.3.1 专家系统

专家系统是一个具有大量专门知识与经验的程序系统。它应用人工智能技术,根据某个领域一个或多个人类专家提供的知识和经验进行推理和判断,模拟人类专家的决

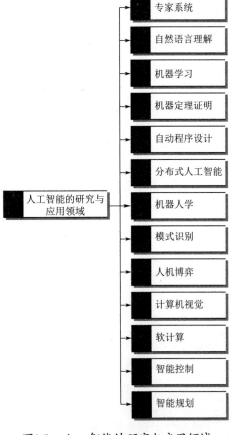

图1.5 人工智能的研究与应用领域

策过程,以解决那些需要专家决定的复杂问题。

目前在许多领域,专家系统已取得显著效果。专家系统与传统计算机程序的本质区别在于,专家系统所要解决的问题一般没有算法解,并且经常要在不完全、不精确或不确定的信息基础上做出结论。它可以解决的问题一般包括解释、预测、诊断、设计、规划、监视、修理、指导和控制等。

从体系结构来分,专家系统可分为4种,分别是集中式专家系统、分布式专家系统、协同式专家系统、神经网络专家系统;从方法来分,专家系统可分为3种,分别是基于规则的专家系统、基于模型的专家系统、基于框架的专家系统。

1.3.2　自然语言理解

自然语言理解是研究实现人类与计算机系统之间用自然语言进行有效通信的各种理论和方法。由于目前计算机系统与人类之间的交互还只能使用严格限制的各种非自然语言,因此解决计算机系统能够理解自然语言的问题,一直是人工智能研究领域的重要研究课题之一。

实现人机间自然语言通信意味着计算机系统既能理解自然语言文本的意义,也能生成自然语言文本来表达给定的意图和思想等。而语言的理解和生成是一个极为复杂的解码和编码问题。一个能够理解自然语言的计算机系统看起来就像一个人一样,它需要有上下文知识和信息,并能用信息发生器进行推理。理解口头和书写语言的计算机系统的基础就是表示上下文知识结构的某些人工智能思想,以及根据这些知识进行推理的某些技术。

虽然在理解有限范围的自然语言对话和理解用自然语言表达的小段文章或故事方面的程序系统已有一定的进展,但要实现功能较强的理解系统仍十分困难。从目前的理论和技术现状看,它主要应用于机器翻译、自动文摘、全文检索等方面,而通用的和高质量的自然语言处理系统,仍然是较长期的努力目标。

1.3.3　机器学习

机器学习研究的主要目标是让机器自身具有获取知识的能力,使机器能够总结经验、修正错误、发现规律、改进性能,对环境具有更强的适应能力。机器学习研究要解决3个方面的问题,分别是选择训练经验、选择目标函数、选择目标函数的表示,如图1.6所示。

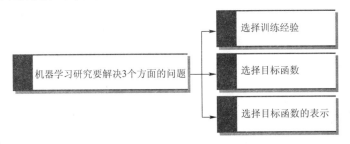

图1.6 机器学习研究要解决3个方面的问题

1. 选择训练经验

选择训练经验包括如何选择训练经验的类型,如何控制训练样本序列,以及如何使训练样本的分布与未来测试样本的分布相似等子问题。

2. 选择目标函数

所有的机器学习问题几乎都可以简化为学习某个特定的目标函数的问题,因此,目标函数的学习、设计和选择是机器学习领域的关键问题。

3. 选择目标函数的表示

对于一个特定的应用问题,在确定了理想的目标函数后,接下来的任务是必须从很多(甚至是无数)种表示方法中选择一种最优或近似最优的表示方法。

目前,机器学习的研究还处于初级阶段,却是一个必须大力开展研究的阶段。只有机器学习的研究取得进展,人工智能和知识工程才会取得重大突破。

1.3.4 机器定理证明

机器定理证明,又叫自动定理证明,它是数学和计算机科学相结合的研究课题。数学定理的证明是人类思维中演绎推理能力的重要体现。演绎推理实质上是符号运算,因此原则上可以用机械化的方法来进行。数理逻辑的建立使自动定理证明的设想有了更明确的数学形式。

1965年，Robinson提出了一阶谓词演算中的归结原理，这是自动定理证明的重大突破。1976年，美国的Appel等三人利用高速计算机证明了124年未能解决的"四色问题"，表明利用电子计算机有可能把人类思维领域中的演绎推理能力推进到前所未有的境界。我国数学家吴文俊在1976年年底开始研究可判定问题，即论证某类问题是否存在统一算法解。他在微型机上成功地设计了初等几何与初等微分几何中一大类问题的判定算法及相应的程序，其研究处于国际领先地位。后来，我国数学家张景中等人进一步推出了"可读性证明"的机器证明方法，再一次轰动了国际学术界。

机器定理证明的理论价值和应用范围并不局限于数学领域，许多非数值领域的任务，如医疗诊断、信息检索、规划制定和难题求解等，都可以转化成相应的定理证明问题，或者与定理证明有关的问题，所以自动定理证明的研究具有普遍意义。

1.3.5 自动程序设计

自动程序设计是指根据给定问题的原始描述，自动生成满足要求的程序。它是软件工程和人工智能相结合的研究课题。自动程序设计主要包含程序综合和程序验证两方面内容，如图1.7所示。

图1.7 自动程序设计的主要内容

1. 程序综合

程序综合实现自动编程，即用户只需告知机器"做什么"，无须告诉"怎么做"，这后一步的工作由机器自动完成。目前程序综合的基本途径主要是程序变换，即通过对给定的输入、输出条件进行逐步变换，以构成所要求的程序。

2. 程序验证

程序验证是程序的自动验证，自动完成正确性的检查。程序验证是利用一个已验证过的程序系统来自动证明某一给定程序P的正确性。假设程序P的输入是x，它必须满足输入条件$\phi(x)$；程序的输出是$z=P(x)$，它必须满足输出条件$\Phi(x,z)$。判断程序的正确性有三种类型，即终止性、部分正确性和完全正确性。

目前在自动程序设计方面已取得一些初步的进展，尤其是程序变换技术已引起计算机科学工作者的重视。现在国外已陆续出现一些实验性的程序变换系统，如英国爱丁堡大学的程序自动变换系统POP-2和德国默森技术大学的程序变换系统CIP等。

1.3.6 分布式人工智能

分布式人工智能是分布式计算与人工智能结合的结果。它主要研究在逻辑上或物理上分散的智能动作者如何协调其智能行为，求解单目标和多目标问题，为设计和建立大型复杂的智能系统或计算机支持协同工作提供有效途径。它所能解决的问题需要整体互动所产生的整体智能来解决。分布式人工智能主要研究的内容有分布式问题求解（Distribution Problem Solving，DPS）和多智能体系统（Multi-Agent System，MAS），如图1.8所示。

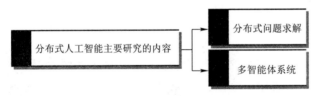

图1.8　分布式人工智能主要研究的内容

分布式问题求解的方法是，先把问题分解成任务，再为之设计相应的任务执行系统。而MAS（多智能体系统）是由多个Agent（代理）组成的集合，通过Agent的交互来实现系统的表现。

MAS主要研究多个Agent为了联合采取行动或求解问题，如何协调各自的知识、目标、策略和规划。在表达实际系统时，MAS通过各Agent间的通信、合作、互解、协调、调度、管理及控制来表达系统的结构、功能及行为特性。由于在同一个MAS中各Agent可以异构，因此Multi-Agent技术对于复杂系统具有无可比拟的表达力。它为各种实际系统提供了一种统一的模型，能够体现人类的社会智能，具有更大的灵活性和适应性，更适合开放和动态的世界环境，因而备受重视，相关研究已成为人工智能以至计算机科学和控制科学与工程的研究热点。

1.3.7 机器人学

机器人学是机械结构学、传感技术和人工智能结合的产物。1948年，美国研制成功第一代遥控机械手，17年后第一台工业机器人诞生，从此相关研究不断取得进展。

机器人的发展经历了以下几个阶段：

第一代为程序控制机器人，它以"示教–再现"方式，一次又一次学习后进行再现，代替人类从事笨重、繁杂与重复的劳动。

第二代为自适应机器人，它配备有相应的感觉传感器，能获取作业环境的简单信息，允许操作对象的微小变化，对环境具有一定适应能力。

第三代为分布式协同机器人，它装备有视觉、听觉、触觉多种类型传感器，在多个方向平台上感知多维信息，并具有较高的灵敏度，能对环境信息进行精确感知和实时分析，协同控制自己的多种行为，具有一定的自主学习、自主决策和判断能力，能处理环境发生的变化，能和其他机器人进行交互。

从功能上来考虑，机器人学的研究内容有两个方面，分别是模式识别和运动协调推理，如图1.9所示。

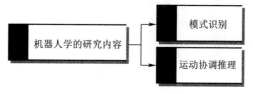

图1.9 机器人学的研究内容

1. 模式识别

模式识别，即给机器人配备视觉和触觉，使其能够识别空间景物的实体和阴影，甚至可以辨别出两幅图像的微小差别，从而完成模式识别的功能。

2. 运动协调推理

机器人的运动协调推理是指机器人在接受外界的刺激后，驱动机器人行动的过程。

机器人学的研究促进了人工智能思想的发展，它所导致的一些技术可在人工智能研究中用来建立世界状态模型和描述世界状态变化的过程。

1.3.8　模式识别

模式识别研究的是计算机的模式识别系统，即用计算机代替人类或帮助人类感知模式。模式通常具有实体的形式，如声音、图片、图像、语言、文字、符号、物体和景象等，可以用物理、化学及生物传感器进行具体采集和测量。但模式所指的不是事物本身，而是从事物获得的信息，因此，模式往往表现为具有时间和空间分布的信息。人们在观察、认识事物和现象时，常常寻找它与其他事物和现象的相同与不同之处，根据使用目的进行分类、聚类和判断，人脑的这种思维能力就构成了模式识别的能力。

模式识别呈现多样性和多元化趋势，可以在不同的概念粒度上进行，其中生物特征识别成为模式识别的新高潮，包括语音识别、文字识别、图像识别、人物景象识别和手语识别等；人们还要求通过识别语种、乐种和方言来检索相关的语音信息，通过识别人种、性别和表情来检索所需要的人脸图像；通过识别指纹（掌纹）、人脸、签名、虹膜和行为姿态来识别身份。普遍利用小波变换、模糊聚类、遗传算法、贝叶斯理论和支持向量机等方法进行识别对象分割、特征提取、分类、聚类和模式匹配。模式识别是一个不断发展的新科学，它的理论基础和研究范围也在不断发展。

1.3.9　人机博弈

人机博弈主要是研究下棋程序。在20世纪60年代就出现了很有名的西洋跳棋和国际象棋的程序，并达到了大师的水平。进入20世纪90年代，IBM公司以其雄厚硬件基础，支持开发后来被称为"深蓝"的国际象棋系统，并为此开发了专用的芯片，以提高计算机的搜索速度。1996年2月，与国际象棋世界冠军卡斯帕罗夫进行了第一次比赛，经过六个回合的比赛之后，"深蓝"以2∶4告负。1997年5月，系统经过改进以后，"深蓝"第二次与卡斯帕罗夫交锋，并最终以3.5∶2.5战胜了卡斯帕罗夫，在世界范围内引起了轰动。

博弈问题为搜索策略、机器学习等问题的研究课题提供了很好的实际背景，所发展起来的一些概念和方法对人工智能的其他问题也很有用。

1.3.10 计算机视觉

视觉是各个应用领域，如制造业、检验、文档分析、医疗诊断和军事等领域中各种智能系统中不可分割的一部分。计算机视觉涉及计算机科学与工程、信号处理、物理学、应用数学和统计学、神经生理学和认知科学等多个领域的知识，已成为一门不同于人工智能、图像处理和模式识别等相关领域的成熟学科。计算机视觉研究的最终目标是使计算机能够像人那样通过视觉观察和理解世界，具有自主适应环境的能力。

计算机视觉研究的任务是理解一个图像，这里的图像是利用像素所描绘的景物。其研究领域涉及图像处理、模式识别、景物分析、图像解释、光学信息处理、视频信号处理以及图像理解。这些领域可分为如下三类：

第一是信号处理，即研究把一个图像转换为具有所需特征的另一个图像的方法。

第二是分类，即研究如何把图像划分为预定类别。分类是从图像中抽取一组预先确定的特征值，然后根据用于多维特征空间的统计决策方法决定一个图像是否符合某一类。

第三是理解，即在给定某一图像的情况下，一个图像理解程序不仅描述这个图像的本身，而且也描述该图像所描绘的景物。

计算机视觉的前沿研究领域包括实时并行处理、主动式定性视觉、动态和时变视觉、三维景物的建模与识别、实时图像压缩传输和复原、多光谱和彩色图像的处理与解释等。计算机视觉已在机器人装配、卫星图像处理、工业过程监控、飞行器跟踪和制导以及电视实况转播等领域获得极为广泛的应用。

1.3.11 软计算

软计算包括三个方面的内容，分别是人工神经网络计算、模糊计算和进化计算，如图1.10所示。

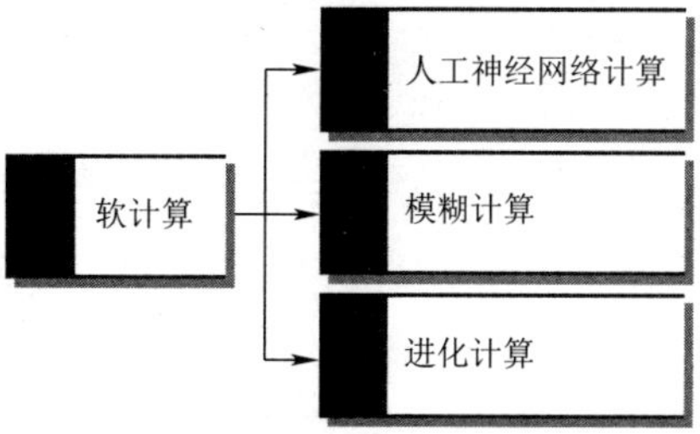

图1.10 软计算

1. 人工神经网络计算

人工神经网络（Artificial Neural Network，ANN）是一种应用类

似于大脑神经突触连接的结构进行信息处理的数学模型。在这一模型中，大量的节点之间相互连接构成网络，即"神经网络"，以达到处理信息的目的。

人工神经网络模型及其学习算法试图从数学上描述人工神经网络的动力学过程，建立相应的模型；然后在该模型的基础上，对于给定的学习样本，找出一种能以较快的速度和较高的精度调整神经元间互连权值，使系统达到稳定状态，满足学习要求的算法。

2. 模糊计算

模糊计算处理的是模糊集合和逻辑连接符，以描述现实世界中类似人类处理的推理问题。模糊集合包含论域中所有元素，但是具有[0, 1]区间的可变隶属度值。模糊集合最初由美国加利福尼亚大学教授扎德（L.A.Zadeh）在系统理论中提出，后来又扩充并应用于专家系统中的近似计算。

3. 进化计算

进化计算是通过模拟自然界中生物进化机制进行搜索的一种算法，以遗传算法（Genetic Algorithm，GA）、进化策略等为代表。遗传算法是一种随机算法，它是模拟生物进化中"优胜劣汰"自然法则的进化过程而设计的算法。该算法模仿生物染色体中基因的选择、交叉和变异的自然进化过程，通过个体结构不断重组，形成一代代的新群体，最终收敛于近似优化解。

1.3.12 智能控制

智能控制是把人工智能技术引入控制领域，建立智能控制系统。1965年，美籍华人科学家傅京孙首先提出把人工智能的启发式推理规则用于学习控制系统。十多年后，建立实用智能控制系统的技术逐渐成熟。1971年，傅京孙提出把人工智能与自动控制结合起来的思想。1977年，美国人萨里迪斯提出把人工智能、控制论和运筹学结合起来的思想。1986年，我国的蔡自兴教授提出把人工智能、控制论、信息论和运筹学结合起来的思想。根据这些思想已经研究出一些智能控制的理论和技术可以构造用于不同领域的智能控制系统。

智能控制具有两个显著的特点,具体如下:

首先,智能控制同时具有知识表示的非数学广义世界模型和传统数学模型混合表示的控制过程,并以知识进行推理,以启发来引导求解过程。

其次,智能控制的核心在高层控制,即组织级控制。其任务在于对实际环境或过程进行组织,即决策和规划,以实现广义问题求解。

1.3.13　智能规划

智能规划是人工智能研究领域近年来发展起来的一个热门分支。智能规划的主要思想是:对周围环境进行认识与分析,根据自己要实现的目标,对若干可供选择的动作及所提供的资源限制施行推理,综合制定出实现目标的规划。智能规划研究的主要目的是建立起高效实用的智能规划系统。该系统的主要功能可以描述为:给定问题的状态描述、对状态描述进行变换的一组操作、初始状态和目标状态。

最早的规划系统就是通用问题求解系统GPS,但它还不是真正面向规划问题而研制的智能规划系统。1969年,格林(G.Green)通过归结定理证明的方法来进行规划求解,并且设计了QA3系统,这一系统被大多数的智能规划研究人员认为是第一个规划系统。1971 年,美国斯坦福研究所的菲克斯(R.E.Fikes)和Nilsson设计的STRIPS 系统在智能规划的研究中具有重大意义和价值,他们的突出贡献是引入了STRIPS 操作符的概念,使规划问题求解变得明朗清晰。

此后到1977年先后出现了HACKER、WARPLAN、INTERPLAN、ABSTRIPS、NOAH、NONLIN 等规划系统。尽管这些以NOAH系统为代表的部分排序规划技术被证明具有完备性,即能解决所有的经典规划问题,但由于大量实际规划问题并不遵从经典规划问题的假设,所以部分排序规划技术未得到广泛的应用。为消除规划理论和实际应用间存在的差距,进入20世纪80年代中期后,规划技术研究的热点转向了开拓非经典的实际规划问题。然而,经典规划技术,尤其是部分排序规划技术仍是开发规划新技术的基础。

1.4　人工智能的开发语言

人工智能被认为是未来的趋势发展技术，下面就来看一下人工智能的最常用的开发语言Python。

1.4.1　为什么使用Python来开发人工智能

开发人工智能可以使用的语言很多，如C++、Java、Lisp、Prolog、Python等，但Python编程语言是最受到广泛欢迎的，具体原因如下。

第一，易于学习：Python有相对较少的关键字，结构简单和一个明确定义的语法，学习起来更加简单。

第二，易于阅读：Python代码定义得更清晰。

第三，易于维护：Python的成功在于它的源代码是相当容易维护的。

第四，可移植：基于其开放源代码的特性，Python已经被移植（也就是使其工作）到许多平台。

第五，可扩展：如果你需要一段运行很快的关键代码，或者想要编写一些不愿开放的算法，你可以使用C或C++完成那部分程序，然后从你的Python程序中调用。

第六，可嵌入：你可以将Python嵌入C/C++程序，让你的程序的用户获得"脚本化"的能力。

第七，内置人工智能项目库。Python有几乎所有种类的人工智能项目库，如NumPy、SciPy、matplotlib、nltk、SimpleAI、scikit-learn等。

1.4.2　Python的下载和安装

Python在PC三大主流平台（Windows、Linux和OS X）都可以使用。下面以Windows操作系统下Python的下载和安装为例进行具体讲解。

在浏览器的地址栏中输入"https://www.python.org"，然后回车，进入Python官网的首页页面。鼠标指向导航栏中"Downloads"，弹出下一级子菜单，如图1.11所示。

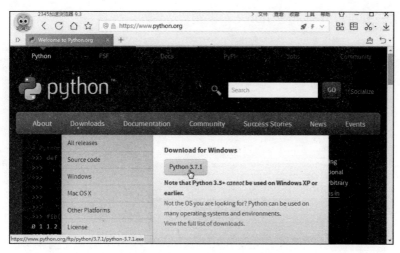

图1.11　Python官网的首页页面

在下一级子菜单中，单击"Python 3.7.1"按钮，弹出"新建下载任务"对话框，如图1.12所示。

图1.12　"新建下载任务"对话框

单击"下载"按钮，就开始下载，下载完成后，即可在桌面看到Python 3.7.1安装文件图标，如图1.13所示。

Python安装文件下载成功后，就可以安装了。双击Python 3.7.1安装文件图标，弹出"Python 3.7.1安装向导"对话框，如图1.14所示。

单击"Install Now"，就是采用默认安装，把Python 3.7.1安装到C盘中。单击"Customize installation"，就是自定义

图1.13　桌面上的安装文件图标

提醒：在这里要选中"Add Python 3.7 to PATH"复选框，这样就可以把Python 3.7.1添加到Path（路径）存储在环境变量中。

安装，这样就可以选择Python 3.7.1的安装位置。

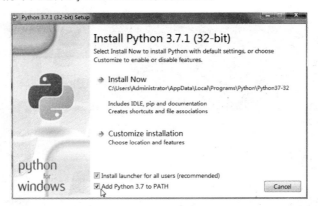

图1.14　"Python 3.7.1安装向导"对话框

在这里单击"Install　Now"，即采用默认安装，就开始安装并显示安装进度，如图1.15所示。

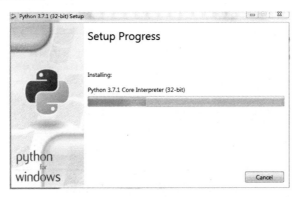

图1.15　开始安装并显示安装进度

安装完成后，就会显示"安装成功"对话框，如图1.16所示。

图1.16　"安装成功"对话框

单击"Close"按钮，这样整个安装过程完毕。

1.4.3 Python程序的编写

Python下载安装成功后，就可以编写Python程序。依照传统，学习一门新语言，写的第一程序都叫"Hello World!"，因为这个程序所要做的事情就是显示"Hello World!"。

单击桌面左下角的"开始/所有程序"命令，就可以在开始菜单中看到"Python 3.7"，再单击"Python 3.7"，就可以看到Python自带的开发软件IDLE菜单命令，如图1.17所示。

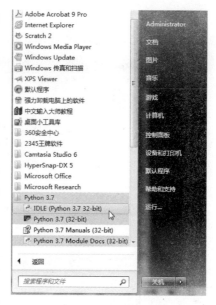

图1.17　Python自带的开发软件
IDLE菜单命令

单击"IDLE"菜单命令，打开Python 3.7.1 Shell软件，如图1.18所示。

图1.18　Python 3.7.1 Shell软件

在Python 3.7.1 Shell软件，输入如下代码：

```
print ("hello world!")
```

然后回车，就可以看到程序运行结果，如图1.19所示。

这是print语句的一个实例。print并不会真的往纸上打印文字，而是在屏幕上输出值。

print语句还可以跟上多个字符串，用逗号","隔开，就可以连成一串输出。在Python 3.7.1 Shell软件，输入如下代码：

```
print ("This is ","a cat!")
```

然后回车，就可以看到程序代码及运行结果，如图1.20所示。

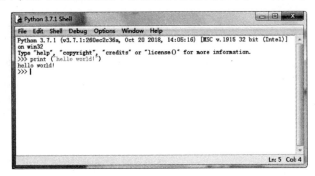

图1.19　程序运行结果

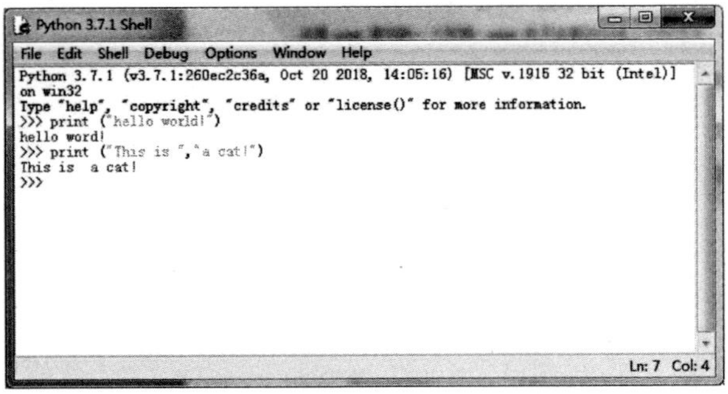

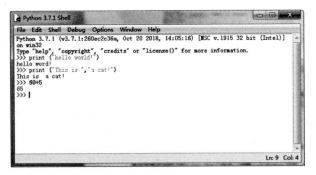

图1.20　程序代码及运行结果

在这里还可以直接计算。在Python 3.7.1 Shell软件，输入如下代码：

```
60+5
```

然后回车，就可以看到程序运行结果，如图1.21所示。

图1.21　直接计算

如果要编写多行代码程序，直接输入不太方便，最后创建Python文件，然后再运行文件。

单击菜单栏中的"File/New File"命令，创建一个Python文件，如图1.22所示。

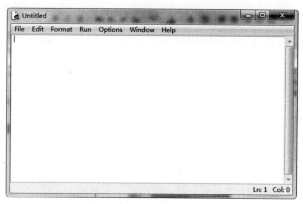

图1.22　创建一个Python文件

在Python文件中输入代码如下：

```
for letter in "Python":        # 第一个实例
    print (" 当前字母 :", letter)
fruits = "banana", "apple", "mango"
for fruit in fruits:           # 第二个实例
    print (" 当前水果 :", fruit)
 print ("Good bye!")
```

然后单击菜单栏中的"File/Save"命令，弹出"另存为"对话框，保存位置为默认，即Python安装目录下，文件名为"Python1-1"，如图1.23所示。

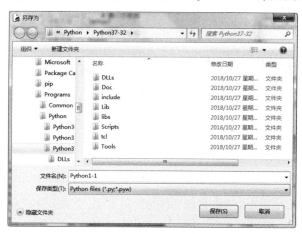

图1.23　"另存为"对话框

单击"保存"按钮，就可以保存Python程序文件，下面来运行程序。单击菜单栏中的"Run"命令，弹出下一级子菜单，如图1.24所示。

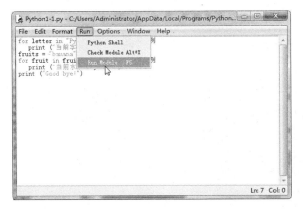

图1.24　下一级子菜单

单击下一级子菜单中的"Run Module"命令或按键盘上的"F5"键，都可以运行程序，如图1.25所示。

图1.25　运行程序

1.4.4　利用量化交易平台编写Python程序

聚宽JoinQuant量化交易平台免费提供基于IPython Notebook的研究平台，利用该平台也可以轻松编写Python程序，特别是关注量化交易的Python程序。

在浏览器的地址栏中输入"https://www.joinquant.com"，然后回车，就进入聚宽JoinQuant量化交易平台的首页页面，如图1.26所示。

要使用该量化平台，首先要注册账户。单击导航栏中的"免费注册"超链接，弹出"聚宽JoinQuant注册与登录"对话框，如图1.27所示。

首先输入手机号和验证码，然后单击"获取短信验证码"按钮，这样手机就可以收到一条关注验证码的短信，然后把验证码正确输入，再单击"注册"按钮，就可以设置登录密码和昵称，如图1.28所示。

图1.26　聚宽JoinQuant量化交易平台的首页页面

图1.27　"聚宽JoinQuant注册与登录"对话框

图1.28　设置登录密码和昵称

成功设置登录密码和昵称后，单击"完成"按钮，即可完成注册。

账户注册成功后，单击导航栏中的"登录"超链接，就可以看到"登录"对话框，如图1.29所示。

正确输入手机号和密码后，单击"登录"按钮，就可以成功登录。

成功登录聚宽JoinQuant量化交易平台后，单击菜单栏中的"我的策略/投资研

图1.29　"登录"对话框

究"命令,打开投资研究页面,如图1.30所示。

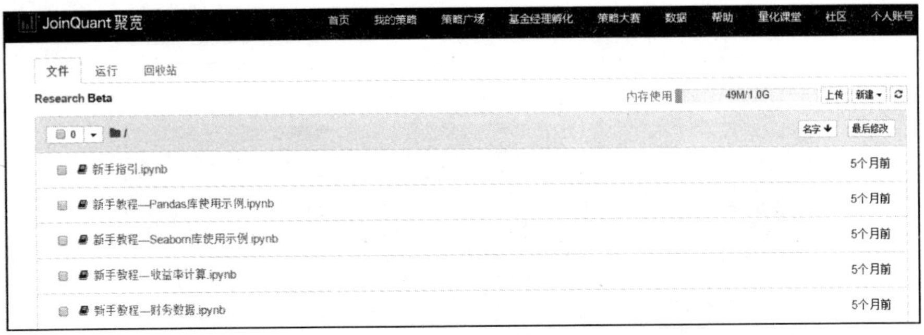

图1.30　投资研究页面

单击"新建"按钮,弹出下一级子菜单,如图1.31所示。

在这里可以看到,可以新建Python 2或Python 3的Notebook。还可以创建文本文件和文件夹。

单击下一级子菜单中的Python 3,就创建了Python 3的Notebook,如图1.32所示。

图1.31　下一级子菜单

图1.32　Python 3的Notebook

接下来,就可以编写Python程序,具体代码如下:

```
print(" 您好! 我是量化交易平台 ")
```

然后单击 ▶ 运行 按钮,就可以显示程序运行结果,如图1.33所示。

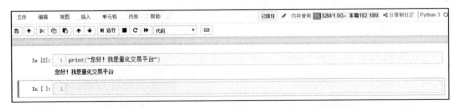

图1.33　程序运行结果

1.5　人工智能的发展历史

随着1941年以来电子计算机的发展，技术已最终可以创造出机器智能，"人工智能"一词最初是在1956年Dartmouth学会上提出的，从那以后，研究者发展了众多理论和原理，人工智能的概念也随之扩展，在它还不长的历史中，人工智能的发展比预想的要慢，但一直在前进，从60多年前出现至今，已经出现了许多AI程序，并且它们也影响到了其他技术的发展。

1.5.1　计算机时代

1941年的一项发明使信息存储和处理的各个方面都发生了革命，这项同时在美国和德国出现的发明就是电子计算机。第一台计算机要占用几间装空调的大房间，对程序员来说是场噩梦：仅仅为运行一个程序就要设置成千的线路。1949年改进后的能存储程序的计算机使得输入程序变得简单些，而且计算机理论的发展产生了计算机科学，并最终促使了人工智能的出现。计算机这个用电子方式处理数据的发明，为人工智能的可能实现提供了一种媒介。

虽然计算机为人工智能提供了必要的技术基础，但直到20世纪50年代早期人们才注意到人类智能与机器之间的联系。Norbert Wiener是最早研究反馈理论的美国人之一，最熟悉的反馈控制的例子是自动调温器。它将收集到的房间温度与希望的温度比较，并做出反应将加热器开大或关小，从而控制环境温度。这项对反馈回路的研究重要性在于：Wiener从理论上指出，所有的智能活动都是反馈机制的结果，而反馈机制是有可能用机器模拟的，这项发现对早期AI的发展影响很大。

1955年年末，Newell和Simon做了一个名为"逻辑专家"的程序，这个程序被许多人认为是第一个AI程序。它将每个问题都表示成一个树形模型，然后选择最可能得到正确结论的那一枝来求解问题。"逻辑专家"对公众和AI研究领域产生的影响使它成为AI发展中一个重要的里程碑。1956年，被认为是人工智能之父的John McCarthy组织了一次学会，将许多对机器智能感兴趣的专家学者聚集在一起进行了为期一个月的讨论。他请他们到Vermont参加"Dartmouth人工智能夏季研究会",从那时起,这个领域被命名为"人工智能"。虽然Dartmouth学会不是非常成功,但它确实集中了AI的创立者,并为以后的AI研究奠定了基础。

Dartmouth会议后的7年中,AI研究开始快速发展。虽然这个领域还没明确定义,但会议中的一些思想已被重新考虑和使用了。美国卡耐基梅隆大学(Carnegie Mellon University)和麻省理工学院(Massachusetts Institute of Technology)开始组建AI研究中心。研究面临新的挑战:下一步需要建立能够更有效解决问题的系统,例如在"逻辑专家"中减少搜索;还有就是建立可以自我学习的系统。

1957年一个新程序,"通用解题机"(GPS)的第一个版本进行了测试,这个程序是由制作"逻辑专家"的同一个组开发的。GPS扩展了Wiener的反馈原理,可以解决很多常识问题。两年以后,IBM成立了一个AI研究组,Herbert Gelerneter花3年时间制作了一个解几何定理的程序。

当越来越多的程序涌现时,John McCarthy正忙于一个AI史上的突破。1958年John McCarthy宣布了他的新成果:LISP语言。LISP到今天还在用。"LISP"的意思是"表处理",它很快就为大多数AI开发者采纳。

1963年,麻省理工学院从美国政府得到一笔220万美元的资助,用于研究机器辅助识别。这笔资助来自国防部高级研究计划署,以保证美国在技术进步上领先于苏联。这个计划吸引了来自全世界的计算机科学家,加快了AI研究的发展步伐。

1.5.2 大量程序

20世纪70年代,一个主要的进展是专家系统。专家系统可以预测在一定条件下某种解的概率。由于当时计算机已有巨大容量,专家系统有可能从数据中得出规律。专家系统的市场应用很广,十年间,专家系统被用于股市预测,帮助医生诊断疾病,以及指示矿工确定矿藏位置等,这一切都因为专家系统存储规律和信息的能力而成为可能。

20世纪70年代,许多新方法被用于AI开发,如Minsky的构造理论。另外,David Marr提出了机器视觉方面的新理论,例如,如何通过一幅图像的阴影、形状、颜色、边界和纹理等基本信息辨别图像，通过分析这些信息，可以推断出图像可能是什么。同时期另一项成果是Prolog语言，于1972年提出。20世纪80年代期间，AI发展更为迅速，并更多地进入商业领域，1986年，美国AI相关软硬件销售高达4.25亿美元。专家系统因其效用尤受需求，像数字电气公司这样的公司用Xcon专家系统为Vax大型机编程。杜邦公司、通用汽车公司和波音公司也大量依赖专家系统。为满足计算机专家的需要，一些生产专家系统辅助制作软件的公司，如Teknowledge和IntelliCorp成立了。

1.5.3 强弱人工智能

对人工智能的定义大多可划分为四类，即机器"像人一样思考""像人一样行动""理性地思考"和"理性地行动"。这里"行动"应广义地理解为采取行动，或制定行动的决策，而不是肢体动作。

1. 强人工智能

强人工智能观点认为，有可能制造出能真正地推理和解决问题的智能机器，并且这样的机器能将被认为是有知觉的，有自我意识的。

强人工智能有两种，分别是类人的人工智能和非类人的人工智能。

类人的人工智能，即机器的思考和推理就像人的思维一样。

非类人的人工智能，即机器产生了和人完全不一样的知觉和意识，使用和人完全不一样的推理方式。

2. 弱人工智能

弱人工智能观点认为，不可能制造出能真正地推理和解决问题的智能机器，这些机器只不过看起来像是智能的，但是并不真正拥有智能，也不会有自主意识。

主流科研集中在弱人工智能上，并且一般认为这一研究领域已经取得可观的成就。强人工智能的研究则处于停滞不前的状态下。

第2章

Python编程基础

Python语言简单易学，并且在各行各业都发挥其独特的作用。由于Python语言具有强大的数据处理功能，所以该语言是量化交易的首选开发语言。

本章主要内容包括:

➤ Python的基本数据类型

➤ 变量命名规则和变量的赋值

➤ 算术运算、赋值运算和位运算

➤ Python的选择结构

➤ Python的循环结构

➤ Python的特征数据类型

➤ Python的函数

➤ Python的面向对象

➤ Python的代码格式

2.1　Python的基本数据类型

Python的标准类型有6个,分别是数值、字符串、列表、元组、集合、字典。相对于C语言来讲,Python的数据类型很少,但Python该有的功能一个不少。即使C语言的代表作链表和二叉树,Python同样可以轻松应对。下面先来讲解一下Python的基本数据类型,即数值和字符串。

2.1.1　数值类型

Python 支持3种不同的数值类型,分别是整型(int)、浮点型(floating point real values)和复数(complex numbers),如图2.1所示。

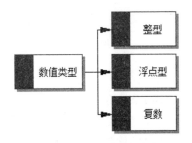

图2.1　数值类型

1. 整型(int)

整型(int),通常被称为整数,是正或负整数,不带小数点。Python 3整型是没有限制大小的,可以当作长整型(Long)类型使用,所以 Python 3 没有 Python 2 的长整型(Long)类型。需要注意的是,可以使用十六进制和八进制来代表整数。

2. 浮点型(floating point real values)

浮点型由整数部分与小数部分组成,浮点型也可以使用科学计数法表示($2.5E+02 = 2.5 \times 10^2 = 250$)。

3. 复数(complex numbers)

复数由实数部分和虚数部分构成,可以用a+ bj或者complex(a, b)表示,复数的实部a和虚部b都是浮点型。

Python的数值类型如表2.1所示。

表2.1　Python的数值类型

int	float	complex
150	0.8	3.14j
−200	−21.8	−25j
0o60	2.5E+2	3+4j
−0o80	2.8E−5	9.322e−36j
0x69	−5E+3	3e+26j
−0x260	−8E−9	−0.6545+0j

下面来举例说明一下数值类型。单击"开始"菜单，打开Python 3.7.1 Shell软件，然后单击菜单栏中的"File/New File"命令，创建一个Python文件，并命名为"Python2-1.py"，然后输入如下代码：

```
x1 = -30          # 整型变量
x2 = 21.0         # 浮点型变量
x3 = 4-8j         # 复数变量
x4 = 0xA0F        # 十六进制
x5 = 0o34         # 八进制
x6 = 2.9E+7       # 浮点型使用科学计数法表示
print(x1)         # 显示变量的值
print(x2)
print(x3)
print(x4)
print(x5)
print(x6)
```

单击菜单栏中的"Run/Run Module"命令或按下键盘上的"F5"，就可以运行程序代码，结果如图2.2所示。

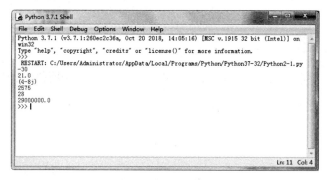

图2.2　数值类型

有时候，我们需要对数值类型进行转换。数据类型的转换，只需要将数值类型作为函数名即可,具体如下。

int(x): 将x转换为一个整数。

float(x): 将x转换到一个浮点数。

complex(x): 将x转换到一个复数,实数部分为x,虚数部分为0。

complex(x, y): 将x和y转换到一个复数,实数部分为x,虚数部分为y。

2.1.2 字符串

字符串是Python编程语言中最常用的数据类型,可以使用单引号(')或双引号(")来创建字符串。需要注意的是,Python不支持单字符类型,单字符在Python中也是作为一个字符串使用。

单击"开始"菜单,打开Python 3.7.1 Shell软件,然后单击菜单栏中的"File/New File"命令,创建一个Python文件,并命名为"Python2-2.py",然后输入如下代码:

```
var1 = 'Artificial Intelligence!'      # 利用单引号给字符串变量赋值
var2 = "I am Python"                    # 利用双引号给字符串变量赋值
print(var1)                             # 输出字符串
print(var2)
print(var1[0])                          # 输出 var1 中的第一个字符
print(var2[2:4])                        # 输出 var2 中的第三个到第五
                                        个字符,注意第五个字符不显示
```

单击菜单栏中的"Run/Run Module"命令或按下键盘上的"F5",就可以运行程序代码,结果如图2.3所示。

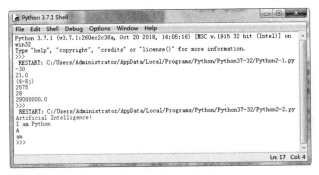

图2.3 字符串

在需要在字符中使用特殊字符时,Python用反斜杠(\)转义字符。转义字符及意义如表2.2所示。

表2.2　转义字符及意义

转义字符	意　义
\(在行尾时)	续行符
\\	反斜杠符号
\'	单引号
\"	双引号
\a	响铃
\b	退格(Backspace)
\e	转义
\000	空
\n	换行
\v	纵向制表符
\t	横向制表符
\r	回车
\f	换页
\oyy	八进制数,yy代表的字符,例如:\o12代表换行
\xyy	十六进制数,yy代表的字符,例如:\x0a代表换行
\other	其他的字符以普通格式输出

　　Python支持格式化字符串的输出,尽管这样可能会用到非常复杂的表达式,但最基本的用法是将一个值插入到一个有字符串格式符%s的字符串中。

> 提醒:在Python中,字符串格式化使用与C中sprintf()函数一样的语法。

　　单击"开始"菜单,打开Python 3.7.1 Shell软件,然后输入如下代码:

```
print ("我叫 %s 今年 %d 岁!" % ('张亮', 15))
```

　　然后回车,就可以运行代码,如图2.4所示。

图2.4　格式化字符串的输出

下面调用input()函数进行动态输入。单击"开始"菜单,打开Python 3.7.1 Shell软件,然后单击菜单栏中的"File/New File"命令,创建一个Python文件,并命名为"Python2-3.py",然后输入如下代码:

```
x1=input("请输入您的名称: ")
x2=input("请输入您的年龄: ")
print("我叫%s,今年%d岁" % (x1,int(x2)))
```

在这里需要注意,input()函数默认数据类型是字符串型,要想输出数值型,需要使用int()函数进行数据类型转换。

单击菜单栏中的"Run/Run Module"命令或按下键盘上的"F5"键,就可以运行程序代码,这时程序要求"输入您的名称",如图2.5所示。

图2.5　程序要求"输入您的名称"

假如在这里输入"张健利",然后回车,这时程序要求"输入您的年龄",如图2.6所示。

图2.6　程序要求"输入您的年龄"

假如在这里输入"21",然后回车,这时程序就会显示你输入的名称和年龄信息,如图2.7所示。

图2.7　格式化显示输入的信息

python字符串格式化符号及意义如表2.3所示。

表2.3　字符串格式化符号及意义

字符串格式化符号	意　义
%c	格式化字符及其ASCII码
%s	格式化字符串
%d	格式化整数
%u	格式化无符号整型
%o	格式化无符号八进制数
%x	格式化无符号十六进制数
%f	格式化浮点数字，可指定小数点后的精度
%e	用科学计数法格式化浮点数
%p	用十六进制数格式化变量的地址

2.2　变量与赋值

变量是指在程序执行过程中其值可以变化的量，系统为程序中的每个变量分配一个存储单元。变量名实质上就是计算机内存单元的命名。因此，借助变量名就可以访问内存中的数据了。

2.2.1　变量命名规则

变量是一个名称，给变量命名时，应遵循以下规则：

第一，名称只能由字母、数字和下画线组成；

第二，名称的第一个字符可以是字母或下画线，但不能是数字；

第三，名称对大小写敏感；

第四，名称不能与Python中的关键字相同。

关键字，即保留字。Python的标准库提供了一个keyword模块，可以输出当前版本的所有关键字。单击"开始"菜单，打开Python 3.7.7 Shell软件，然后输入如下代码：

```
import keyword
```
首先导入keyword模块，然后回车，再输入如下代码：

```
keyword.kwlist
```
然后回车，就可以看到所有关键字，如图2.8所示。

图2.8　查看Python的关键字

2.2.2　变量的赋值

每个变量在使用前都必须赋值，变量赋值以后该变量才会被创建。在Python中，变量就是变量，它没有类型，我们所说的"类型"是变量所指的内存中对象的类型。

等号（=）用来给变量赋值。等号（=）运算符左边是一个变量名，等号（=）运算符右边是存储在变量中的值，例如：

```
counter = 100          # 整型变量
miles   = 1000.0       # 浮点型变量
name    = "runoob"     # 字符串
```
另外，Python允许同时为多个变量赋值。例如：

```
a = b = c = 15
```
上述代码表示，创建一个整型对象，赋值为15，三个变量被分配到相同的内存空间上。

还可以为多个对象指定多个变量,例如:

```
a, b, c = 1, 2, "runoob"
```

上述代码表示,两个整型对象1和2分配给变量a和b,字符串对象"runoob"分配给变量c。

利用type()函数,可以查看变量的数据类型。单击"开始"菜单,打开Python 3.7.1 Shell软件,然后输入如下代码:

```
a, b, c = 20, 5.5, 4+3j     # 为多个对象指定多个变量
print(type(a), type(b), type(c))   # 查看变量的数据类型
```

然后回车,就可以看到变量a、b、c的数据类型,如图2.9所示。

图2.9　查看变量的数据类型

2.3　Python的基本运算

运算是对数据的加工,最基本的运算形式可以用一些简洁的符号来描述,这些符号称为运算符。被运算的对象(数据)称为运算量。例如,4+5 = 9,其中4和5被称为运算量,"+"称为运算符,4+5称为表达式。

2.3.1　算术运算

算术运算符及意义如表2.4所示。

表2.4　算术运算符及意义

运算符	意　义
+	两个数相加
−	两个数相减
*	两个数相乘
/	两个数相除,求商
%	取模,即两个数相除,求余数
//	两个数相除,求商,但只取商的整数部分
**	幂,即返回x的y次幂

单击"开始"菜单,打开Python 3.7.1 Shell软件,然后单击菜单栏中的"File/New File"命令,创建一个Python文件,并命名为"Python2-4.py",然后输入如下代码:

```
a = 41        # 为三个变量赋值
b = 16
c = 0
c = a + b
print ("a + b 的值为:", c)
c = a - b
print ("a - b 的值为:", c)
c = a * b
print ("a * b 的值为:", c)
c = a / b
print ("a / b 的值为:", c)
c = a % b
print ("a % b 的值为:", c)
a = 4         # 修改变量 a 、b 、c的值
b = 3
c = a**b
print ("a**b 的值为:", c)
a = 18
b = 3
c = a//b
print ("a//b 的值为:", c)
```

单击菜单栏中的"Run/Run Module"命令或按下键盘上的"F5"键,就可以运行程序代码,结果如图2.10所示。

图2.10　算术运算符

2.3.2 赋值运算

赋值运算符及意义如表2.5所示。

表2.5 赋值运算符及意义

运算符	意　义
=	简单的赋值运算符
+=	加法赋值运算符
−=	减法赋值运算符
*=	乘法赋值运算符
/=	除法赋值运算符
%=	取模赋值运算符
//=	取整除赋值运算符
**=	幂赋值运算符

单击"开始"菜单,打开Python 3.7.1 Shell软件,然后单击菜单栏中的"File/New File"命令,创建一个Python文件,并命名为"Python2-5.py",然后输入如下代码:

```python
a = 36        #为三个变量赋值
b = 12
c = 0
c = a + b
print ("a + b 的值为: ", c)
c += a
print ("c += a 的值为: ", c)
c *= a
print ("c *= a 的值为: ", c)
c /= a
print ("c /= a 的值为: ", c)
c = 2
c %= a
print ("c %= a 的值为: ", c)
c **= a
print ("c **= a 的值为: ", c)
c //= a
print ("c //= a 的值为: ", c)
```

单击菜单栏中的"Run/Run Module"命令或按下键盘上的"F5"键,就可以运行程序代码, 结果如图2.11所示。

图2.11　赋值运算符

2.3.3　位运算

位运算符是把数字看作二进制来进行计算的。位运算符及意义如表2.6所示。

表2.6　位运算符及意义

运算符	意　义
&	按位与运算符: 参与运算的两个值, 如果两个相应位都为1, 则该位的结果为1, 否则为0
|	按位或运算符: 只要对应的2个二进位有一个为1时, 结果位就为1
^	按位异或运算符: 当两对应的二进位相异时, 结果为1
~	按位取反运算符: 对数据的每个二进制位取反, 即把1变为0, 把0变为1
<<	左移动运算符: 把运算数的各二进位全部左移若干位, 由"<<"右边的数指定移动的位数, 高位丢弃, 低位补0
>>	右移动运算符: 把">>"左边的运算数的各二进位全部右移若干位, 由">>"右边的数指定移动的位数

单击"开始"菜单, 打开Python 3.7.1 Shell软件, 然后单击菜单栏中的"File/New File"命令, 创建一个Python文件, 并命名为"Python2-6.py", 然后输入如下代码:

```
a = 60              # 60 = 0011 1100
b = 13              # 13 = 0000 1101
c = 0
c = a & b           # 12 = 0000 1100
print ("a & b的值为: ", c)
c = a | b           # 61 = 0011 1101
```

```
print ("a | b的值为:",  c)
c = a ^ b      # 49 = 0011 0001
print ("a ^ b的值为:",  c)
c = ~a         # -61 = 1100 0011
print ("~a的值为:",  c)
c = a << 2     # 240 = 1111 0000
print ("a << 2的值为:",  c)
c = a >> 2     # 15 = 0000 1111
print ("a >> 2的值为:",  c)
```

单击菜单栏中的"Run/Run Module"命令或按下键盘上的"F5"键,就可以运行程序代码,结果如图2.12所示。

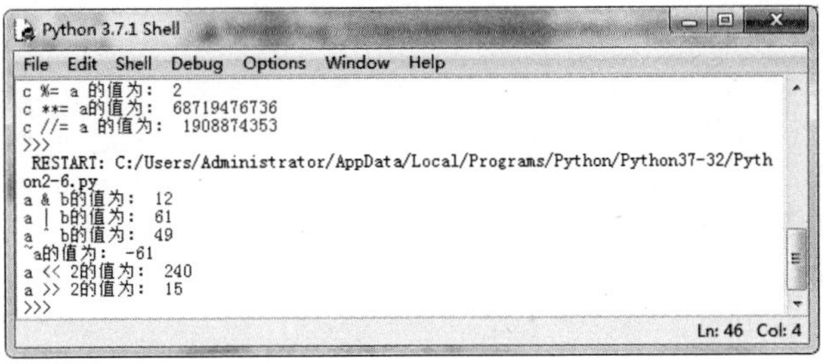

图2.12   位运算符

2.4   Python的选择结构

选择结构是一种程序化设计的基本结构,它用于解决这样一类问题:可以根据不同的条件选择不同的操作。对选择条件进行判断只有两种结果,"条件成立"或"条件不成立"。在程序设计中通常用"真"表示条件成立,用"True"表示;用"假"表示条件不成立,用"False"表示;并称"真"和"假"为逻辑值。

2.4.1   关系运算

关系运算用于对两个量进行比较。Python提供6个关系运算符,关系运算符及意义如表2.7所示。

表2.7 关系运算符及意义

关系运算符	意 义
==	等于,比较对象是否相等
!=	不等于,比较两个对象是否不相等
>	大于,返回x是否大于y
<	小于,返回x是否小于y。所有比较运算符返回1表示真,返回0表示假。这分别与特殊的变量True和False等价。注意,这些变量名的大写
>=	大于等于,返回x是否大于等于y
<=	小于等于,返回x是否小于等于y

单击"开始"菜单,打开Python 3.7.1 Shell软件,然后单击菜单栏中的"File/New File"命令,创建一个Python文件,并命名为"Python2-7.py",然后输入如下代码:

```python
a = 18
b = 6
if ( a == b ):
    print ("1:a 等于 b")
else:
    print ("1:a 不等于 b")
if ( a != b ):
    print ("2:a 不等于 b")
else:
    print ("2:a 等于 b")
if ( a < b ):
    print ("3:a 小于 b")
else:
    print ("3:a 大于等于 b")
if ( a > b ):
    print ("4:a 大于 b")
else:
    print ("4:a 小于等于 b")
a = 8        # 修改变量 a 和 b 的值
b = 12
if ( a <= b ):
    print ("5:a 小于等于 b")
else:
    print ("5:a 大于   b")
if ( b >= a ):
```

```
    print ("6:b 大于等于 a")
else:
    print ("6:b 小于 a")
```

单击菜单栏中的"Run/Run Module"命令或按下键盘上的"F5"键，就可以运行程序代码，结果如图2.13所示。

图2.13　关系运算

2.4.2　逻辑运算

Python提供3个逻辑运算符，逻辑运算符及意义如表2.8所示。

表2.8　逻辑运算符及意义

运算符	逻辑表达式	意义
and	x and y	布尔"与"，如果 x 为 False，x and y 返回 False，否则它返回 y 的计算值
or	x or y	布尔"或"，如果 x 是 True，它返回 x 的值，否则它返回 y 的计算值
not	not x	布尔"非"，如果 x 为 True，返回 False。如果 x 为 False，它返回 True

单击"开始"菜单，打开Python 3.7.1 Shell软件，然后单击菜单栏中的"File/New File"命令，创建一个Python文件，并命名为"Python2-8.py"，然后输入如下代码：

```
a = 37
b = 12
if ( a and b ):
    print ("1:变量 a 和 b 都为 true")
else:
    print ("1:变量 a 和 b 有一个不为 true")
if ( a or b ):
```

45 .

```
    print ("2:变量 a 和 b 都为 true,或其中一个变量为 true")
else:
    print ("2:变量 a 和 b 都不为 true")
a = 0    # 修改变量 a 的值
if ( a and b ):
    print ("3:变量 a 和 b 都为 true")
else:
    print ("3:变量 a 和 b 有一个不为 true")
if ( a or b ):
    print ("4:变量 a 和 b 都为 true,或其中一个变量为 true")
else:
    print ("4:变量 a 和 b 都不为 true")
if not( a and b ):
    print ("5:变量 a 和 b 都为 false,或其中一个变量为 false")
else:
    print ("5:变量 a 和 b 都为 true")
```

单击菜单栏中的"Run/Run Module"命令或按下键盘上的"F5"键,就可以运行程序代码,结果如图2.14所示。

图2.14　逻辑运算

2.4.3　if 语句

Python中if语句的一般形式如下:

```
if   表达式1
    语句1
Elif   表达式2:
    语句2
else:
    语句3
```

If语句的执行具体如下。

如果"表达式1"为 True, 将执行"语句1"块语句。如果"表达式1"为
False, 将判断"表达式2"; 如果"表达式2"
为 True, 将执行"语句2"块语句; 如果"表达
式2"为False, 将执行"语句3"块语句。

> 提醒: Python 中用 elif 代替了
> else if, 所以 if 语句的关键字为:
> if, elif, else。

另外, 还要注意以下3点:

第一, 每个条件后面要使用冒号(:), 表示接下来是满足条件后要执行的
语句块。

第二, 使用缩进来划分语句块, 相同缩进数的语句在一起组成一个语句块。

第三, 在Python中没有switch-case语句。

单击"开始"菜单, 打开Python 3.7.1 Shell软件, 然后单击菜单栏中的
"File/New File"命令, 创建一个Python文件, 并命名为"Python2-9.py",
然后输入如下代码:

```
age = int(input("请输入您的年龄： "))      # 调用 input()函数,并把函数返回值转化为整型
print("")                          # 打印一个空行
if age < 0:              # 如果输入年龄小于 0,显示对不起,年龄不能小于 0
    print("对不起,年龄不能小于 0!")
elif age >0 and age<=6 :         # 如果输入年龄在 0~6,显示您还是一名幼儿
    print("您好,您还是一名幼儿! ")
elif age >6 and age<=11:
     print("您好,您还是一名儿童! ")        # 如果输入年龄在 7~11,显示您还是一名儿童
elif age > 11 and age<=15 :
     print("您好,您还是一名少年! ")        # 如果输入年龄在 12~15,显示您还是一名少年
elif age > 15 and age<=25 :
     print("您好,您是一名青年人! ")       # 如果输入年龄在 16~25,显示您是一名青年人
elif age > 25 and age<=65 :
     print("您好,您是一名成年人! ")        # 如果输入年龄在 26~65,显示您是一名成年人
else:
     print("您好,您是一位老人! ")        # 如果输入年龄在 65 岁以上,显示您
```

是一位老人。

单击菜单栏中的"Run/Run Module"命令或按下键盘上的"F5"键，就可以运行程序代码，并提醒你输入年龄，如果你输入5，就会显示"您好，您还是一名幼儿！"；如果你输入40，就会显示"您好，您是一名成年人！"。在这里输入19，显示"您好，您是一名青年人！"，如图2.15所示。

图2.15 if 语句

2.4.4 嵌套 if 语句

在嵌套 if 语句中，可以把 if...elif...else 结构放在另外一个 if...elif...else 结构中。嵌套 if 语句的一般形式如下：

```
if 表达式 1:
    语句 1
    if 表达式 2:
        语句 2
    elif 表达式 3:
        语句 3
    else:
        语句 4
elif 表达式 4:
    语句 5
else:
    语句 6
```

嵌套 if 语句的执行具体如下：

如果"表达式1"为 True，将执行"语句1"块语句，并判断"表达式2"。如果"表达式2"为 True，将执行"语句2"块语句；如果"表达式2"为False，将判断"表达式3"。如果"表达式3"为 True，将执行"语句3"块语句；如果"表达式3"为False，将执行"语句4"块语句。

如果"表达式1"为False，将判断"表达式4"。如果"表达式4"为True，将执行"语句5"块语句；如果"表达式4"为False，将执行"语句6"块语句。

单击"开始"菜单，打开Python 3.7.1 Shell软件，然后单击菜单栏中的"File/New File"命令，创建一个Python文件，并命名为"Python2-10.py"，然后输入如下代码：

```python
num=int(input(" 输入一个数字: "))
if num%2==0:
    if num%5==0:
        print (" 输入的数字可以整除 2 和 5")
     else:
        print (" 输入的数字可以整除 2,但不能整除 5")
else:
    if num%5==0:
        print (" 输入的数字可以整除 5,但不能整除 2")
    else:
        print    (" 输入的数字不能整除 2 和 5")
```

单击菜单栏中的"Run/Run Module"命令或按下键盘上的"F5"键，就可以运行程序代码，并提醒你输入一个数。如果你输入6，就会显示"输入的数字可以整除 2，但不能整除 5"；如果你输入13，就会显示"输入的数字不能整除 2 和 5"。在这里输入35，显示"输入的数字可以整除 5，但不能整除2"，如图2.16所示。

图2.16　嵌套 if 语句

2.5　Python的循环结构

在程序设计中，循环是指从某处开始有规律地反复执行某一块语句的现象，我们将复制执行的块语句称为循环的循环体。使用循环体可以简化程序，节约内存、提高效率。Python中的循环语句有while循环和for循环。

2.5.1 while循环

Python中while循环语句的一般形式如下：

```
while 判断条件:
    语句
```

while循环语句同样需要注意冒号和缩进。另外，在Python中没有do..while循环。

单击"开始"菜单，打开Python 3.7.1 Shell软件，然后单击菜单栏中的"File/New File"命令，创建一个Python文件，并命名为"Python2-11.py"，然后输入如下代码：

```
n =int(input(" 请输入一个大于 0 的整数 :"))
mysum = 0
num = 1
while num<=n :
    mysum= mysum + num
    num +=1
print("1 加到 %d 的和为:%d" % (n,mysum))
```

单击菜单栏中的"Run/Run Module"命令或按下键盘上的"F5"键，就可以运行程序代码，并提醒"请输入一个大于0的整数"，在这里输入90，显示"1加到 90 的和为：4095"，如图2.17所示。

图2.17　while循环

2.5.2　while 循环使用else语句

在while……else语句中，如果条件语句为False，则执行else的语句块。

单击"开始"菜单，打开Python 3.7.1 Shell软件，然后单击菜单栏中的"File/New File"命令，创建一个Python文件，并命名为"Python2-12.py"，然后输入如下代码：

```
count = 0
while count < 8:
    print (count, " 小于 8, 正在运行 While 循环语句")
    count = count + 1
else:
    print (count, " 等于 8, 即已运行到 While 循环中的 else 语句")
```

单击菜单栏中的"Run/Run Module"命令或按下键盘上的"F5"键，就可以运行程序代码，结果如图2.18所示。

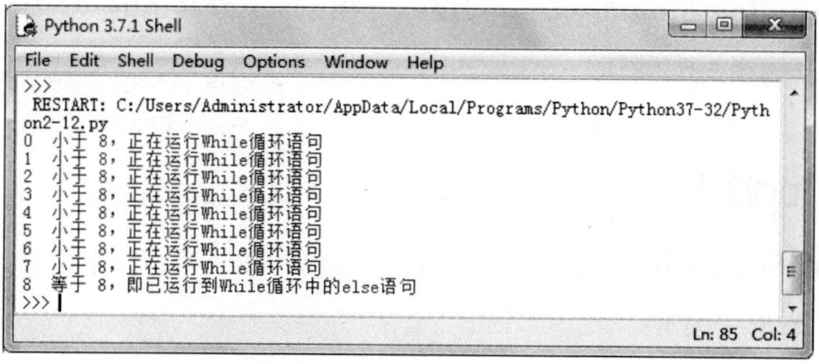

图2.18　while 循环使用else语句

2.5.3　无限循环

可以通过设置条件表达式永远不为False来实现无限循环，下面通过实例来说明一下。

单击"开始"菜单，打开Python 3.7.1 Shell软件，然后单击菜单栏中的"File/New File"命令，创建一个Python文件，并命名为"Python2-13.py"，然后输入如下代码：

```
num = 1
while num == 1 :  # 表达式永远为 true
```

```
mystr = input(" 请输入一个字母   :")
print (" 您输入的数字是：", mystr)
```

单击菜单栏中的"Run/Run Module"命令或按下键盘上的"F5"键，就可以运行程序代码，这时显示"请输入一个字母"，你随便输入一个字母，就会显示这个字母，并继续显示"请输入一个字母"，这个程序就这样无限循环运行下去，如图2.19所示。

图2.19　无限循环

对于无限循环，该如何结束程序运行呢？按下键盘上的"Ctrl+C"组合键，就可以结束无限循环。

> 提醒：无限循环在服务器的客户端的实时请求非常有用。

2.5.4　for循环

for循环可以遍历任何序列的项目，如一个列表或者一个字符串。for循环语句的一般形式如下：

```
for <variable> in <sequence>:
    <statements>
else:
    <statements>
```

单击"开始"菜单，打开Python 3.7.1 Shell软件，然后单击菜单栏中的"File/New File"命令，创建一个Python文件，并命名为"Pthon2-14.py"，然后输入如下代码：

```
names = [" 周远 ", " 王欣 ", " 王亮", "张平","李硕"]
for x in names:
    print( x)
```

单击菜单栏中的"Run/Run Module"命令或按下键盘上的"F5"键，就可以运行程序代码，结果如图2.20所示。

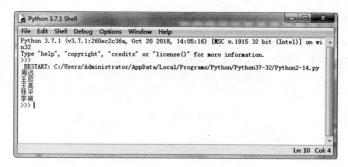

图2.20　for循环

2.5.5　在for循环中使用range()函数

range()函数的语法如下：

```
range(stop)
range(start, stop[, step])
```

range()函数是一个用来创建算数级数序列的通用函数，返回一个[start, start + step, start + 2 * step, …]结构的整数序列；range()函数具有如下特性：

第一，如果step参数缺省，则默认1；如果start参数缺省，则默认0。

第二，如果step是正整数，则最后一个元素（start + i×step）小于stop。

第三，如果step是负整数，则最后一个元素（start + i×step）大于stop。

第四，step参数必须是非零整数，否则显示异常。

需要注意的是，range()函数返回一个左闭右开（[left,right)）的序列数。例如range(4)，显示的是0、1、2、3，没有4；range(2,5)，显示的是2、3、4，没有5。

下面通过实例来讲解一下如何在for循环中使用range()函数。

单击"开始"菜单，打开Python 3.7.1 Shell软件，然后单击菜单栏中的"File/New File"命令，创建一个Python文件，并命名为"Python2-15.py"，然后输入如下代码：

```
print(" 遍历数字序列 :")
```

```
for i in range(10):
    print(i)
print(" 使用 range() 指定区间的值 ")
for a in range(3,8):
    print(a)
print(" 使用 range() 指定数字开始并指定不同的增量 ")
for b in range(-10,-200,-20):
    print(b)
```

单击菜单栏中的"Run/Run Module"命令或按下键盘上的"F5"键，就可以运行程序代码，结果如图2.21所示。

图2.21　在for循环中使用range()函数

2.5.6　break语句

使用break语句可以使流程跳出while或for的本层循环，特别是在多层次循环结构中，利用break语句可以提前结束内层循环。

需要注意的是，如何从for或while循环中终止，任何对应的循环else块将不再执行。

单击"开始"菜单，打开Python 3.7.1 Shell软件，然后单击菜单栏中的"File/New File"命令，创建一个Python文件，并命名为"Python2-16.py"，然后输入如下代码。

```
for letter in "Python":        # 第一个实例
   if letter == 'h':
      break
   print ('当前字母为 :', letter)
var = 10                       # 第二个实例
while var > 0:
   print ('当期变量值为 :', var)
   var = var -1
   if var == 5:
      break
print (" 程序运行完毕,再见! ")
```

单击菜单栏中的"Run/Run Module"命令或按下键盘上的"F5"键,就可以运行程序代码,结果如图2.22所示。

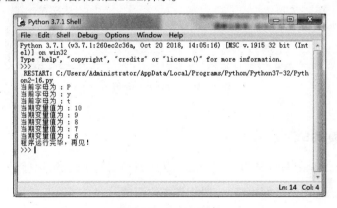

图2.22　break语句

2.5.7　continue语句

continue语句被用来告诉Python跳过当前循环块中的剩余语句,然后继续进行下一轮循环,下面通过实例来说明一下。

单击"开始"菜单,打开Python 3.7.1 Shell软件,然后单击菜单栏中的"File/New File"命令,创建一个Python文件,并命名为"Python2-17.py",然后输入如下代码:

```
var = 10
while var > 0:
   var = var -1
```

```
    if var == 6:                    # 变量为 6 时跳过输出
        continue
    print (' 当前变量值 :', var)
print (' 程序运行完毕, 再见! ")
```

单击菜单栏中的"Run/Run Module"命令或按下键盘上的"F5"键, 就可以运行程序代码, 结果如图2.23所示。

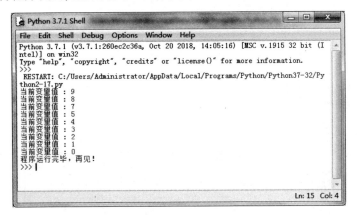

图2.23　continue语句

2.5.8　pass语句

在Python的程序的设计中, pass是空语句, 是为了保持程序结构的完整性。pass语句不做任何事情, 一般用作占位语句。

单击"开始"菜单, 打开Python 3.7.1 Shell软件, 然后单击菜单栏中的"File/New File"命令, 创建一个Python文件, 并命名为"Python2-18.py", 然后输入如下代码:

```
for a in "Intelligence":
    if a == 'e':
        pass
        print (' 执行 pass 块')
    print (' 当前字母 :', a)
print (" 程序运行完毕, 再见! ")
```

单击菜单栏中的"Run/Run Module"命令或按下键盘上的"F5"键, 就可以运行程序代码, 结果如图2.24所示。

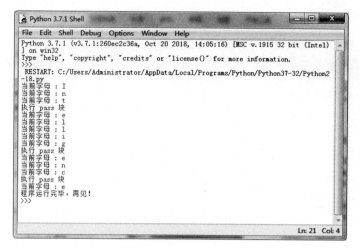

图2.24　pass语句

2.6　Python的特征数据类型

Python有4个特征数据类型，分别是列表、元组、字典、集合。下面具体讲解一下。

2.6.1　列表

在Python语言中，是用中括号[ ]来解析列表的。列表中的元素可以是数字、字符串、列表、元组等。创建一个列表，只要把逗号分隔的不同的数据项使用中括号括起来即可，具体如下：

```
list1 = ["book" , "desk",  2015,  2018]
list2 = [1, 2, 3, 4, 5 ]
list3 = ["x", "y", "z"]
```

可以使用下标索引来访问列表中的值，也可以使用中括号的形式截取字符，还可以利用for循环语句来遍历列表中的值。

可以对列表的数据项进行修改或更新，也可以使用append()方法来添加列表项。

可以使用 del 语句来删除列表中的元素。

单击"开始"菜单,打开Python 3.7.1 Shell软件,然后单击菜单栏中的"File/New File"命令,创建一个Python文件,并命名为"Python2-19.py",然后输入如下代码:

```
list1 = ["book" , "desk",2015, 2018]
# 使用下标索引来访问列表中的值
print ("列表中的第一个值,list1[0]: ", list1[0])
# 使用中括号的形式截取字符
print ("列表中的第三和第四个值,list1[2:4]: ", list1[2:4])
# 利用 for 循环语句来遍历列表中的值
print(" 利用 for 循环语句来遍历列表中的值 ")
for i in list1:
    print(i)
# 更新列表中的数据
print ("第三个元素为 : ", list1[2])
list1[2] = 2002
print ("更新后的第三个元素为 : ", list1[2])
list1.append("Baidu")
print ("更新后的列表 : ", list1)
# 删除列表中的数据
print(" 没有删除元素之前的列表数据:",list1)
del list1[2]
print (" 删除第三个元素之后的列表数据 : ", list1)
```

单击菜单栏中的"Run/Run Module"命令或按下键盘上的"F5"键,就可以运行程序代码,结果如图2.25所示。

图2.25　列表的定义、访问、更新及删除

列表包括4个函数,函数的名称及意义如表2.9所示。

表2.9　列表的函数名称及意义

列表的函数名称	意　义
len(list)	列表元素个数
max(list)	返回列表元素最大值
min(list)	返回列表元素最小值
list(seq)	将元组转换为列表

前面已讲解列表的append()方法，下面来讲解一下其他列表方法。列表的方法名称及意义如表2.10所示。

表2.10　列表的方法名称及意义

列表的方法名称	意　义
list.copy()	复制列表
list.clear()	清空列表
list.sort([func])	对原列表进行排序
list.reverse()	反向列表中的元素
list.remove(obj)	移除列表中某个值的第一个匹配项
list.pop(obj=list[-1])	移除列表中的一个元素（默认最后一个元素），并且返回该元素的值
list.insert(index, obj)	将对象插入列表
list.index(obj)	从列表中找出某个值第一个匹配项的索引位置
list.extend(seq)	在列表末尾一次性追加另一个序列中的多个值（用新列表扩展原来的列表）
list.count(obj)	统计某个元素在列表中出现的次数

单击"开始"菜单，打开Python 3.7.1 Shell软件，然后单击菜单栏中的"File/New File"命令，创建一个Python文件，并命名为"Python2-20.py"，然后输入如下代码：

```
# 列表中函数的应用
list1 = ["我","爱","python"]
list2 = [100, 200, 300,400]
print( "list1的最大值:", max(list1) )
print( "list2的最大值:", max(list2) )
print( "list1的最小值:", min(list1) )
print( "list2的最小值:", min(list2) )
print("list1的元数个数:",len(list1))
print("list2的元数个数:",len(list2))
 # id() 函数用于获取对象的内存地址
print("我的内存地址值:", id(list1[0]) )
```

```
print(" 爱的内存地址值: ", id(list1[1]) )
print("python 的内存地址值 ", id(list1[2]) )
aTuple = (123, 'Google', 'Runoob', 'Taobao')   # 定义元组
list1 = list(aTuple)                            # 把元组变成列表
print ("列表元素 : ", list1)
# 列表中方法的应用
list1 = ['Google', 'Runoob', 'Taobao', 'Baidu']
list2 = list1.copy()
print ("list2 列表: ", list2)
list2.sort()
print ("list2列表排序后 : ", list2)
list2.reverse()
print ("list2列表反转后: ", list2)
list2.remove('Taobao')
print ("list2列表移除 Taobao 后 : ", list2)
list2.pop()
print ("list2列表再移除最后一个元素 : ", list2)
list2.insert(1, 'Runoob')
print ('列表插入元素后为 : ', list2)
print ('Runoob 索引值为 ', list2.index('Runoob'))
list2.clear()
print ("列表清空后 : ", list2)
```

单击菜单栏中的"Run/Run Module"命令或按下键盘上的"F5"键,就可以运行程序代码,结果如图2.26所示。

图2.26　列表的函数与方法

2.6.2 元组

Python程序设计中的元组与列表类似，不同之处在于元组的元素不能修改。另外，元组使用小括号，列表使用中括号。

元组创建很简单，只需要在括号中添加元素，并使用逗号隔开即可，具体代码如下：

```
tup1 = ("Google", "Baidu", 2017, 2018)
tup2 = (1, 2, 3, 4, 5,6,7,8,9 )
tup3 = "a", "b", "c", "d","f","g"      # 不需要括号也可以
```

可以使用下标索引来访问元组中的值，也可以使用中括号的形式截取字符，还可以利用for循环语句来遍历元组中的值。

元组中的元素值是不允许修改的，但可以利用"+"号对元组进行连接组合。

元组中的元素值是不允许删除的，但我们可以使用del语句来删除整个元组。

单击"开始"菜单，打开Python 3.7.1 Shell软件，然后单击菜单栏中的"File/New File"命令，创建一个Python文件，并命名为"Python2-21.py"，然后输入如下代码：

```
tup1 = ("book" , "desk","bag",2000,2008,2012,2015, 2018)
# 使用下标索引来访问元组中的值
print ("元组中的第二个值,tup1[1]: ", tup1[1])
# 使用中括号的形式截取字符
print ("元组中的第二和第五个值,tup1[1:5]: ", tup1[1:5])
# 利用 for 循环语句来遍历元组中的值
print(" 利用 for 循环语句来遍历元组中的值 ")
for i in tup1:
    print(i)
# 连接元组
tup2 =("Python","Baidu")
# 创建一个新的元组
tup3 = tup1 + tup2
print (tup3)
# 删除元组
del tup3
```

```
print (" 删除后的元组 tup  ")
```

单击菜单栏中的"Run/Run Module"命令或按下键盘上的"F5"键,就可以运行程序代码,结果如图2.27所示。

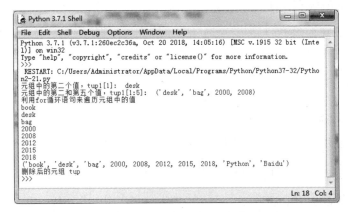

图2.27　元组的创建、访问、连接和删除

元组包括4个函数,函数的名称及意义如表2.11所示。

表2.11　元组的函数名称及意义

元组的函数名称	意　义
len(tuple)	元组元素个数
max(tuple)	返回元组元素最大值
min(tuple)	返回元组元素最小值
tuple (seq)	将列表转换为元组

单击"开始"菜单,打开Python 3.7.1 Shell软件,然后单击菜单栏中的"File/New File"命令,创建一个Python文件,并命名为"Python2-22.py",然后输入如下代码:

```
tuple1 = (5, 4, 1,12,36,99)
print(" 元组中元素的最大值: ",max(tuple1))
print(" 元组中元素的最小值: ",min(tuple1))
print(" 元组中元素的个数: ",len(tuple1))
print(" 把元组转换成列表,并显示: ",list(tuple1))
print(" 把列表转换成元组,并显示: ",tuple(list(tuple1)))
```

单击菜单栏中的"Run/Run Module"命令或按下键盘上的"F5"键,就可以运行程序代码,结果如图2.28所示。

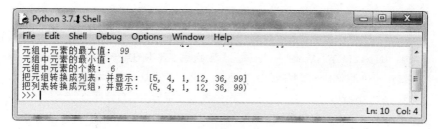

图2.28　元组的函数

2.6.3　字典

从某种意义上来讲, 字典和列表是相似的。字典使用的是{ }, 列表使用的是[ ], 元素的分隔符都是逗号。不同的是, 列表的索引是从0开始的有序整数, 并且不能重复; 而字典的索引称为键, 虽然字典中的键和列表中的索引一样是不可重复的, 但键是元素的。字典中元素的任意排列都不影响字典的使用。

字典的键, 可以是数字、字符串、元组等, 但一般是用字符串来表示, 键与键值之间用冒号分开。创建一个字典, 代码如下:

dict1 = {'姓名': '张平', '年龄': 12, '年级': '6','学习成绩':'优'}

访问字典中的值, 可以使用下标索引来访问, 也可以利用values()方法来访问。可以利用keys()方法访问字典中的键, 利用items()方法同时访问字典中的值和键。

修改字典, 即向字典中添加新的数据项、修改字典中原有的数据项、删除字典中的某一项数据、清空字典中的所有数据项。

> 提醒: 字典中的键必须是唯一的, 并且不可变; 字典中的值可以不唯一, 也可以变。

单击"开始"菜单, 打开Python 3.7.1 Shell软件, 然后单击菜单栏中的"File/New File"命令, 创建一个Python文件, 并命名为"Python2-23.py", 然后输入如下代码:

```
dict1 = {'姓名': '张平', '年龄': 12, '年级': '6','学习成绩':'优'}
for i,j in dict1.items():
    print(i, ":", j)
dict1['性别'] = '男'        # 添加新的数据项
print ("添加数据项后字典是 : %s" %  dict1.items())
```

```
dict1['学习成绩'] = '及格'        # 修改原有的数据项
print ("修改数据项后字典是 : %s" % dict1.items())
del dict1['学习成绩']            # 删除字典中的某一项数据
print ("删除某一项数据后字典是 : %s" % dict1.items())
dict1.clear()                   # 清空字典中所有数据项
print ("清空所有数据后字典是 : %s" % dict1.items())
```

单击菜单栏中的"Run/Run Module"命令或按下键盘上的"F5"键,就可以运行程序代码,结果如图2.29所示。

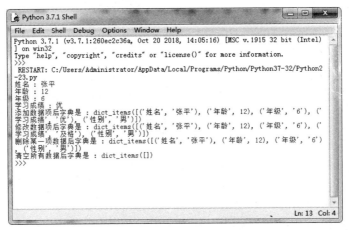

图2.29　字典的创建、访问、修改和删除

2.6.4　集合

集合(set)是一个无序不重复元素的序列。集合可分为两种,分别是不可变的集合和可变的集合。

可以使用大括号{ }或者set()函数创建集合。需要注意的是,创建一个空集合必须用set()而不是{ },因为{ }是用来创建一个空字典的。创建集合,代码如下:

```
student = {'Tom', 'Jim', 'Mary', 'Tom', 'Jack', 'Rose'}
a = set('abracadabra')
b = set()
```

集合的两个基本功能分别是去重和成员测试。

去重是指把一个还有重复元素的列表或元组等数据类型转变成集合,其中的重复元素只出现一次。

成员测试,即判断元素是否在集合内。

单击"开始"菜单,打开Python 3.7.1 Shell软件,然后单击菜单栏中的"File/New File"命令,创建一个Python文件,并命名为"Python2-24.py",然后输入如下代码:

```
student = {'Tom', 'Jim', 'Mary', 'Tom', 'Jack', 'Rose'}
print(" 输出集合,重复的元素被自动去掉: ",student)
# 成员测试
if('Rose' in student) :
    print('Rose 在集合中')
else :
    print('Rose 不在集合中')
if('Zhoudao' in student):
    print('Zhoudao 在集合中')
else:
    print('Zhoudao 不在集合中')
```

单击菜单栏中的"Run/Run Module"命令或按下键盘上的"F5"键,就可以运行程序代码,结果如图2.30所示。

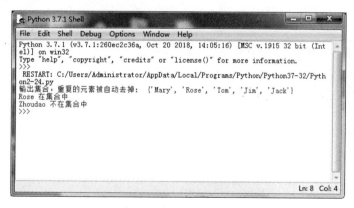

图2.30　去重和成员测试

集合的数学符号、Python符号及说明如表2.12所示。

表2.12　集合的数学符号、Python符号及说明

数学符号	Python符号	说　明
∩	&	交集,如a&b
∪	|	并集,如a|b
− 或 \	−	差补或相对补集

续表

数学符号	Python符号	说　明
△	^	对称差分
⊂	<	真子集
⊆	<=	子集
⊃	>	真超集
⊇	>=	超集
=	==	等于, 两个集合相等
≠	!=	不等于
∈	in	属于, 是里面的元素
∉	not in	不属于

单击"开始"菜单, 打开Python 3.7.1 Shell软件, 然后单击菜单栏中的"File/New File"命令, 创建一个Python文件, 并命名为"Python2-25.py", 然后输入如下代码:

```
a = set('abracadabra')
b = set('alacazam')
print("a 集合中的元素: ",a)
print("b 集合中的元素: ",b)
print("a 和 b 的差集 :",a - b)
print("a 和 b 的并集 :",a | b)
print("a 和 b 的交集 :",a & b)
print("a 和 b 中不同时存在的元素 :",a ^ b)
print("a 和 b 的真子值 :",a < b)
print("a 和 b 的子值 :",a <= b)
print("a 和 b 的真超值 :",a > b)
print("a 和 b 的超值 :",a >= b)
print("a 和 b 的相等 :",a == b)
print("a 和 b 的不相等 :",a != b)
print("a 属于 b:",a in b)
print("a 不属于 b:",a not in b)
```

单击菜单栏中的"Run/Run Module"命令或按下键盘上的"F5"键, 就可以运行程序代码, 结果如图2.31所示。

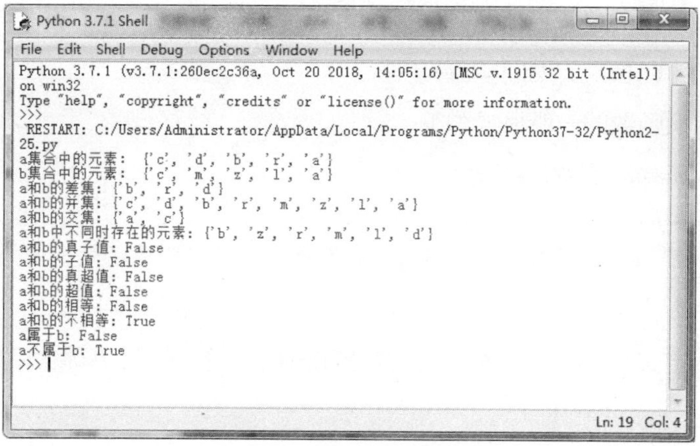

图2.31　集合的运算

2.7　Python的函数

程序需要完成多个功能或操作，每个函数可以实现一个独立功能或完成一个独立的操作，因此学习"程序设计"必须掌握函数的编写。因为函数可以被多次调用，可以减少重复的代码，即函数能提高应用的模块性和代码的重复利用率。

Python提供了许多内建函数，比如print()。但也可以自己创建函数，这被叫作用户自定义函数。

2.7.1　函数的定义与调用

在Python中，自定义函数的规则如下：

第一，函数代码块以def关键词开头，后接函数标识符名称和小括号()。

第二，任何传入参数和自变量必须放在小括号中间，小括号之间可以用于定义参数。

第三，函数的第一行语句可以选择性地使用文档字符串，用于存放函数说明。

第四，函数内容以冒号起始，并且缩进。

第五，return[表达式]结束函数，选择性地返回一个值给调用方。不带表达式的return相当于返回None。

自定义函数的一般格式如下：

```
def 函数名（参数列表）：
    函数体
```

默认情况下，参数值和参数名称是按函数声明中定义的顺序匹配起来的。

下面定义一个简单函数，实现输出"Python，您好！"，具体代码如下：

```
def  myprint() :
    print("Python,您好! ")
```

下面再定义一个含有参数的函数，实现三角形的面积计算，具体代码如下：

```
def myarea(x1,x2):
    return 1/2*x1*x2
```

自定义函数后，就可以调用函数。函数的调用很简单，下面举例说明。

单击"开始"菜单，打开Python 3.7.1 Shell软件，然后单击菜单栏中的"File/New File"命令，创建一个Python文件，并命名为"Python2-26.py"，然后输入如下代码：

```
def  myprint() :              #自定义函数,实现"输出 Python,您好! "
    print("Python,您好! ")
def myarea(x1,x2):            #自定义函数,实现三角形的面积计算
    return 1/2*x1*x2
myprint()     #调用自定义函数 myprint()
#调用自定义函数 myarea()
w = 12
h = 6
print("三角形的底 =", w, " 三角形的高 =", h, " 三角形的面积 =", myarea(w, h))
```

在上述代码中，先自定义函数，然后再调用函数。注意在调用含有参数的函数时，先定义变量，然后在调用函数时使用变量。

单击菜单栏中的"Run/Run Module"命令或按下键盘上的"F5"键，就可以运行程序代码，结果如图2.32所示。

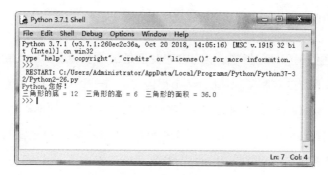

图2.32 函数的定义与调用

2.7.2 参数传递

在 python 中，类型属于对象，变量是没有类型的，例如：

```
x = [1,2,3,4,5,6]
y = "bike"
```

在上述代码中，[1,2,3,4,5,6]是 List 类型，"bike"是 String 类型，而变量x是没有类型，它仅仅是一个对象的引用（一个指针），可以是指向List类型对象，也可以是指向String类型对象。

1. 不可更改对象

在python中，字符串（string）、元组（tuple）和数值型（number）是不可更改对象。例如，变量赋值a=6后再赋值a=18，这里实际是新生成一个int值对象18，再让a指向它，而6被丢弃，不是改变a的值，而是相当于新生成了a。

在python函数的参数传递中，不可变对象类似C++的值传递，如整数、字符串、元组。如fun(a)，传递的只是a的值，没有影响a对象本身。比如在fun(a)内部修改 a 的值，只是修改另一个复制的对象，不会影响a本身。

单击"开始"菜单，打开Python 3.7.1 Shell软件，然后单击菜单栏中的"File/New File"命令，创建一个Python文件，并命名为"Python2-27.py"，然后输入如下代码：

```
def ChangeInt( a ):
    a = 10
    return a
b = 2
```

```
print(" 调用函数，并显示函数返回值: ",ChangeInt(b))
print( "变量b的值: ",b )                                    # 结果是 2
```

在上述代码中int对象2，指向它的变量是b，在传递给ChangeInt()函数时，按传值的方式复制了变量b，a和b都指向了同一个int对象，在a=10时，则新生成一个int值对象10，并让a指向它。

所以调用ChangeInt()函数后，b指向的是int对象2，而a指向的是int对象10，所以函数的返回值是10，而变量b显示的是2。

单击菜单栏中的"Run/Run Module"命令或按下键盘上的"F5"键，就可以运行程序代码，结果如图2.33所示。

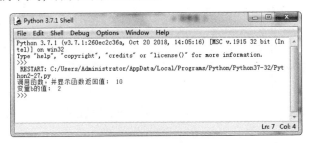

图2.33　不可更改对象

2. 可更改对象

在python中，列表(list)、字典(dict)等是可以修改的对象。例如，变量赋值la=[1,2,3,4]后再赋值la[2]=5，则是将列表la中的第三个元素值更改，本身la没有动，只是其内部的一部分值被修改了。

在python函数的参数传递中，可变对象类似C++的引用传递，如列表、字典。如fun(la)，则是将la真正地传过去，修改后fun外部的la也会受影响。

> 提醒：python 中一切都是对象，严格意义不能说值传递还是引用传递，应该说传不可变更对象和传可变更对象。

单击"开始"菜单，打开Python 3.7.1 Shell软件，然后单击菜单栏中的"File/New File"命令，创建一个Python文件，并命名为"Python2-28.py"，然后输入如下代码：

```
def changeme( mylist ):
    " 修改传入的列表 "
    mylist.append([1,2,3,4]);
    print ("函数内取值： ", mylist)
```

```
    return
  # 调用 changeme 函数
mylist = [10,20,30];
changeme( mylist );
print (" 函数外取值: ", mylist)
```

传入函数的和在末尾添加新内容的对象用的是同一个引用，所以函数内取值和函数外取值是一样的。

单击菜单栏中的"Run/Run Module"命令或按下键盘上的"F5"键，就可以运行程序代码，结果如图2.34所示。

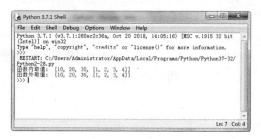

图2.34　可更改对象

2.7.3　匿名函数

所谓匿名，就是不再使用def语句这样标准的形式定义一个函数。在python中，使用lambda来创建匿名函数。匿名函数需要注意以下几点：

第一，lambda只是一个表达式，函数体比def 简单很多。

第二，lambda的主体是一个表达式，而不是一个代码块。仅仅能在lambda表达式中封装有限的逻辑进去。

第三，lambda函数拥有自己的命名空间，且不能访问自己参数列表之外或全局命名空间里的参数。

第四，虽然lambda函数看起来只能写一行，却不等同于C或C++的内联函数，后者的目的是调用小函数时不占用栈内存从而增加运行效率。

lambda 函数的语法只包含一个语句，具体如下：

```
lambda [arg1 [,arg2,...argn]]:expression
```

单击"开始"菜单，打开Python 3.7.1 Shell软件，然后单击菜单栏中的"File/New File"命令，创建一个Python文件，并命名为"Python2-29.

py"，然后输入如下代码：

```
mylamb = lambda arg1, arg2, arg3 : arg1 + arg2 - arg3
# 调用匿名函数 mylamb
print ("调用匿名函数,并返回运算值 : ", mylamb( 20, 18,9 ))
```

单击菜单栏中的"Run/Run Module"命令或按下键盘上的"F5"键，就可以运行程序代码，结果如图2.35所示。

图2.35　匿名函数

2.7.4　变量作用域

在Python程序设计中，程序的变量并不是在哪个位置都可以访问的，访问权限决定于这个变量是在哪里赋值的。

变量的作用域决定了在哪一部分程序可以访问哪个特定的变量名称。Python的变量作用域一共有4种，分别是局部作用域（Local）、闭包函数外的函数中（Enclosing）、全局作用域（Global）、内建作用域（Built-in）。

在Python程序设计中，变量以局部作用域（Local）、闭包函数外的函数中（Enclosing）、全局作用域（Global）、内建作用域（Built-in）的规则查找，即在局部找不到，便会去局部外的局部找（例如闭包），再找不到就会去全局找，再者去内建中找，具体代码如下：

```
x = int(2.9)    # 内建作用域
g _ count = 0   # 全局作用域
def outer():
    o _ count = 1   # 闭包函数外的函数中
    def inner():
        i _ count = 2   # 局部作用域
```

在Python程序设计中，只有模块（module）、类（class）以及函数（def、lambda）才会引入新的作用域，其他的代码块（如 if/elif/else/、try/

except、for/while等）是不会引入新的作用域的，也就是说这些语句内定义的变量，外部也可以访问。

2.8 Python的面向对象

Python从设计之初就已经是一门面向对象的语言，所以在Python中创建一个类和对象是很容易的。

2.8.1 面向对象概念

面向对象概念主要有9个，具体如下。

1. 类(Class)

类(Class)用来描述具有相同的属性和方法的对象的集合。它定义了该集合中每个对象所共有的属性和方法。对象是类的实例。

2. 类变量

类变量在整个实例化的对象中是公用的。类变量定义在类中且在函数体之外。类变量通常不作为实例变量使用。

3. 数据成员

数据成员，即类变量或者实例变量，是用于处理类及其实例对象的相关的数据。

4. 方法重写

如果从父类继承的方法不能满足子类的需求，则可以对其进行改写，这个过程叫方法的覆盖（override），也称为方法的重写。

5. 实例变量

实例变量是定义在方法中的变量，只作用于当前实例的类。

6. 继承

继承，即一个派生类（derived class）继承基类（base class）的字段和方法。继承也允许把一个派生类的对象作为一个基类对象对待。

7. 实例化

实例化，即创建一个类的实例，类的具体对象。

8. 方法

方法，即类中定义的函数。

9. 对象

对象，即通过类定义的数据结构实例。对象包括两个数据成员（类变量和实例变量）和方法。

2.8.2　类与实例

在Python中，类定义的语法具体如下：

```
class  ClassName:
    <statement-1>
    .
    .
    .
    <statement-N>
```

类实例化后，可以使用其属性。实际上，创建一个类之后，可以通过类名访问其属性。

类对象支持两种操作，分别是属性引用和实例化。属性引用使用和Python中所有的属性引用一样的标准语法：obj.name。类对象创建后，类命名空间中所有的命名都是有效属性名。

很多类都倾向于将对象创建为有初始状态的。因此类可能会定义一个名为__init__()的特殊方法（构造方法），具体代码如下：

```
def __init__(self):
    self.data = []
```

如果类定义了 __init__() 方法，那么类的实例化操作会自动调用 __init__() 方法。当然， __init__() 方法可以有参数，参数通过 __init__() 传递到类的实例化操作上。

Python同样支持类的继承，如果一种语言不支持继承，类就没有什么意义。派生类定义的语法具体如下：

```
class DerivedClassName(BaseClassName1):
    <statement-1>
        .
        .
        .
    <statement-N>
```

需要注意小括号中基类的顺序，若是基类中有相同的方法名，而在子类使用时未指定，python从左至右搜索，即方法在子类中未找到时，从左到右查找基类中是否包含方法。另外，基类必须与派生类定义在一个作用域内。

Python同样有限地支持多继承形式。多继承的类定义的语法具体如下：

```
class DerivedClassName(Base1, Base2, Base3):
    <statement-1>
        .
        .
        .
    <statement-N>
```

单击"开始"菜单，打开Python 3.7.1 Shell软件，然后单击菜单栏中的"File/New File"命令，创建一个Python文件，并命名为"Python2-30.py"，然后输入如下代码：

```python
# 类定义
class people:
    # 定义基本属性
    name = ''
    age = 0
    # 定义私有属性，私有属性在类外部无法直接进行访问
    __weight = 0
    # 定义构造方法
    def __init__(self,n,a,w):
        self.name = n
        self.age = a
        self.__weight = w
    def speak(self):
        print("%s 说：我 %d 岁。" %(self.name,self.age))
# 单继承
```

```
class student(people):
    grade = ''
    def __init__(self,n,a,w,g):
        #调用父类的构函
        people.__init__(self,n,a,w)
        self.grade = g
    #覆写父类的方法
    def speak(self):
        print("%s 说：我 %d 岁了,我在读 %d 年级 "%(self.name,self.
age,self.grade))
#另一个类,多重继承之前的准备
class speaker():
    topic = ''
    name = ''
    def __init__(self,n,t):
        self.name = n
        self.topic = t
    def speak(self):
        print(" 我叫 %s, 我是一个演说家,我演讲的主题是 %s"%(self.
name,self.topic))
#多重继承
class sample(speaker,student):
    a =''
    def __init__(self,n,a,w,g,t):
        student.__init__(self,n,a,w,g)
        speaker.__init__(self,n,t)
test = sample(" 张亮 ",15,70,7,"Python")
test.speak()        #方法名同,默认调用的是在括号中排前的父类的方法
```

在上述代码中,先定义了三个类,分别是people类、student类、speaker类,其中student类是people类的子类,需要注意的是,三个类中都有speak()方法。

然后定义sample类,sample类多重继承,既是student类的子数,同时也是speaker类的子数。sample类定义了一个类变量,即a;定义一个构造方法,在构造方法中调用了父类student的构造方法和父类speaker的构造方法。

最后，sample类实例化，再调用speak()方法。需要注意的是，由于people类、student类、speaker类中都有speak()方法，默认情况下，调用的是在括号中排前的父类的方法，即speaker类中的speak()方法。

单击菜单栏中的"Run/Run Module"命令或按下键盘上的"F5"键，就可以运行程序代码，结果如图2.36所示。

图2.36　类与实例

2.8.3　模块的引用

模块是一个包含所有定义的函数和变量的文件，其后缀名是.py。模块可以被别的程序引入，以使用该模块中的函数等功能。

想使用Python源文件，只需在另一个源文件里执行import语句，其语法具体如下：

```
import module1[, module2[,... moduleN]
```

在python中，用import或 from...import来导入相应的模块，具体如下：

第一，将整个模块(somemodule)导入，格式为： import somemodule。

> 提醒：不管你执行了多少次import，一个模块只会被导入一次。这样可以防止导入模块被一遍又一遍地执行。

第二，从某个模块中导入某个函数，格式为： from somemodule import somefunction。

第三，从某个模块中导入多个函数，格式为： from somemodule import firstfunc, secondfunc, thirdfunc。

第四，将某个模块中的全部函数导入，格式为： from somemodule import *。

2.9　Python的代码格式

Python是一门新兴的编程语言，在格式上与其他传统编程语言虽然相差不大，但也有不同之处，特别是代码缩进。下面来具体讲解一下Python的代码格式。

2.9.1　代码缩进

Python最具特色的就是使用缩进来表示代码块，不需要使用大括号{}。缩进的空格数是可变的，但是同一个代码块的语句必须包含相同的缩进空格数。实例如下：

```
if True:
    print ("正确")
else:
    print ("错误")
```

以下代码最后一行语句缩进数的空格数不一致，会导致运行错误：

```
if True:
    print ("Answer")
    print ("True")
else:
    print ("Answer")
 print ("False")        # 缩进不一致，会导致运行错误
```

错误信息如图2.37所示。

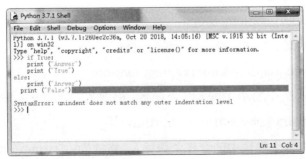

图2.37　缩进不一致，会导致运行错误

2.9.2 代码注释

Python中单行注释以#开头，实例如下：

```
print ("Hello, Python!")   # 第一个注释
```

多行注释可以用多个#号，还有'''和"""

```
# 第一个注释
# 第二个注释
'''
第三注释
第四注释
'''
"""
第五注释
第六注释
"""
```

2.9.3 空行

函数之间或类的方法之间用空行分隔，表示一段新的代码的开始。类和函数入口之间也用一行空行分隔，以突出函数入口的开始。

空行与代码缩进不同，空行并不是Python语法的一部分。书写时不插入空行，Python解释器运行也不会出错。但是空行的作用在于分隔两段不同功能或含义的代码，便于日后代码的维护或重构。

2.9.4 同一行显示多条语句

Python可以在同一行中使用多条语句，语句之间使用分号(;)分割，在Python 3.6.5 Shell软件中，输入如下代码：

> 提醒：空行也是程序代码的一部分。

```
x=10;y=20;z=30;print(x+y+10+6-z)
```

回车，执行代码，就会显示运行结果，如图2.38所示。

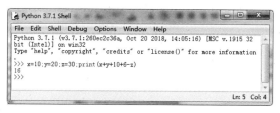

图2.38 同一行显示多条语句

第3章

人工智能的Numpy包

Numpy包是高性能科学计算和数据分析的基础包，不是Python的标准包，是Python第三方包。为了更好地讲解，在这里使用聚宽JoinQuant量化交易平台免费提供基于IPython Notebook的研究平台。

本章主要内容包括：

➤ Numpy包的由来及应用

➤ Numpy数组的创建、索引和运算

➤ Numpy的矩阵

➤ Numpy的线性代数

➤ Numpy的文件操作

3.1 初识Numpy包

Numpy代表"Numeric Python",是一个由多维数组对象和用于处理数组的例程集合组成的包。

Numeric,即NumPy的前身,是由Jim Hugunin开发的。他也开发了另一个包 Numarray,从而拥有一些额外的功能。2005年,Travis Oliphant通过将Numarray的功能集成到Numeric包中来创建NumPy包。

NumPy通常与SciPy(Scientific Python)和 Matplotlib(绘图库)一起使用。这种组合广泛应用于替代MatLab(MatLab是一个流行的技术计算平台)。但是,Python作为MatLab的替代方案,现在被视为一种更加现代和完整的编程语言。

另外,NumPy是开源的,这是它的一个额外优势。

3.2 ndarray数组基础

Pyhton中用列表保存一组值,可将列表当成数组使用。此外,Python有array模块,但它不支持多维数组,无论是列表还是array模块都没有科学运算函数,不适合做矩阵等科学计算。因此,Numpy没有使用Python本身的数组机制,而是提供了 ndarray数组对象,该对象不但能方便地存取数组,而且拥有丰富的数组计算函数,比如向量的加法、减法、乘法等。

使用ndarray数组,首先需要导入Numpy函数包。可以直接导入Numpy函数包,也可以在导入Numpy函数包时指定导入库的别名,代码如下:

```
import numpy              # 直接导入 Numpy 函数包
import numpy as np        # 导入 Numpy 函数包并指定导入包的别名
```

3.2.1 创建Numpy数组

创建Numpy数组是进行数组计算的先决条件,可以通过array()函数定义数组实例对象,其参数为Python的序列对象(比如列表。)如果想定义多维数组,则传递多层嵌套的序列,代码如下:

```
Numpy1 = np.array([[10,-8,10.5],[-4,6.0,9.6]])
```

创建Numpy数组实例

成功登录聚宽JoinQuant量化交易平台后,单击菜单栏中的"我的策略/投资研究"命令,打开投资研究页面,如图3.1所示。

图3.1 投资研究页面

为了便于文件管理,这里先新建文件夹。单击"新建"按钮,弹出下一级子菜单,然后单击"文件夹"命令,就会新建一个文件夹,默认名称为"Untitled Folder",如图3.2所示。

图3.2 新建一个文件夹

下面来为文件夹命名。选中"Untitled Folder"前面的复选框，这时就可以在页面中看到重命名按钮，如图3.3所示。

图3.3　重命名按钮

单击"重命名"按钮，弹出"重命名路径"对话框，在这里命名为"Numpy"，然后单击对话框中的"重命名"按钮，即可命名成功，如图3.4所示。

图3.4　"重命名路径"对话框

双击"Numpy"文件夹，然后再单击"新建"按钮，在弹出的下一级菜单中单击"Python 3"命令，就可以新建一个Python 3文件，如图3.5所示。

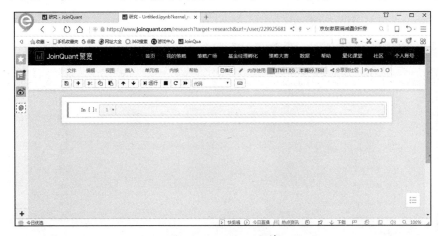

图3.5　Python 3文件

在单元格中输入代码如下：

```
import numpy as np
a = np.array([1,2,3])
a
```

首先导入numpy包，并指定导入包的别名为np；然后定义一维数组，最后直接输出显示。

单击工具栏中的 ▶ 运行 按钮，就会显示Numpy数组内容，并在下方插入一个新的单元格，如图3.6所示。

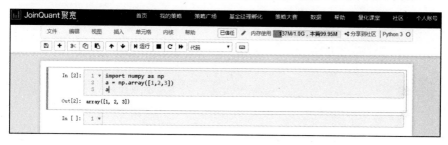

图3.6　显示Numpy数组内容

在新的单元格中输入代码如下：

```
# dtype 参数
b = np.array([1,  2,  3], dtype = complex)
b
```

由于包一次导入，以后可以随便使用，所以这里不需要再导入numpy包。这里设置了一维数组的数据类型，默认为整型，在这里进而设置为复数类型。

单击工具栏中的 ▶ 运行 按钮，就会显示Numpy数组内容，并在下方插入一个新的单元格，如图3.7所示。

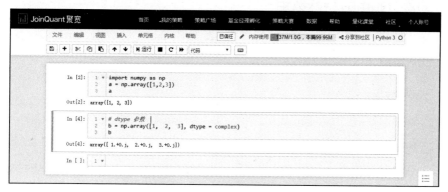

图3.7　设置数据类型为复数

在新的单元格中输入代码如下：

```
# 多于一个维度的数组
c = np.array([[1,  2],  [3,  4]], dtype = complex)
c
```

在这里定义多于一个维度的数组，并设置数据类型为复数。

单击工具栏中的 ▶ **运行** 按钮，就会显示Numpy数组内容，并在下方插入一个新的单元格，如图3.8所示。

图3.8　多于一个维度的数组

重命名文件。单击菜单栏中的"文件/重命名"命令，弹出"重命名"对话框，在这里命名为"创建Numpy数组"，然后单击对话框中的"重命名"按钮即可。

保存文件。单击菜单栏中的"文件/保存"命令即可。

3.2.2　Numpy特殊数组

在Numpy数组中，有3种特殊数组，分别是zeros数组、ones数组和empty数组。

1. zeros数组

zeros数组是指全零的数组，即数组中所有元素都为0。

zeros数组实例

成功登录JoinQuant（聚宽）量化交易平台后，单击菜单栏中的"我的策略/投资研究"命令，打开投资研究页面。然后单击"新建"按钮，在弹出的下一级菜单中单击"Python 3"命令,就可以新建一个Python 3文件,并命名为"zeros数组"。

在单元格中输入代码如下:

```
# 含有 6 个 0的数组,默认类型为 float
import numpy as np
x = np.zeros(6)
x
```

需要注意的是,zeros数组元素的数据类型为浮点型。

单击工具栏中的 ▶ 运行 按钮,就会显示zeros数组内容,并在下方插入一个新的单元格,如图3.9所示。

图3.9　zeros数组内容

在新的单元格中输入代码如下:

```
# 含有 6 个 0的数组,设置数据类型为 int
y = np.zeros(6, dtype = np.int)
y
```

注意,这里的zeros数组元素的数据类型为整型。

单击工具栏中的 ▶ 运行 按钮,就会显示zeros数组内容,并在下方插入一个新的单元格,如图3.10所示。

图3.10　设置数据类型为整型

在新的单元格中输入代码如下：

```
# 多于一维数组，设置数据类型为 int
z = np.zeros((3,3), dtype = np.int)
z
```

单击工具栏中的 ▶ 运行 按钮，就会显示zeros数组内容，并在下方插入一个新的单元格，如图3.11所示。

图3.11　多于一个维度的zeros数组

2. ones数组

ones数组是指全为1的数组，即数组中所有元素都为1。

ones数组实例

成功登录JoinQuant（聚宽）量化交易平台后，单击菜单栏中的"我的策略/投资研究"命令，打开投资研究页面。然后单击"新建"按钮，在弹出的下一级菜单中单击"Python 3"命令，就可以新建一个Python 3文件，并命名为"ones数组"。

在单元格中输入代码如下：

```
# 含有 8 个 1 的数组，默认类型为 float
import numpy as np
x = np.ones(8)
x
```

单击工具栏中的 ▶ 运行 按钮，就会显示ones数组内容，并在下方插入一个新的单元格，如图3.12所示。

图3.12　ones数组

在新建的单元格中输入代码如下:

```
# 多于一维的 ones 数组,并且数据类型为整型
y = np.ones((4,4), dtype =  int)
y
```

单击工具栏中的 ▶ 运行 按钮,就会显示ones数组内容,并在下方插入一个新的单元格,如图3.13所示。

图3.13　多于一维的ones数组

3. empty数组

empty数组是空数组,即数组中所有元素全近似为0。

empty数组实例

成功登录JoinQuant(聚宽)量化交易平台后,单击菜单栏中的"我的策略/投资研究"命令,打开投资研究页面。然后单击"新建"按钮,在弹出的下一级菜单中单击"Python 3"命令,就可以新建一个Python 3文件,并命名为"empty数组"。

在单元格中输入代码如下。

```
import numpy as np
numpy3 = np.empty((2,5))
print(" 全空数组, 即 empty 数组 :",numpy3)
```

单击工具栏中的 ▶ 运行 按钮, 就会显示empty数组内容, 并在下方插入一个新的单元格, 如图3.14所示。

图3.14 empty数组内容

3.2.3 Numpy序列数组

arange函数与Python中的range函数相似, 但它属于Numpy库, 其参数依次为: 开始值、结束值、步长。

还可以使用linspace函数创建等差序列数组, 其参数依次为: 开始值、结束值、元素数量。

Numpy序列数组实例

成功登录JoinQuant (聚宽) 量化交易平台后, 单击菜单栏中的 "我的策略/投资研究" 命令, 打开投资研究页面。然后单击 "新建" 按钮, 在弹出的下一级菜单中单击 "Python 3" 命令, 就可以新建一个Python 3文件, 并命名为 "Numpy序列数组"。

在单元格中输入代码如下:

```
import numpy as np
numpy1 = np.arange(1,120,4)
print(" 利用 arange 函数创建等差序列数组: ",numpy1)
print()
numpy2 = np.linspace(0,8,20)
print(" 利用 linspace 函数创建等差序列数组: ",numpy2)
```

单击工具栏中的 ▶ 运行 按钮，运行结果如图3.15所示。

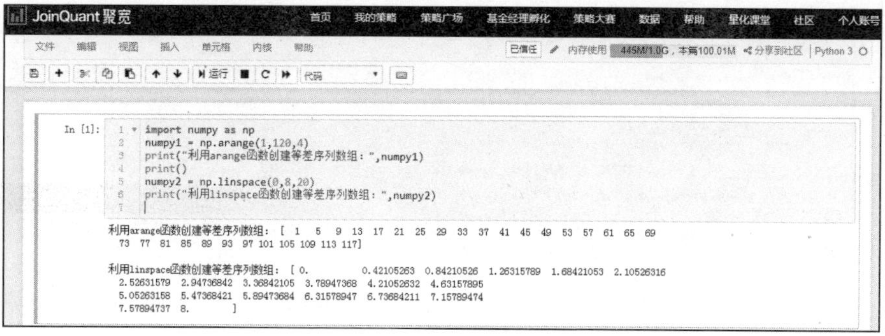

图3.15　Numpy序列数组

3.2.4　Numpy数组索引

Numpy数组的每个元素、每行元素、每列元素都可以用索引访问，不过需要注意：索引是从0开始的，其操作与列表基本相同。

Numpy数组索引实例

成功登录JoinQuant（聚宽）量化交易平台后，单击菜单栏中的"我的策略/投资研究"命令，打开投资研究页面。然后单击"新建"按钮，在弹出的下一级菜单中单击"Python 3"命令，就可以新建一个Python 3文件，并命名为"Numpy数组索引"。

在单位格中输入代码如下：

```python
import numpy as np
numpy1 = np.array([[8,6,5.2],[3.5,-8,0.59]])
print(" 显示 Numpy 数组中所有元素: ",numpy1)
print()
print(" 显示 Numpy 数组中第一行元素: ",numpy1[0])
print()
print(" 显示 Numpy 数组中第一行中的第二个元素: ",numpy1[0,1])
print()
print(" 显示 Numpy 数组中第二行中的第三个元素: ",numpy1[1,2])
print()
print(" 显示 Numpy 数组中第三列元素: ",numpy1[:,2])
```

单击工具栏中的 ▶ 运行 按钮，运行结果如图3.16所示。

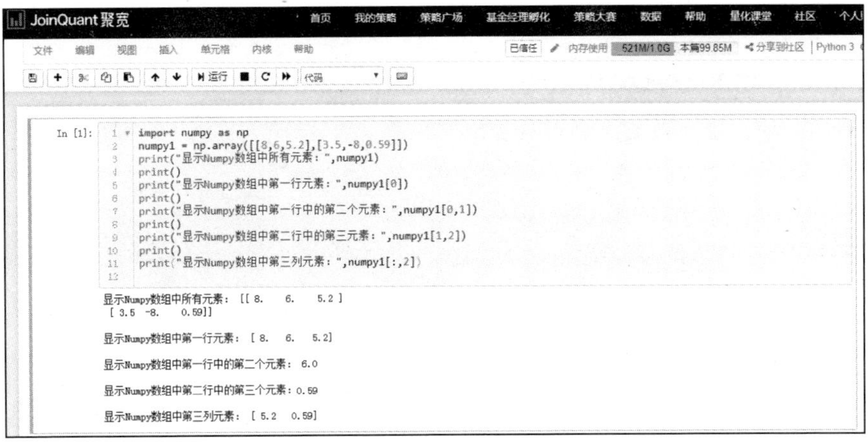

图3.16　Numpy数组索引

3.2.5　Numpy数组运算

Numpy数组运算是指Numpy数组中元素的加、减、乘、除、乘方、最大值、最小值等运算。

Numpy数组运算实例

成功登录JoinQuant（聚宽）量化交易平台后，单击菜单栏中的"我的策略/投资研究"命令，打开投资研究页面。然后单击"新建"按钮，在弹出的下一级菜单中单击"Python 3"命令，就可以新建一个Python 3文件，并命名为"Numpy数组运算"。

在单位格中输入代码如下：

```
import numpy as np
numpy1 = np.array([8,6,5.2])
numpy2 = np.array([3.5,-8,0.59])
print("数组的加法运算",numpy1+numpy2)
print("数组的减法运算",numpy1-numpy2)
print("数组的乘法运算",numpy1×numpy2)
print("数组的除法运算",numpy1/numpy2)
print("numpy1数组的乘方运算",numpy1××2)
print("数组的点乘运算",np.dot(numpy1,numpy2))      #就是把数组的
乘法运算得到的数，再加起来
print("数组的大小比较",numpy1>=numpy2)
```

```
print("numpy1 数组的最大值 ",numpy1.max())
print("numpy2 数组的最小值 ",numpy2.min())
print("numpy1 数组的和 ",numpy1.sum())
print("numpy1 和 numpy2 数组的和 ",numpy1.sum()+numpy2.sum())
```

单击工具栏中的 ▶ 运行 按钮, 运行结果如图3.17所示。

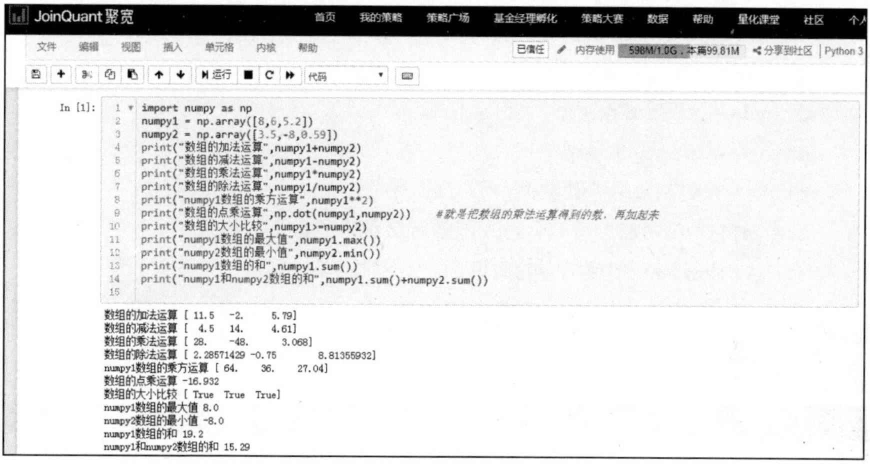

图3.17 Numpy数组运算

3.2.6 Numpy数组复制

Numpy数组复制分为两种, 分别是浅复制和深复制。

浅复制通过数组变量的复制完成, 只复制数组的引用, 这样对浅复制数组中的元素进行修改时, 原数组中的对应的元素也会被修改。

深复制使用数组对象的copy方法完成, 是对存储内存进行复制。这样对深复制数组中的元素进行修改时, 原数组中的对应的元素不会改变。

Numpy数组复制实例

成功登录JoinQuant(聚宽)量化交易平台后, 单击菜单栏中的"我的策略/投资研究"命令, 打开投资研究页面。然后单击"新建"按钮, 在弹出的下一级菜单中单击"Python 3"命令, 就可以新建一个Python 3文件, 并命名为"Numpy数组复制"。

在单元格中输入代码如下。

```
import numpy as np
numpy1 = np.array([8,6,5.2])
numpy2 = numpy1
print("浅复制数组中的数据: ",numpy2)
numpy2[1] = -18.6      # 修改浅复制数组中的数据
print("修改浅复制数组中的数据后: ",numpy2)
print("原数组 numpy1 中的数据也被修改了: ",numpy1)
print()
numpy3 = np.zeros(3)
numpy4 = numpy3.copy()
print("深复制数组中的数据: ",numpy4)
numpy4[1] = -18.6      # 修改深复制数组中的数据
print("修改深复制数组中的数据后: ",numpy4)
print("原数组 numpy3 中的数据没有被修改: ",numpy3)
```

单击工具栏中的 ▶ 运行 按钮，运行结果如图3.18所示。

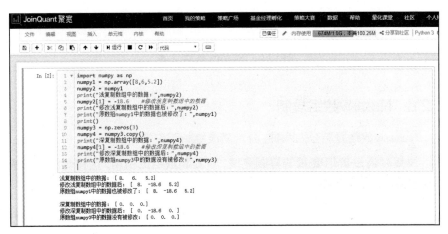

图3.18　Numpy数组复制

3.3　Numpy的矩阵

矩阵（Matrix）是一个按照长方阵列排列的复数或实数集合，是高等数学中的常见工具，也常见于统计分析等应用数学学科中。

Numpy的矩阵对象与数组对象相似，主要不同之处在于，矩阵对象的计算遵循矩阵数学运算规律,即矩阵的乘、转置、求逆等。需要注意的是,矩阵使用matrix函数创建。

Numpy的矩阵实例

成功登录JoinQuant(聚宽)量化交易平台后,单击菜单栏中的"我的策略/投资研究"命令,打开投资研究页面。然后单击"新建"按钮,在弹出的下一级菜单中单击"Python 3"命令,就可以新建一个Python 3文件,并命名为"Numpy的矩阵"。

在单元格中输入代码如下:

```python
import numpy as np
numpy1=np.matrix([[2,6,8],[14,19,22]])
print(" 矩阵数据内容: ")
print(numpy1)
numpy2 = numpy1.T          # 矩阵的转置
print(" 矩阵的转置后的数据内容: ")
print(numpy2)
print(" 矩阵的乘法: ")
print(numpy1*numpy2)
numpy3 = numpy1.I          # 矩阵的求逆
print(" 矩阵的求逆: ")
print(numpy3)
```

单击工具栏中的 ▶ 运行 按钮,运行结果如图3.19所示。

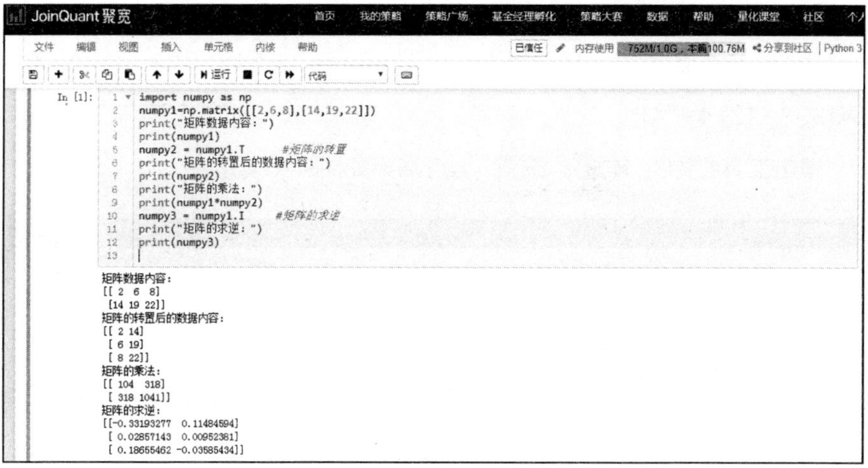

图3.19　Numpy的矩阵

3.4 Numpy的线性代数

NumPy包包含numpy.linalg模块,提供线性代数所需的所有功能,下面具体讲解一下。

3.4.1 两个数组的点积

numpy.dot()函数返回两个数组的点积。对于二维向量,其等效于矩阵乘法;对于一维数组,它是向量的内积;对于N维数组,它是a的最后一个轴上的和与b的倒数第二个轴的乘积。

两个数组的点积实例

成功登录JoinQuant(聚宽)量化交易平台后,单击菜单栏中的"我的策略/投资研究"命令,打开投资研究页面。然后单击"新建"按钮,在弹出的下一级菜单中单击"Python 3"命令,就可以新建一个Python 3文件,并命名为"两个数组的点积"。

在单元格中输入代码如下:

```
import numpy as np
a = np.array([[1,2],[3,4]])
b = np.array([[11,12],[13,14]])
print(" 返回两个数组的点积 :")
print(np.dot(a,b))
```

注意,两个数组的点积计算为: [[1×11+2×13, 1×12+2×14],[3×11+4×13, 3×12+4×14]]

单击工具栏中的 ▶ 运行 按钮,运行结果如图3.20所示。

图3.20 返回两个数组的点积

3.4.2 两个向量的点积

numpy.vdot()函数返回两个向量的点积。如果第一个参数是复数,那么它的共轭复数会用于计算。如果参数id是多维数组,它会被展开。

两个向量的点积实例

成功登录JoinQuant(聚宽)量化交易平台后,单击菜单栏中的"我的策略/投资研究"命令,打开投资研究页面。然后单击"新建"按钮,在弹出下一级菜单中单击"Python 3"命令,就可以新建一个Python 3文件,并命名为"两个向量的点积"。

在单元格中输入代码如下:

```python
import numpy as np
a = np.array([[1,2],[3,4]])
b = np.array([[11,12],[13,14]])
print(" 返回两个向量的点积 :")
print(np.vdot(a,b))
```

注意,两个向量的点积计算为: $1×11 + 2×12 + 3×13 + 4×14 = 130$。

单击工具栏中的 ▶ 运行 按钮,运行结果如图3.21所示。

图3.21　返回两个向量的点积

3.4.3 一维数组的向量内积

numpy.inner(): 返回一维数组的向量内积。对于更高的维度,它返回最后一个轴上的和的乘积。

一维数组的向量内积实例

成功登录JoinQuant(聚宽)量化交易平台后,单击菜单栏中的"我的策略/投资研究"命令,打开投资研究页面。然后单击"新建"按钮,在弹出的下一级菜单中单击"Python 3"命令,就可以新建一个Python 3文件,并命名为

"一维数组的向量内积"。

在单元格中输入代码如下：

```
import numpy as np
a=np.array([1,2,3])
b=np.array([0,1,0])
print(" 一维数组的向量内积:")
print(np.inner(a,b))        #1*0+2*1+3*0
print()
c=np.array([[1,2], [3,4]])
d=np.array([[11, 12], [13, 14]])
print(" 多维数组的向量内积:")
print(np.inner(c,d))
```

注意，多维数组的向量内积计算如下：

1×11+2×12, 1×13+2×14

3×11+4×12, 3×13+4×14

单击工具栏中的 ▌ 运行 按钮，运行结果如图3.22所示。

图3.22　运行结果

3.4.4　矩阵的行列式

行列式在线性代数中是非常有用的值，它从方阵的对角元素计算。对于2×2矩阵，它是左上和右下元素的乘积与其他两个的乘积的差。换句话说，对于矩阵[[a, b], [c, d]]，行列式计算为ad-bc。较大的方阵被认为是 2×2 矩阵的组合。在Python中，是利用numpy.linalg.det()函数计算输入矩阵的行列式的。

矩阵的行列式实例

成功登录JoinQuant(聚宽)量化交易平台后,单击菜单栏中的"我的策略/投资研究"命令,打开投资研究页面。然后单击"新建"按钮,在弹出的下一级菜单中单击"Python 3"命令,就可以新建一个Python 3文件,并命名为"矩阵的行列式"。

在单元格中输入代码如下:

```
import numpy as np
a = np.array([[1,2], [3,4]])
print(" 矩阵的行列式 :")
print(np.linalg.det(a))
b = np.array([[6,1,1], [4, -2, 5], [2,8,7]])
print(" 较大的方阵的数据: ")
print(b)
print()
print(" 较大的方阵的行列式: ")
print(np.linalg.det(b))
print()
print(" 较大的方阵的行列式的计算方法: ")
c=6*(-2*7 - 5*8) - 1*(4*7 - 5*2) + 1*(4*8 - -2*2)
print("6*(-2*7 - 5*8) - 1*(4*7 - 5*2) + 1*(4*8 - -2*2)=",c)
```

单击工具栏中的 ▶ 运行 按钮,运行结果如图3.23所示。

图3.23　矩阵的行列式的运行结果

3.4.5 矩阵的逆

使用numpy.linalg.inv()函数来计算矩阵的逆。矩阵的逆是这样的，如果它乘以原始矩阵，则得到单位矩阵。

矩阵的逆实例

成功登录JoinQuant（聚宽）量化交易平台后，单击菜单栏中的"我的策略/投资研究"命令，打开投资研究页面。然后单击"新建"按钮，在弹出的下一级菜单中单击"Python 3"命令，就可以新建一个Python 3文件，并命名为"矩阵的逆"。

在单元格中输入代码如下：

```
import numpy as np
x = np.array([[1,2],[3,4]])
print("原始矩阵:")
print(x)
print()
y = np.linalg.inv(x)
print("矩阵的逆:")
print(y)
print()
print("单位矩阵:")
print(np.dot(x,y))
```

单击工具栏中的 ▶ 运行 按钮，运行结果如图3.24所示。

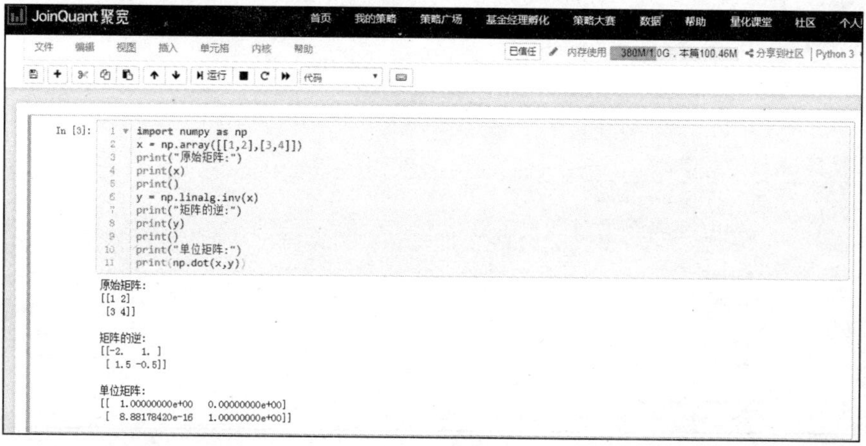

图3.24　矩阵的逆

3.5　Numpy的文件操作

ndarray对象可以保存到磁盘文件并从磁盘文件加载。

第一，可以利用ndarray对象的save()函数将数据存储在具有npy扩展名的磁盘文件中。

第二，可以利用ndarray对象的load()函数读出npy扩展名的磁盘文件中的数据。

第三，可以利用ndarray对象的savetxt()函数将数据存储在具有txt扩展名的文本文件中。

第四，可以利用ndarray对象的loadtxt()函数读出txt扩展名的文本文件中的数据。

Numpy的文件操作实例

成功登录JoinQuant（聚宽）量化交易平台后，单击菜单栏中的"我的策略/投资研究"命令，打开投资研究页面。然后单击"新建"按钮，在弹出的下一级菜单中单击"Python 3"命令，就可以新建一个Python 3文件，并命名为"Numpy的文件操作"。

在单元格中输入代码如下：

```
import numpy as np
a = np.array([1,2,3,4,5,6,7,8,9])
np.save('myfile1',a)        # 创建 npt 文件，并且保存数据
print(" 创建二进制文件，并保存数据 ")
```

单击工具栏中的 ▶ 运行 按钮，运行结果如图3.25所示。

图3.25　创建二进制文件并保存数据的运行结果

这时，就可以在Numpy文件夹（本章开头创建的管理本章文件的文件

夹）中看到创建的二进制文件myfile1，如图3.26所示。

图3.26　创建的二进制文件myfile1

下面来读出文件中的内容。在新建的单元格中输入代码如下：

```
b = np.load('myfile1.npy')
print("成功读取二进制文件, 然后显示: ")
print(b)
```

单击工具栏中的 ▶ 运行 按钮，运行结果如图3.27所示。

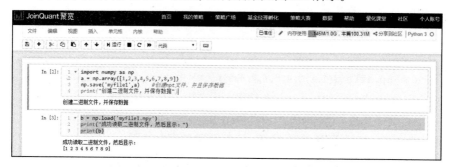

图3.27　读出文件中的内容并显示

下面来创建文本文件，然后再读出其中的内容。在新建的单元格中输入代码如下：

```
c = np.array([1,4,3,6])
np.savetxt('mytxt.txt',c)      # 创建文本文件, 并保存数据
d = np.loadtxt('mytxt.txt')
print("成功读取文本文件, 然后显示: ")
print(d)
```

单击工具栏中的 ▶ **运行** 按钮,运行结果如图3.28所示。

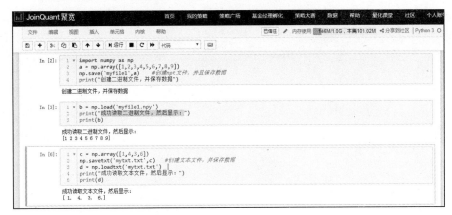

图3.28 文本文件的操作

需要注意的是,代码运行后,在Numpy文件夹中看到创建的文本文件mytxt.txt,如图3.29所示。

图3.29 创建的文本文件mytxt.txt

第4章

人工智能的Pandas包

Pandas是基于Numpy构建的，让以Numpy为中心的应用变得更加简单。Pandas提供了大量能使我们快速便捷地处理数据的函数和方法，这也是Python成为强大高效的数据分析环境的重要因素之一。

本章主要内容包括：

➤ Pandas的三大数据结构

➤ 创建一个空的系列 (Series)

➤ 从ndarray创建一个系列 (Series)

➤ 从字典创建一个系列 (Series)

➤ 从有位置的系列 (Series) 中访问数据

➤ 使用标签检索数据

➤ 创建DataFrame

➤ 数据的查看、选择和处理

➤ 三维数组Panel

4.1　Pandas的数据结构

Pandas的数据结构主要有三种，分别是Series、DataFrame和Panel。

系列（Series）是一维数组，与Numpy中的一维array类似。二者与Python基本的数据结构List也很相近。其区别是：List中的元素可以是不同的数据类型，而Array和Series中则只允许存储相同的数据类型，这样可以更有效地使用内存，提高运算效率。

DataFrame是二维数组，非常接近于Excel电子表格或者类似MySQL数据库的形式。它的竖行称为列（columns），横行称为 index，也就是说数据的位置是通过columns和index来确定的。可以将DataFrame理解为Series的容器。

Panel是三维的数组，可以理解为DataFrame的容器。

4.2　一维数组系列（Series）

系列（Series）是由一组数据（各种Numpy数据类型），以及一组与之相关的标签数据（索引）组成。仅由一组数据即可产生最简单的系列（Series），也可以通过传递一个list对象来创建一个系列（Series）。需要注意的是，Pandas会默认创建整型索引。

4.2.1　创建一个空的系列（Series）

创建一个基本系列是一个空系列。

空的系列实例

成功登录聚宽JoinQuant量化交易平台后，单击菜单栏中的"我的策略/投资研究"命令，打开投资研究页面。单击"新建"按钮，弹出下一级子菜单，然后单击"文件夹"命令，就会新建一个文件夹，然后命名为"Pandas"，如图4.1所示。

图4.1　新建Pandas文件夹

双击"Pandas"文件夹，然后单击"新建"按钮，在弹出的菜单中单击"Python 3"，新建一个Python 3文件，并命名为"空的系列"，然后输入如下代码：

```
# 导入 pandas 包, 并命名为 pd
import pandas as pd
# 创建一个空系列
s = pd.Series()
print(s)
```

单击工具栏中的 ▶ 运行 按钮，运行结果如图4.2所示。

图4.2　空的系列运行结果

4.2.2　从ndarray创建一个系列（Series）

如果数据是ndarray，则传递的索引必须具有相同的长度。如果没有传递索引值，那么默认的索引将是范围(n)。其中n是数组长度，即[0,1,2,3,…range(len(array))−1] − 1]。

从ndarray创建一个系列实例

成功登录聚宽JoinQuant量化交易平台后，单击菜单栏中的"我的策略/投资研究"命令，打开投资研究页面。然后单击"新建"按钮，在弹出的菜单中单击"Python 3"，新建一个Python 3文件，并命名为"从ndarray创建一个系列"，然后输入如下代码：

```python
# 导入 pandas 和 numpy 包
import pandas as pd
import numpy as np
# 利用 ndarray 为系列赋值
data = np.array(['a','b','c','d'])
s = pd.Series(data)
print("显示系列中的索引和数据: ")
print(s)
print()
data = np.array(['a','b','c','d'])
t = pd.Series(data,index=[100,101,102,103])
print("显示系列中的索引和数据: ")
print(t)
```

这里没有传递任何索引，因此在默认情况下，它分配了从0到len(data)−1的索引，即：0到3。

如果传递了索引值，就可以在输出中看到自定义的索引值。

单击工具栏中的 ▶ 运行 按钮，运行结果如图4.3所示。

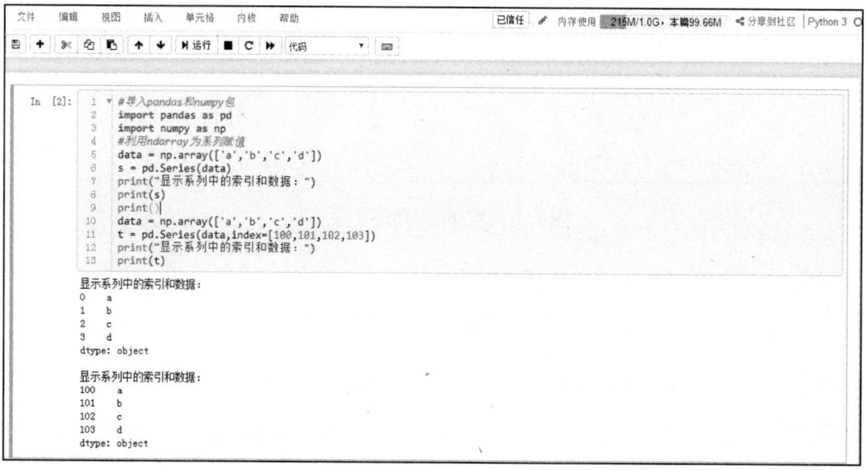

图4.3　从ndarray创建一个系列

4.2.3 从字典创建一个系列（Series）

字典（dict）可以作为输入传递，如果没有指定索引，则按排序顺序取得字典键以构造索引。如果传递了索引，则索引中与标签对应的数据中的值将被拉出。

从字典创建一个系列实例

成功登录聚宽JoinQuant量化交易平台后，单击菜单栏中的"我的策略/投资研究"命令，打开投资研究页面。然后单击"新建"按钮，在弹出的菜单中单击"Python 3"，新建一个Python 3文件，并命名为"从字典创建一个系列"，然后输入如下代码：

```
import pandas as pd
import numpy as np
data = {'a' : 0., 'b' : 1., 'c' : 2.}
s = pd.Series(data)
print(s)
```

注意，字典键用于构建索引。

单击工具栏中的 ▶ 运行 按钮，运行结果如图4.4所示。

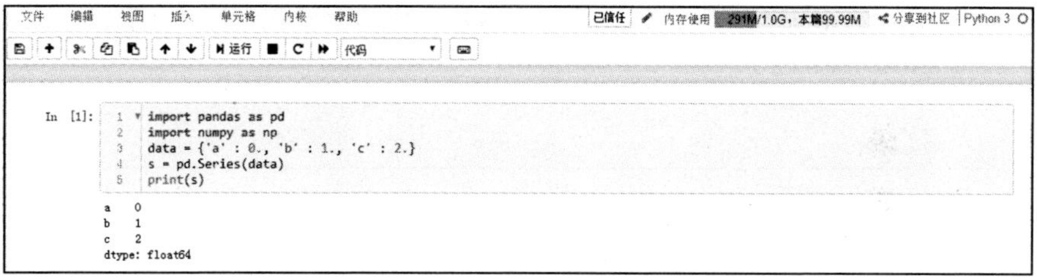

图4.4　从字典创建一个系列运行结果

4.2.4 从有位置的系列（Series）中访问数据

系列（Series）中的数据可以使用类似于访问ndarray中的数据来访问。

从有位置的系列中访问数据实例

成功登录聚宽JoinQuant量化交易平台后，单击菜单栏中的"我的策略/投资研究"命令，打开投资研究页面。然后单击"新建"按钮，在弹出的菜单中单击"Python 3"，新建一个Python 3文件，并命名为"从有位置的系列中访问数据"，然后输入如下代码。

```
import pandas as pd
s = pd.Series([1,2,3,4,5],index = ['a','b','c','d','e'])
print("系列中的第一个数据: ",s[0])
print("系列中的第三个数据: ",s[2])
print()
print("系列中的前四个数据: ")
print(s[:4])
print()
print("系列中的后四个数据: ")
print(s[-4:])
```

单击工具栏中的 ▶ 运行 按钮，运行结果如图4.5所示。

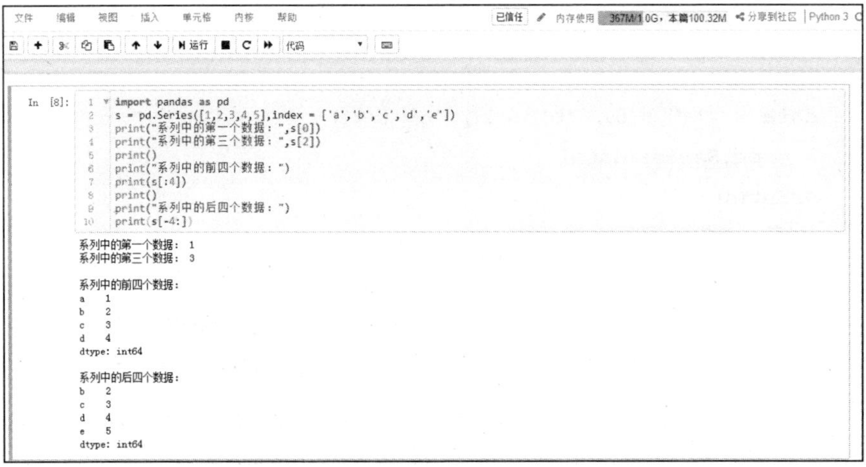

图4.5　从有位置的系列中访问数据

4.2.5　使用标签检索数据

一个系列就像一个固定大小的字典，可以通过索引标签获取和设置值。

使用标签检索数据实例

成功登录聚宽JoinQuant量化交易平台后，单击菜单栏中的"我的策略/投资研究"命令，打开投资研究页面。然后单击"新建"按钮，在弹出的菜单中单击"Python 3"，新建一个Python 3文件，并命名为"使用标签检索数据"，然后输入如下代码：

```
import pandas as pd
s = pd.Series([1,2,3,4,5],index = ['a','b','c','d','e'])
```

```
print(s['b'])
print()
print(s[['a','c','d']])
```

单击工具栏中的 ▶ 运行 按钮，运行结果如图4.6所示。

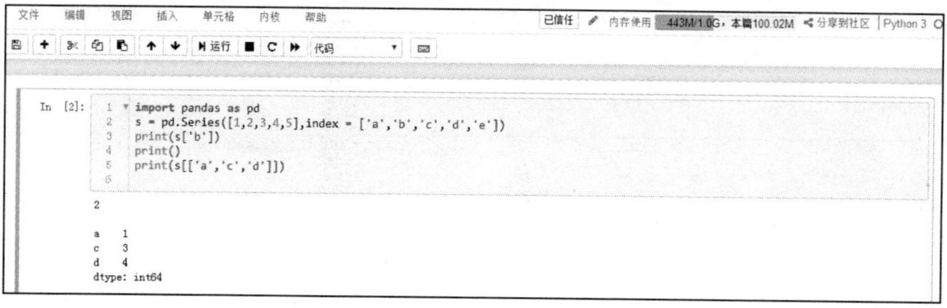

图4.6　使用标签检索数据

4.3　二维数组DataFrame

DataFrame是一个表格型的数据结构，它含有一组有序的列，每一列的数据结构都是相同的，而不同的列之间则可以是不同的数据结构（数值、字符、布尔值等）。或者以数据库进行类比，DataFrame中的每一行是一个记录，名称为Index的一个元素，而每一列则为一个字段，是这个记录的一个属性。DataFrame既有行索引也有列索引，可以被看作是由Series组成的字典（共用同一个索引）。

4.3.1　创建DataFrame

二维数组DataFrame可以使用各种输入创建，如列表、字典、一维数组系列（Series）、Numpy ndarrays，以及另一个二维数组DataFrame。

创建DataFrame实例

成功登录聚宽JoinQuant量化交易平台后，单击菜单栏中的"我的策略/投资研究"命令，打开投资研究页面。双击"Pandas"文件夹，然后单击"新建"按钮，在弹出的菜单中单击"Python 3"，新建一个Python 3文件，并命名为"创建DataFrame"，然后输入如下代码。

```
import pandas as pd
data = {"name":["yahoo","google","facebook"], "marks":[200,400,800],
"price":[9, 3, 7]}
dataframe1 = pd.DataFrame(data)
print(" 显示 dataframe1 中的数据: ")
print(dataframe1)
```

单击工具栏中的 ▶ 运行 按钮，运行结果如图4.7所示。

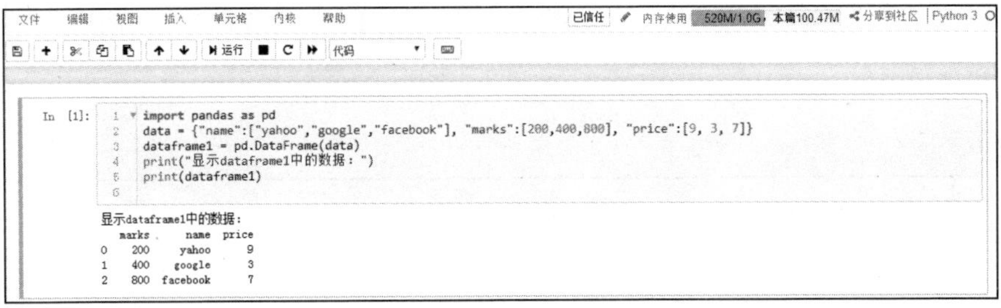

图4.7　创建DataFrame

4.3.2　数据的查看

下面利用get_price()函数获得股票数据，得到的数据是DataFrame对象。

get_price()函数的语法格式如下：

```
get _ price(security, start _ date=None, end _ date=None,
frequency='daily', fields=None, skip _ paused=False, fq='pre',
count=None)
```

get_price()函数可以按天或者按分钟获取一只或者多只股票的行情数据，各项参数意义如下。

security: 一只股票代码或者一只股票代码的list。

start_date: 开始时间，与参数count二选一，不可同时使用。需要注意的是，如果参数count和参数start_date都没有设置，则start_date生效值是"2015-01-01"。如果取分钟数据，时间可以精确到分钟，例如传入datetime.datetime(2015, 1, 1, 10, 0, 0) 或者"2015-01-01 10:00:00"。

end_date: 结束时间，默认是"2015-12-31"，包含此日期。需要注意的是，当取分钟数据时，如果end_date 只有日期，则日内时间等同于00:00:00,，所以返回的数据是不

> 提醒: 当取分钟数据时，如果只传入日期，则日内时间是当日的00:00:00。当取天数据时，传入的日内时间会被忽略。

包括end_date这一天的。

frequency：单位时间长度，几天或者几分钟，默认为daily，即表示1天。现在支持"Xd"、"Xm"、"daily"(表示1天)、"minute"(表示1分钟)，X是一个正整数，分别表示X天和X分钟。需要注意的是，当X > 1时，fields只支持["open"、"close"、"high"、"low"、"volume"、"money"]这几个标准字段。

fields：字符串list，选择要获取的行情数据字段，默认是None(表示["open"、"close"、"high"、"low"、"volume"、"money"]这几个标准字段)。参数fields支持SecurityUnitData里面的所有基本属性，包含：["open"、"close"、"low"、"high"、"volume"、"money"、"factor"、"high_limit"、"low_limit"、"avg"、"pre_close"、"paused"]

skip_paused：是否跳过不交易日期(包括停牌、未上市或者退市后的日期，如果不跳过，则停牌时会使用停牌前的数据填充。上市前或者退市后数据都为nan。需要注意的是，该参数的默认为False，即不跳过不交易日期。当该参数取的是True时，只能取一只股票的信息。

fq：复权选项。参数值设为'pre'，表示前复权，为默认设置；参数值设为None，表示不复权，返回实际价格；参数值设为'post'，表示后复权。

count：与start_date二选一，不可同时使用。参数count表示数量，返回的结果集的行数，即表示获取end_date 之前几个frequency的数据。

查看数据实例

成功登录聚宽JoinQuant量化交易平台后，单击菜单栏中的"我的策略/投资研究"命令，打开投资研究页面。双击"Pandas"文件夹，然后单击"新建"按钮，在弹出的菜单中单击"Python 3"，新建一个Python 3文件，并命名为"查看数据"，然后输入如下代码：

```
import pandas as pd
dataframe1 = get _ price('000009.XSHE',start _ date='2018-07-3', end _ date='2018-09-10', frequency='daily')
dataframe1
```

利用get_price()函数获得中国宝安(000009)每天的股票数据信息，开始时间是2018年7月3日，结束时间是2018年9月10日。默认情况下显示的数据信息是开盘价（open）、收盘价（close）、最低价（low）、最高价（high）、成交量（volume）、成交金额（money）。

单击工具栏中的 ▶ 运行 按钮，运行结果如图4.8所示。

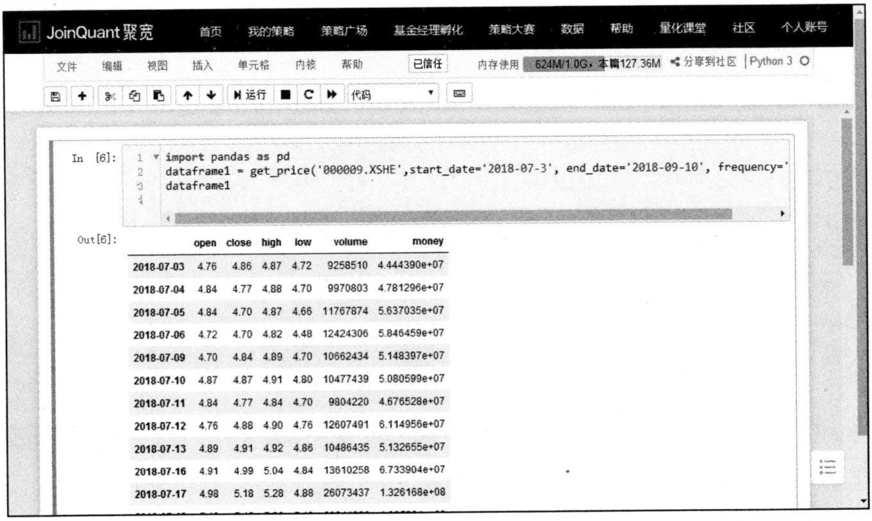

图4.8　查看股票的数据

利用get_price()函数还可以获取基金数据信息。在新的单元格中输入代码：

```
dataframe2 = get_price('159922.XSHE',start_date='2018-07-3', end_date='2018-09-10', frequency='daily')
dataframe2
```

利用get_price()函数获得50ETF（159922）每天的基金数据信息，开始时间是2018年7月3日，结束时间是2018年9月10日。默认情况下显示的数据信息是开盘价（open）、收盘价（close）、最低价（low）、最高价（high）、成交量（volume）、成交金额（money）。

单击工具栏中的 ▶ 运行 按钮，运行结果如图4.9所示。

> 提醒：上海证券交易所上市的股票、基金的代码后缀都为".XSHG"；深圳证券交易所上市的股票、基金的代码后缀都为".XSHE"；中金所上市的期货合约的代码后缀都为".CCFX"；大商所上市的期货合约的代码后缀都为".XDCE"；上期所上市的期货合约的代码后缀都为".XSGE"；郑商所上市的期货合约的代码后缀都为".XZCE"；上海国际能源期货交易所上市的期货合约的代码后缀都为".XINE"。

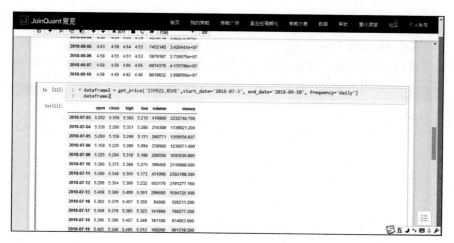

图4.9　查看基金的数据

利用get_price()函数还可以获取期货主力合约数据信息。在新的单元格中输入代码：

```
dataframe3 = get _ price('CU9999.XSGE',start _ date='2018-07-
3', end _ date='2018-09-10', frequency='daily')
dataframe3
```

利用get_price()函数获得铜主力合约（CU9999）每天的期货数据信息，开始时间是2018年7月3日，结束时间是2018年9月10日。默认情况下显示的数据信息是开盘价（open）、收盘价（close）、最低价（low）、最高价（high）、成交量（volume）、成交金额（money）。

单击工具栏中的 ▶ 运行 按钮，运行结果如图4.10所示。

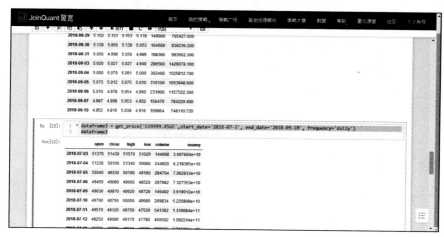

图4.10　查看期货主力合约的数据

只显示前5条数据信息,可以利用head()函数,代码如下:

```
Dataframe3.head()
```

运行结果如图4.11所示。

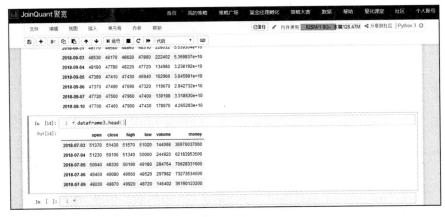

图4.11　只显示前5条数据信息

只显示后5条数据信息,可以利用tail()函数,代码如下:

```
dataframe3.tail()
```

运行结果如图4.12所示。

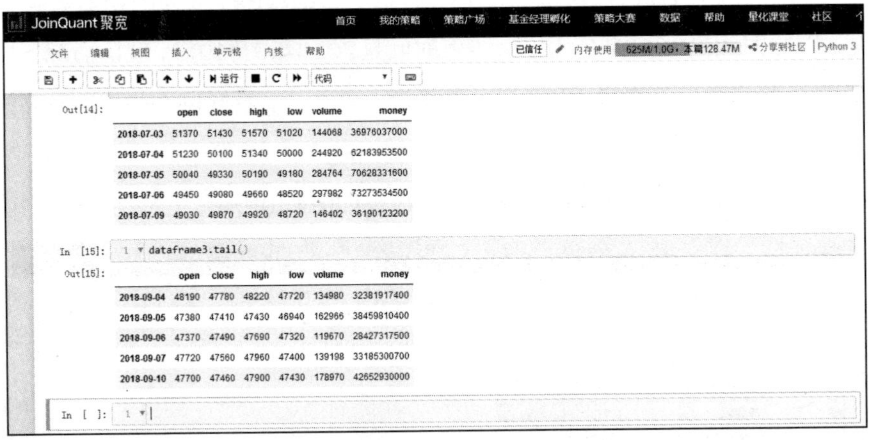

图4.12　只显示后5条数据信息

4.3.3　数据的选择

成功登录聚宽JoinQuant量化交易平台后,单击菜单栏中的"我的策略/投资研究"命令,打开投资研究页面。双击"Pandas"文件夹,然后单击"新建"按钮,在弹出的菜单中单击"Python 3",新建一个Python 3文件,并命名为"选择数据"，只显示开盘价（open）的数据信息，代码如下：

```
import pandas as pd
dataframe1 = get _ price('000009.XSHE',start _ date='2018-07-
3', end _ date='2018-09-10', frequency='daily')
dataframe1["open"]
```

注意这里是中括号，不是小括号。

运行结果如图4.13所示。

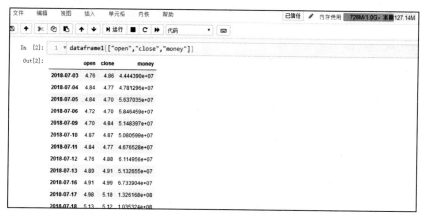

图4.13　只显示开盘价的数据信息

显示开盘价（open）、收盘价（close）和成交金额（money）的数据信息，代码如下：

```
dataframe1[["open","close","money"]]
```

运行结果如图4.14所示。

图4.14　显示开盘价（open）、收盘价（close）和成交金额（money）的数据信息

显示第四条到第六条数据信息，代码如下：

```
dataframe1[3:6]
```

运行结果如图4.15所示。

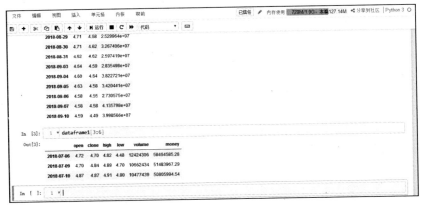

图4.15　显示第四条到第六条数据信息

使用标签选取数据，语法格式如下：

```
dataframe1.loc[ 行标签 , 列标签 ]
dataframe1.loc['a':'b']      # 选取 a 行到 b 行数据
dataframe1.loc[:,'open']      # 选取 open 列的数据
```

dataframe1.loc的第一个参数是行标签，第二个参数为列标签（可选参数，默认为所有列标签），两个参数既可以是列表也可以是单个字符，如果两个参数都为列表则返回的是 DataFrame，否则为Series。

显示2018年9月6日的数据信息，代码如下：

```
dataframe1.loc["2018-09-6"]
```

提醒：loc 为 location 的缩写。

运行结果如图4.16所示。

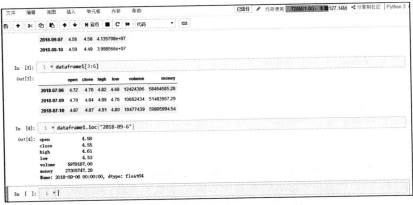

图4.16　显示2018年9月6日的数据信息

显示2018年9月6日的收盘价, 代码如下:

```
dataframe1.loc["2018-09-6","close"]
```

运行结果如图4.17所示。

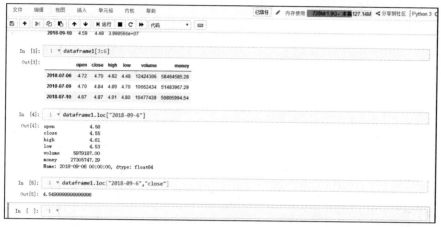

图4.17　显示2018年9月6日的收盘价

显示2018年4月3日到2018年4月20日的收盘价, 代码如下:

```
dataframe1.loc["2018-04-03":"2018-04-20","close"]
```

运行结果如图4.18所示。

图4.18　显示2018年4月3日到2018年4月20日的收盘价

显示所有的收盘价信息, 代码如下:

```
dataframe1.loc[:,"close"]
```

运行结果如图4.19所示。

使用位置选取数据, 语法格式如下:

df.iloc[行位置 , 列位置]

df.iloc[1,1]　# 选取第二行、第二列的值, 返回的为单个值

df.iloc[[0,2],:]　# 选取第一行及第三行的数据

df.iloc[0:2,:]　# 选取第一行到第三行 (不包含) 的数据

df.iloc[:,1]　# 选取所有记录的第二列的值, 返回的为一个 Series

df.iloc[1,:]　# 选取第一行数据, 返回的为一个 Series

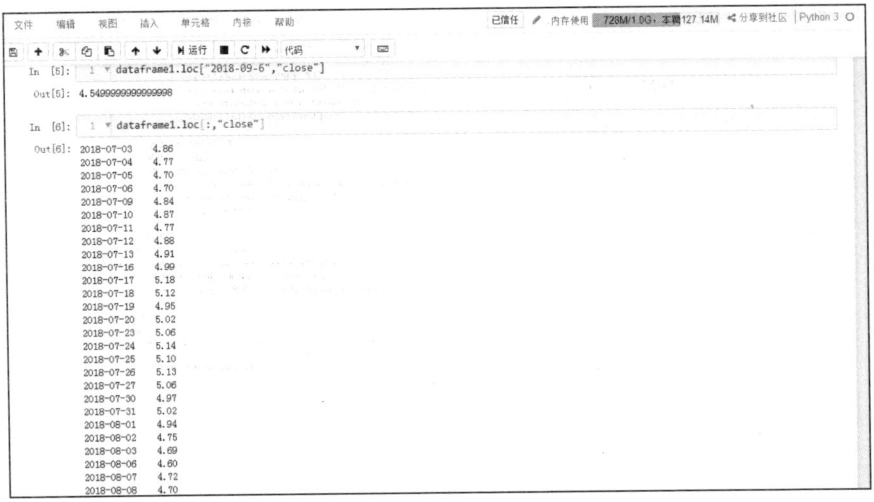

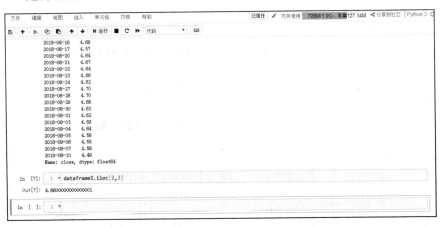

图4.19　显示所有的收盘价信息

显示第三行和第四列的值，代码如下：

```
dataframe1.iloc[2,3]
```

运行结果如图4.20所示。

图4.20　显示第三行和第四列的值

更广义的切片方式是使用.ix，它自动根据给到的索引类型判断是使用位置还是标签进行切片，语法格式如下：

```
dataframe1.ix[1,1]
dataframe1.ix['a':'b']
```

> 提醒：iloc 为 integer 和 location 的缩写。

显示第二行的开盘价，代码如下：

```
dataframe1.ix[1,'open']
```

运行结果如图4.21所示。

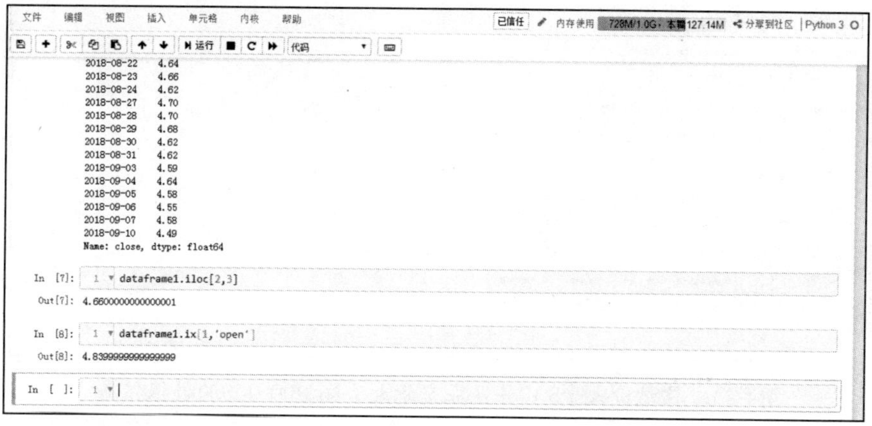

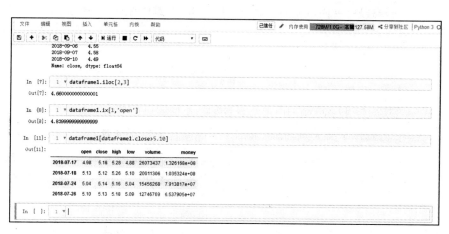

图4.21　显示第二行的开盘价

通过逻辑指针进行数据切片,语法格式如下:

df[逻辑条件]

df[df.one >= 2] # 单个逻辑条件

df[(df.one >=1) & (df.one < 3)] # 多个逻辑条件组合

显示收盘价大于5.10的数据信息,代码如下:

```
dataframe1[dataframe1.close>5.10]
```

运行结果如图4.22所示。

图4.22　显示收盘价大于5.10的数据信息

显示收盘价大于5.10并且成交量大于26 000 000的数据信息,代码如下:

```
dataframe1[(dataframe1.close>5.10) & (dataframe1.volume>26000000)]
```

运行结果如图4.23所示。

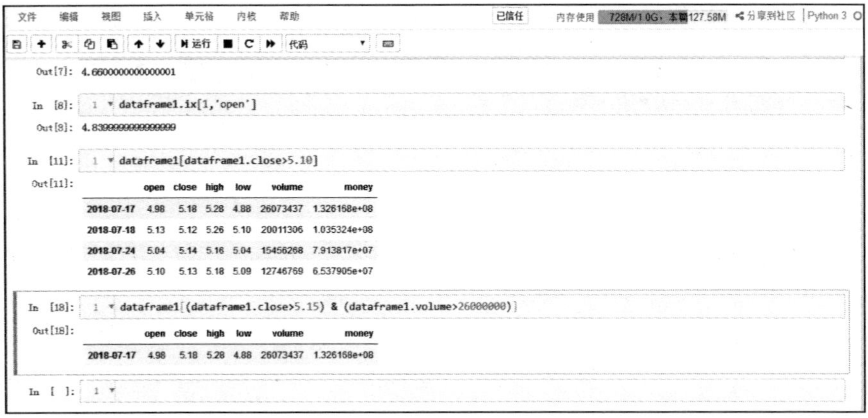

图4.23　收盘价大于5.10并且成交量大于26 000 000的数据信息

使用条件更改数据。例如大于5.10的数据都改为0，具体代码如下：

```
dataframe1[dataframe1>5.10] = 0
dataframe1
```

运行结果如图4.24所示。

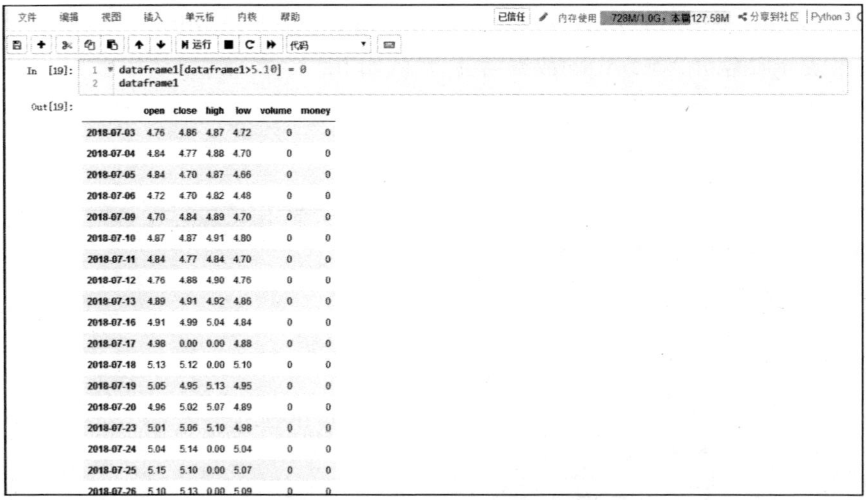

图4.24　大于5.10的数据都改为0

4.3.4　数据的处理

成功登录聚宽JoinQuant量化交易平台后，单击菜单栏中的"我的策略/投资研究"命令，打开投资研究页面。双击"Pandas"文件夹，然后单击"新建"按钮，在弹出的菜单中单击"Python 3"，新建一个Python 3文件，并命

名为"数据的处理",然后输入如下代码:

```
import pandas as pd
dataframe1 = get _ price('000009.XSHE',start _ date='2018-09-3',
end _ date='2018-09-10', frequency='daily')
print(dataframe1)
print()
print(dataframe1.mean())
```

利用函数mean()计算所有列的平均值。

运行结果如图4.25所示。

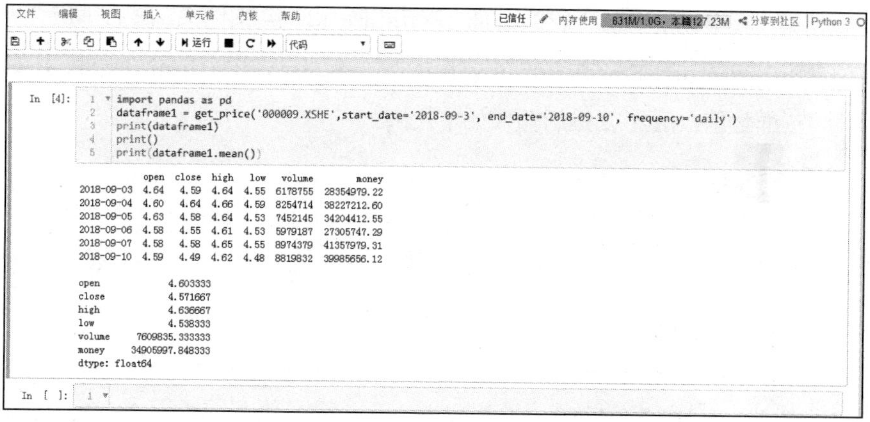

图4.25　利用函数mean()计算所有列的平均值

利用函数mean()还可以计算每一行的平均值,具体代码如下:

```
dataframe1.mean(1)
```

运行结果如图4.26所示。

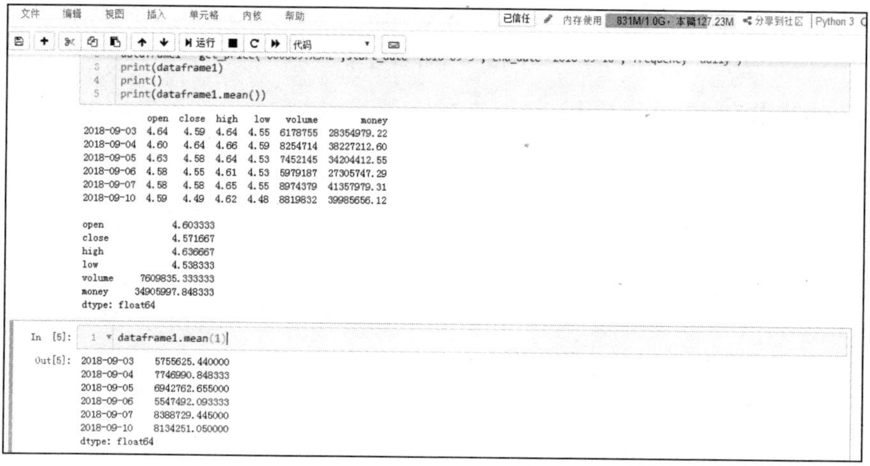

图4.26　计算每一行的平均值

4.4　三维数组Panel

获得股票数据get_price()函数，如果获得的是多只股票的数据，则返回Panel对象。可通过panel[列标,行标,股票代码]获取数据。

成功登录聚宽JoinQuant量化交易平台后，单击菜单栏中的"我的策略/投资研究"命令，打开投资研究页面。双击"Pandas"文件夹，然后单击"新建"按钮，在弹出的菜单中单击"Python 3"，新建一个Python 3文件，并命名为"三维数组Panel"，然后输入如下代码：

```
import pandas as pd
panel1 = get_price(['000001.XSHE','000009.XSHE'],start_date='2018-09-3', end_date='2018-09-10', frequency='daily')
panel1
```

运行结果如图4.27所示。

图4.27　Panel对象

由输出的结果可以看出：

列标(Items axis: close to volume)

行标(Major_axis axis: 2018−09−03 00:00:00 to 2018−09−10 00:00:00)

股票代码(Minor_axis axis: 000001.XSHE to 000009.XSHE)

显示两只股票的开盘价信息，具体代码如下：

```
panel1['open',:,:]
```

单击工具栏中的 ▶ 运行 按钮，运行结果如图4.28所示。

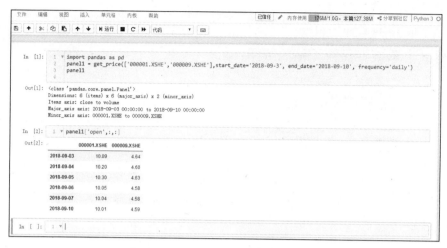

图4.28　显示两只股票的开盘价信息

显示两只股票2018年9月6日的数据信息，具体代码如下：

```
panel1[:,'2018-09-6',:]
```

单击工具栏中的 ▶ 运行 按钮，运行结果如图4.29所示。

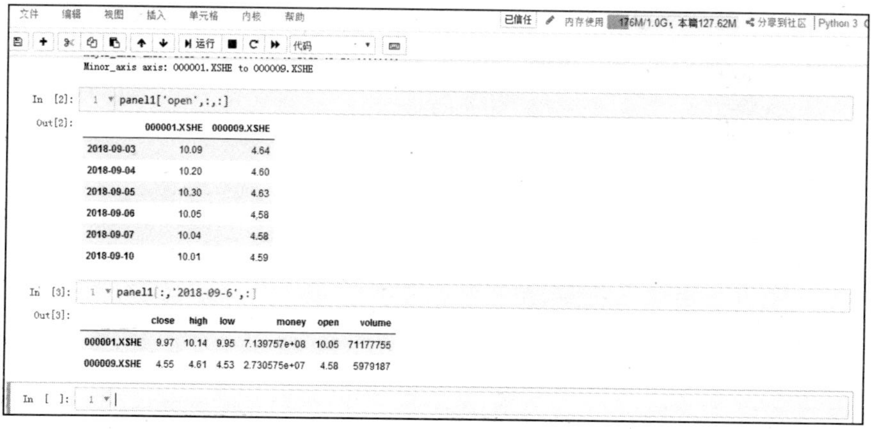

图4.29　显示两只股票2018年9月6日的数据信息

显示平安银行（000001）的数据信息，具体代码如下：

```
panel1[:,:,"000001.XSHE"]
```

单击工具栏中的 ▶ 运行 按钮，运行结果如图4.30所示。

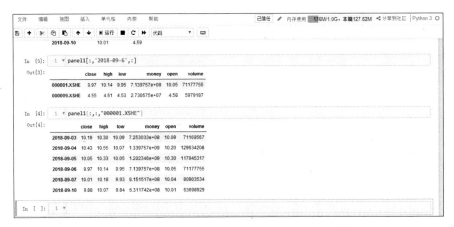

图4.30　显示平安银行（000001）的数据信息

第5章

人工智能的Matplotlib包

Matplotlib包是Python的绘图库。它可与Numpy包一起使用,提供一种有效的 MatLab 开源替代方案。Matplotlib包最初是由 John D. Hunter 编写的,自2012年以来, Michael Droettboom 是主要开发者。

本章主要内容包括:

➤ Matplotlib包的优点

➤ figure()函数的应用

➤ plot()函数的应用

➤ subplot()函数的应用

➤ add_axes方法的应用

➤ legend()函数的应用

➤ 设置字体格式

➤ 设置线条的宽度和颜色

➤ 坐标轴网格和绘制柱状图

➤ 绘制色图和等高线图

➤ 绘制立体三维图形

5.1　Matplotlib包的优点

Matplotlib是一个绘制2D和3D科学图像的软件库，其优点具体如下：

第一，容易学习和掌握。

第二，兼容LaTeX格式的标题和文档。

第三，可以控制图像中的每个元素，包括图像大小和扫描精度。

第四，对于很多格式都可以高质量地输出图像，包括PNG、PDF、SVG、EPS和PGF。

第五，可以生成图形用户界面（GUI），做到交互式地获取图像以及无脑生成图像文件（通常用于批量作业）。

5.2　figure()函数的应用

figure()函数可以创建一个图形实例，其语法格式如下：

```
figure(num=None, figsize=None, dpi=None, facecolor=None,
edgecolor=None, frameon=True)
```

5.2.1　figure()函数的各参数意义

num参数：指定绘图对象的编号或名称，数字为编号，字符串为名称。

figsize参数：指定绘图对象的宽和高，单位为英寸。

dpi参数：指定绘图对象的分辨率，即每英寸多少个像素，默认值为80。

facecolor参数：指定绘图对象的背景颜色。

edgecolor参数：指定绘图对象的边框颜色。

frameon参数：指定绘图对象是否显示边框。

5.2.2　figure()函数的实例

要使用figure()函数,首先要导入matplotlib中的pyplot模块,下面通过具体实例讲解一下。

默认的绘图对象实例

成功登录聚宽JoinQuant量化交易平台后,单击菜单栏中的"我的策略/投资研究"命令,打开投资研究页面。单击"新建"按钮,弹出下一级子菜单,然后单击"文件夹"命令,就会新建一个文件夹,然后命名为"matplotlib",如图5.1所示。

图5.1　matplotlib文件夹

双击"matplotlib"文件夹,然后单击"新建"按钮,在弹出的菜单中单击"Python 3",新建一个Python 3文件,并命名为"默认的绘图对象",然后输入如下代码:

```
import numpy as np
from matplotlib import pyplot as plt
x = np.arange(1,25)
y =  6 * x +  11
plt.figure()
plt.plot(x,y)
plt.show()
```

首先导入numpy包,并设置别名为np;然后导入matplotlib中的pyplot模块,并设置别名为plt。接着定义变量x为一个数组,变量y为变量x的一次方程。然后调用figure()绘制对象,接着在对象中绘制图形,最后显示绘制对象。

单击工具栏中的 ▶ 运行 按钮,运行结果如图5.2所示。

含有参数的绘图对象实例

成功登录聚宽JoinQuant量化交易平台后,单击菜单栏中的"我的策略/

投资研究"命令,打开投资研究页面。双击"matplotlib"文件夹,然后单击"新建"按钮,在弹出的菜单中单击"Python 3",新建一个Python 3文件,并命名为"含有参数的绘图对象",然后输入如下代码:

```python
import numpy as np
from matplotlib import pyplot as plt
x = np.arange(1,25)
y =  6 * x +  11
plt.figure(figsize=(12,3),dpi=120,facecolor='red')
plt.plot(x,y)
plt.show()
```

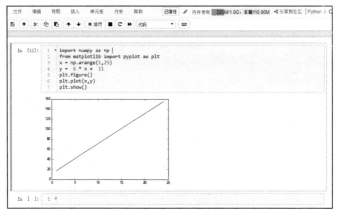

图5.2　默认的绘图对象

在这里,利用figure()函数设置绘制对象的宽为12英寸、宽为3英寸、分辨率为120像素、背景颜色为红色。

单击工具栏中的 ▶ 运行 按钮,运行结果如图5.3所示。

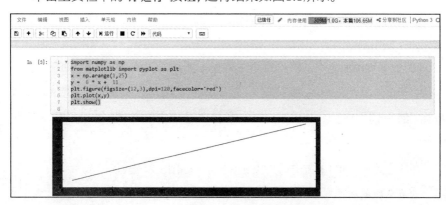

图5.3　含有参数的绘图对象

5.3 plot()函数的应用

plot()函数用来绘制线条或标记的轴,其语法格式如下:

```
plot(*args, **kwargs)
```
参数是一个可变长度参数,允许多个x、y对及可选的格式字符串。

5.3.1 plot()函数的各参数意义

*args参数:用来设置绘制线条或标记的轴的变量,如plot(x,y)。

**kwargs:用来设置绘制线条或标记的样式和颜色,如plot(x,y,"ob")。

样式的字符与描述如表5.1所示。

表5.1 样式的字符与描述

字符	描述	字符	描述
'_'	实线样式	'3'	左箭头标记
'__'	短横线样式	'4'	右箭头标记
'_.'	点画线样式	's'	正方形标记
':'	虚线样式	'p'	五边形标记
'.'	点标记	'*'	星形标记
','	像素标记	'h'	六边形标记1
'o'	圆标记	'H'	六边形标记2
'v'	倒三角标记	'+'	加号标记
'^'	正三角标记	'x'	X标记
'<'	左三角标记	'D'	菱形标记
'>'	右三角标记	'd'	窄菱形标记
'1'	下箭头标记	'|'	竖直线标记
'2'	上箭头标记	'_'	水平线标记

颜色的字符与描述如表5.2所示。

表5.2 颜色的字符与描述

字符	颜色	字符	颜色
'b'	蓝色	'm'	品红色
'g'	绿色	'y'	黄色
'r'	红色	'k'	黑色
'c'	青色	'w'	白色

5.3.2 plot()函数的实例

要使用plot()函数,首先要导入matplotlib中的pyplot模块,下面通过具体实例讲解一下。

绘制线条实例

成功登录聚宽JoinQuant量化交易平台后,单击菜单栏中的"我的策略/投资研究"命令,打开投资研究页面。双击"matplotlib"文件夹,然后单击"新建"按钮,在弹出的菜单中单击"Python 3",新建一个Python 3文件,并命名为"绘制线条",然后输入如下代码:

```
import numpy as np
from matplotlib import pyplot as plt
x = np.arange(1,25)
y =  6 * x +  11
plt.figure()
plt.plot(x,y,"oy")
plt.show()
```

在这里设置绘制线条的样式为"圆标记",颜色为"黄色"。

单击工具栏中的 ▶ 运行 按钮,运行结果如图5.4所示。

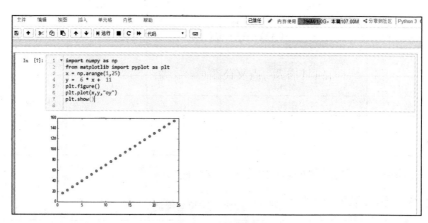

图5.4 绘制线条

绘制多个线条实例

成功登录聚宽JoinQuant量化交易平台后,单击菜单栏中的"我的策略/投资研究"命令,打开投资研究页面。双击"matplotlib"文件夹,然后单击

"新建"按钮，在弹出的菜单中单击"Python 3"，新建一个Python 3文件，并命名为"绘制多个线条"，然后输入如下代码：

```
import numpy as np
from matplotlib import pyplot as plt
x = np.arange(1,25)
y =  6 * x +  11
a = np.arange(1,8)
b = 3 * a - 6
plt.figure()
plt.plot(x,y,"oy",a,b,"*r")
plt.show()
```

在这里设置绘制两个线条，第一个线条的样式为"圆标记"，颜色为"黄色"；第二个线条的样式为"星形标记"，颜色为"红色"。

单击工具栏中的 ▶ 运行 按钮，运行结果如图5.5所示。

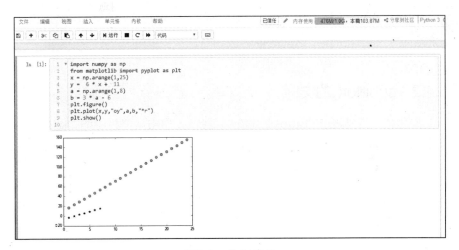

图5.5　绘制线条

5.4　subplot()函数的应用

利用subplot()函数可以在同一图中绘制不同的东西，其语法结构如下：

```
subplot(nrows,ncols,plotNum)
```

注意，subplot()可以规划figure划分为n个子图，但每条subplot命令只会创建一个子图。

5.4.1　subplot()的各参数意义

nrows参数：subplot的行数。

ncols参数：subplot的列数。

plotNum参数：指定的区域。

subplot将整个绘图区域等分为nrows行×ncols列个子区域，然后按照从左到右、从上到下的顺序对每个子区域进行编号，左上的子区域的编号为1。

如果nrows、ncols和plotNum这三个数都小于10的话，可以把它们缩写为一个整数，例如subplot(323)和subplot(3,2,3)是相同的。

subplot在plotNum指定的区域中创建一个轴对象。如果新创建的轴和之前创建的轴重叠的话，之前的轴将被删除。

5.4.2　subplot()的实例

成功登录聚宽JoinQuant量化交易平台后，单击菜单栏中的"我的策略/投资研究"命令，打开投资研究页面。双击"matplotlib"文件夹，然后单击"新建"按钮，在弹出的菜单中单击"Python 3"，新建一个Python 3文件，并命名为"在同一图中绘制不同的东西"，然后输入如下代码：

```python
import numpy as np
import matplotlib.pyplot as plt
# 计算正弦和余弦曲线上的点的 x 和 y 坐标
x = np.arange(0, 3 * np.pi, 0.1)
y_sin = np.sin(x)
y_cos = np.cos(x)
y_tan = np.tan(x)
# 建立 subplot 网格，高为 2，宽为 2
# 激活第一个 subplot
plt.subplot(2, 2, 1)
# 绘制第一个图像
```

```
plt.plot(x, y_sin,'ob')
plt.title(' 正弦曲线 ')
# 将第二个 subplot 激活，并绘制第二个图像
plt.subplot(2, 2, 2)
plt.plot(x, y_cos,'*m')
plt.title(' 余弦曲线 ')
# 将第二个 subplot 激活，并绘制第三个图像
plt.subplot(223)
plt.plot(x, y_tan,':r')
plt.title('正切曲线')
# 展示图像
plt.show()
```

在这里建立subplot网格，为2行2列，然后调用plot()函数绘制图像。另外，这里还调用title()函数为图像添加标题。

单击工具栏中的 ▶ 运行 按钮，运行结果如图5.6所示。

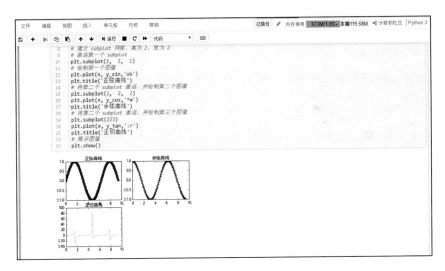

图5.6　在同一图中绘制不同的东西

5.5　add_axes方法的应用

add_axes方法为新增子区域，该区域可以坐落在figure内的任意位置，

且该区域可任意设置大小,下面通过实例来讲解。

add_axes方法的应用实例

成功登录聚宽JoinQuant量化交易平台后,单击菜单栏中的"我的策略/投资研究"命令,打开投资研究页面。双击"matplotlib"文件夹,然后单击"新建"按钮,在弹出的菜单中单击"Python 3",新建一个Python 3文件,并命名为"add_axes方法的应用",然后输入如下代码:

```python
import numpy as np
import matplotlib.pyplot as plt
# 新建 figure
fig = plt.figure()
# 定义数据
x = [1, 2, 3, 4, 5, 6, 7]
y = [1, 3, 4, 2, 5, 8, 6]
# 新建区域 ax1
#figure 的百分比 , 从 figure 10% 的位置开始绘制, 宽、高是 figure 的 80%
left, bottom, width, height = 0.1, 0.1, 0.8, 0.8
#  获得绘制的句柄
ax1 = fig.add _ axes([left, bottom, width, height])
ax1.plot(x, y, 'r')
ax1.set _ title('area1')
# 新增区域 ax2, 嵌套在 ax1 内
left, bottom, width, height = 0.2, 0.6, 0.25, 0.25
#  获得绘制的句柄
ax2 = fig.add _ axes([left, bottom, width, height])
ax2.plot(x,y, 'b')
ax2.set _ title('area2')
plt.show()
```

add_axes方法有4个参数,分别是left、bottom、width和height。left为左侧间距、bottom为底部间距、width为宽度、height为高度。需要注意的是,这4个参数的大小都在0到1之间。

单击工具栏中的 ▶ 运行 按钮,运行结果如图5.7所示。

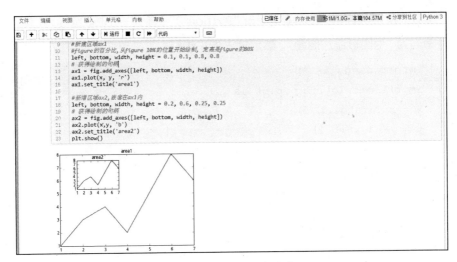

图5.7　add_axes方法的应用

5.6　legend()函数的应用

legend()函数是用来为图形添加图题的，其语法结构如下：

`legend(*args, **kwargs)`

参数是一个可变长度参数，其中最常用、最重要的可选参数是loc参数。loc参数的字符与描述如表5.3所示。

表5.3　loc参数的字符与描述

字符	描述	字符	描述
0	由matplotlib确定最优位置	6	左中间
1	右上角	7	右中间
2	左上角	8	下中间
3	左下角	9	上中间
4	右下角	10	中间
5	右侧		

为图形添加图题实例

成功登录聚宽JoinQuant量化交易平台后，单击菜单栏中的"我的策略/投资研究"命令，打开投资研究页面。双击"matplotlib"文件夹，然后单击

"新建"按钮,在弹出的菜单中单击"Python 3",新建一个Python 3文件,并命名为"为图形添加图题",然后输入如下代码:

```
import numpy as np
import matplotlib.pyplot as plt
x = np.arange(1,25)
y =  6 * x +  11
fig, ax = plt.subplots()
ax.plot(x, x**2, label="y = x**2")
ax.plot(x, x**2.5, label="y = x**2.5")
ax.legend(loc=2); # 左上角
ax.set _ xlabel('x 轴 ')
ax.set _ ylabel('y 轴 ')
ax.set _ title(' 为两个图形添加图题 ')
```

在这里用到了subplots()函数,把图形实例figure分成两部分,分别绘制两个图形,具体布局由变量fig来完成。

利用legend()函数为图形添加图题,并放在左上角;最后为图形实例figure添加x轴、y轴及标题标签。

单击工具栏中的 ▶ 运行 按钮,运行结果如图5.8所示。

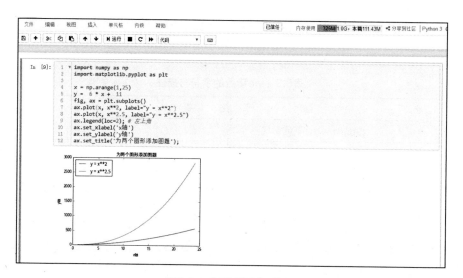

图5.8 为图形添加图题

5.7　设置字体格式

在上述例子中，我们会发现x轴、y轴及标题标签都比较小，下面就来讲解一下如何利用代码实现字体格式的设置。

设置字体格式实例

成功登录聚宽JoinQuant量化交易平台后，单击菜单栏中的"我的策略/投资研究"命令，打开投资研究页面。双击"matplotlib"文件夹，然后单击"新建"按钮，在弹出的菜单中单击"Python 3"，新建一个Python 3文件，并命名为"设置字体格式"，然后输入如下代码：

```
import numpy as np
import matplotlib.pyplot as plt
# 更新 matplotlib 的布局参数
matplotlib.rcParams.update({'font.size': 18, 'font.family':
'serif'})
x = np.arange(1,25)
y =  6 * x +  11
fig, ax = plt.subplots()
ax.plot(x, x**2, label=r"$y = \alpha^2$")
ax.plot(x, x**3, label=r"$y = \alpha^3$")
ax.legend(loc=2)  # 左上角
ax.set _ xlabel(r'$\alpha$')
ax.set _ ylabel(r'$y$')
ax.set _ title(' 设置字体格式 ')
```

在这里利用matplotlib.rcParams.update()更新了字体的大小及字体类型。

在LaTeX中，我们经常用反斜杠符号，例如用\alpha来产生符号α。但是反斜杠在Python中已经有别的含义（转义码字符）。为了避免Python和LaTeX代码混淆，我们采用"原始"字符串。原始字符串带有前缀"r"，例如r"\alpha"或者 r'\alpha' 而不是 "\alpha" 或'\alpha'。

单击工具栏中的 ▶ 运行 按钮，运行结果如图5.9所示。

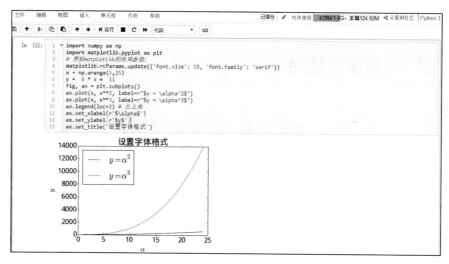

图5.9　设置字体格式

5.8　设置线条的宽度和颜色

前面讲解了线条的样式和颜色设置，还可以用颜色的英文名称来定义，或者RGB十六进制码，或者用color和alpha关键字参数来选择性提供α值。

另外，还可以用linewidth或者lw关键字参数来调整线宽，线条样式则可以在linestyle或者ls关键字参数中选择。

设置线条的宽度和颜色实例

成功登录聚宽JoinQuant量化交易平台后，单击菜单栏中的"我的策略/投资研究"命令，打开投资研究页面。双击"matplotlib"文件夹，然后单击"新建"按钮，在弹出的菜单中单击"Python 3"，新建一个Python 3文件，并命名为"设置线条的宽度和颜色"，然后输入如下代码：

```
import numpy as np
import matplotlib.pyplot as plt
# 更新 matplotlib 的布局参数
matplotlib.rcParams.update({'font.size': 16, 'font.family':
'serif'})
```

```
x = np.arange(1,25)
y =  6 * x +  11
fig, ax = plt.subplots(figsize=(12,6))
ax.plot(x, x+1, color="blue", linewidth=0.25)
ax.plot(x, x+2, color="blue", linewidth=0.50)
ax.plot(x, x+3, color="blue", linewidth=1.00)
ax.plot(x, x+4, color="blue", linewidth=2.00)
# 线条样式选择
ax.plot(x, x+5, color="red", lw=2, linestyle='-',alpha=0.5)
```
半透明红色
```
ax.plot(x, x+6, color="#1155dd", lw=2, ls='-.')          # 浅蓝色
```
的 RGB 十六进制码
```
ax.plot(x, x+7, color="#15cc55", lw=2, ls=':')          # 浅绿色
```
的 RGB 十六进制码
```
# 自定义设置
line, = ax.plot(x, x+8, color="black", lw=1.50)
line.set _ dashes([5, 10, 15, 10]) # 格式: 线长，间距，...
# 标记符号
ax.plot(x, x+ 9, color="green", lw=2, ls='--', marker='+')
ax.plot(x, x+10, color="green", lw=2, ls='--', marker='o')
ax.plot(x, x+11, color="green", lw=2, ls='--', marker='s')
ax.plot(x, x+12, color="green", lw=2, ls='--', marker='1')
# 标记大小和颜色
ax.plot(x, x+13, color="purple", lw=1, ls='-', marker='o',
markersize=2)
ax.plot(x, x+14, color="purple", lw=1, ls='-', marker='o',
markersize=4)
ax.plot(x, x+15, color="purple", lw=1, ls='-', marker='o',
markersize=8, markerfacecolor="red")
ax.plot(x, x+16, color="purple", lw=1, ls='-', marker='s',
markersize=8,
              markerfacecolor="yellow", markeredgewidth=2,
markeredgecolor="blue")
```
单击工具栏中的 ▶ 运行 按钮，运行结果如图5.10所示。

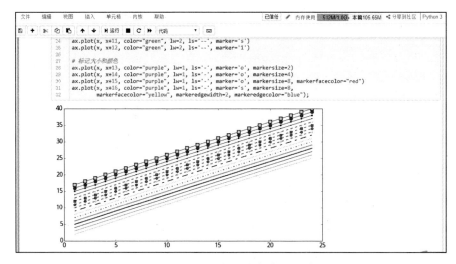

图5.10　设置线条的宽度和颜色

5.9　坐标轴网格

用坐标轴对象中的grid可以使用和取消网格线。我们也可以用plot函数中同样的关键字参数来定制网格样式。

坐标轴网格实例

成功登录聚宽JoinQuant量化交易平台后，单击菜单栏中的"我的策略/投资研究"命令，打开投资研究页面。双击"matplotlib"文件夹，然后单击"新建"按钮，在弹出的菜单中单击"Python 3"，新建一个Python 3文件，并命名为"坐标轴网格"，然后输入如下代码：

```python
import matplotlib.pyplot as plt
x = np.arange(1,25)
fig, axes = plt.subplots(1, 2, figsize=(10,3))
# 默认网格外观
axes[0].plot(x, x**1.2, x, x**2, lw=2)
axes[0].grid(True)
# 用户定义的网格外观
axes[1].plot(x, x**2, x, x**2.3, lw=3)
axes[1].grid(color='b', alpha=0.5, linestyle='dashed',
```

linewidth=0.5)

单击工具栏中的 ▶ **运行** 按钮，运行结果如图5.11所示。

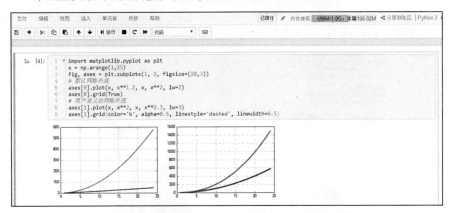

图5.11　坐标轴网格

5.10　绘制柱状图

使用hist()函数可以绘制柱状图，下面举例讲解一下。

成功登录聚宽JoinQuant量化交易平台后，单击菜单栏中的"我的策略/投资研究"命令，打开投资研究页面。双击"matplotlib"文件夹，然后单击"新建"按钮，在弹出的菜单中单击"Python 3"，新建一个Python 3文件，并命名为"绘制柱状图"，然后输入如下代码：

```
import matplotlib.pyplot as plt
matplotlib.rcParams.update({'font.size': 12, 'font.family':
'serif'})
n = np.random.randn(100000)
fig, axes = plt.subplots(1, 2, figsize=(12,4))
axes[0].hist(n)
axes[0].set _ title(" 柱状图 ")
axes[0].set _ xlim((min(n), max(n)))
axes[1].hist(n, cumulative=True, bins=50)
axes[1].set _ title(" 累积详细柱状图 ")
axes[1].set _ xlim((min(n), max(n)))
```

hist()函数参数中，参数n表示柱子的值；cumulative参数表示是否累积，如果参数值为True，则累积，否则不累积；bins参数表示柱子的宽度。

单击工具栏中的 ▶ 运行 按钮，运行结果如图5.12所示。

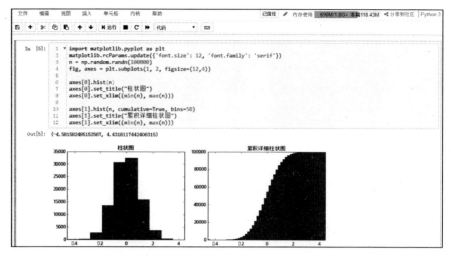

图5.12　绘制柱状图

5.11　绘制色图和等高线图

色图和等高线图对于两个变量的绘图函数非常有用。在大多数函数中，我们采用色图编码一个维度的数据。

色图实例

成功登录聚宽JoinQuant量化交易平台后，单击菜单栏中的"我的策略/投资研究"命令，打开投资研究页面。双击"matplotlib"文件夹，然后单击"新建"按钮，在弹出的菜单中单击"Python 3"，新建一个Python 3文件，并命名为"色图"，然后输入如下代码：

```python
import numpy as np                          # 导入数据包
import matplotlib.pyplot as plt
alpha = 0.5                                 # 定义全局变量
phi_ext = 2 * np.pi * 0.5
                                            # 自定义函数
def flux_qubit_potential(phi_m, phi_p):
    return 2 + alpha - 2 * np.cos(phi_p) * np.cos(phi_m)
```

```
- alpha * np.cos(phi_ext - 2*phi_p)
```

phi_m = np.linspace(0, 2*np.pi, 100)　　　　　#numpy 的均分函数 linspace, 把数据均分 100 份

phi_p = np.linspace(0, 2*np.pi, 100)

X,Y = np.meshgrid(phi_p, phi_m)　　　　#numpy 的 meshgrid 函数, 实现从坐标向量返回坐标矩阵

Z = flux_qubit_potential(X, Y).T　　　　# 调用自定义函数

fig, ax = plt.subplots()

调用 pcolor 函数, x 和 y 是网格, z 是 (x,y) 坐标处的颜色值

p = ax.pcolor(X/(2*np.pi), Y/(2*np.pi), Z)

cb = fig.colorbar(p, ax=ax)

单击工具栏中的 ▶ 运行 按钮, 运行结果如图5.13所示。

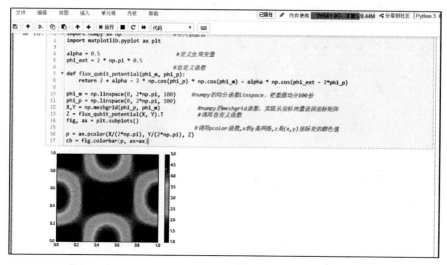

图5.13　色图

等高线图实例

成功登录聚宽JoinQuant量化交易平台后, 单击菜单栏中的"我的策略/投资研究"命令, 打开投资研究页面。双击"matplotlib"文件夹, 然后单击"新建"按钮, 在弹出的菜单中单击"Python 3", 新建一个Python 3文件, 并命名为"等高线图", 然后输入如下代码。

```
import numpy as np                    # 导入数据包
import matplotlib.pyplot as plt
```

```
alpha = 0.5                                    # 定义全局变量
phi_ext = 2 * np.pi * 0.5
                                               # 自定义函数
def flux_qubit_potential(phi_m, phi_p):
    return 2 + alpha - 2 * np.cos(phi_p) * np.cos(phi_m) -
alpha * np.cos(phi_ext - 2*phi_p)
    phi_m = np.linspace(0, 2*np.pi, 100)       #numpy 的均分函数
linspace，把数据均分 100 份
    phi_p = np.linspace(0, 2*np.pi, 100)
    X,Y = np.meshgrid(phi_p, phi_m)            #numpy 的 meshgrid
函数，实现从坐标向量返回坐标矩阵
    Z = flux_qubit_potential(X, Y).T           # 调用自定义函数
    fig, ax = plt.subplots()
    cnt = ax.contour(Z)        # 调用 contour 函数
```

单击工具栏中的 ▶ 运行 按钮，运行结果如图5.14所示。

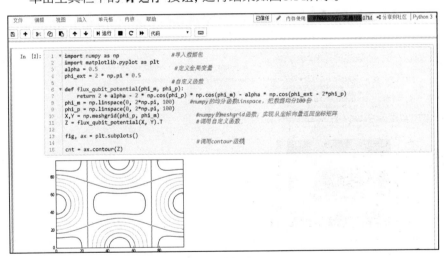

图5.14　等高线图

5.12　绘制立体三维图形

在使用matplotlib中的3D图像之前，首先需要创建Axes3D类。3D坐标
轴和2D坐标轴创建的方法一样；或者更方便的方法是在add_axes或者add_

subplot中采用projection='3d'关键字参数。

曲面图实例

成功登录聚宽JoinQuant量化交易平台后，单击菜单栏中的"我的策略/投资研究"命令，打开投资研究页面。双击"matplotlib"文件夹，然后单击"新建"按钮，在弹出的菜单中单击"Python 3"，新建一个Python 3文件，并命名为"曲面图"，然后输入如下代码：

```python
import numpy as np                      # 导入数据包
import matplotlib.pyplot as plt
from mpl_toolkits.mplot3d.axes3d import Axes3D
alpha = 0.5                             # 定义全局变量
phi_ext = 2 * np.pi * 0.5
                                        # 自定义函数
def flux_qubit_potential(phi_m, phi_p):
    return 2 + alpha - 2 * np.cos(phi_p) * np.cos(phi_m) - alpha * np.cos(phi_ext - 2*phi_p)
phi_m = np.linspace(0, 2*np.pi, 100)        #numpy 的均分函数 linspace, 把数据均分 100 份
phi_p = np.linspace(0, 2*np.pi, 100)
X,Y = np.meshgrid(phi_p, phi_m)             #numpy 的 meshgrid 函数, 实现从坐标向量返回坐标矩阵
Z = flux_qubit_potential(X, Y).T            # 调用自定义函数
fig = plt.figure(figsize=(14,6))
# ax 是一个 3D 坐标轴, 由于添加了 projection='3d' 关键字参数于 add_subplot
ax = fig.add_subplot(1, 2, 1, projection='3d')
p = ax.plot_surface(X, Y, Z, rstride=4, cstride=4, linewidth=0)
# 带有颜色梯度和颜色条的曲面图
ax = fig.add_subplot(1, 2, 2, projection='3d')
p = ax.plot_surface(X, Y, Z, rstride=1, cstride=1, cmap=matplotlib.cm.coolwarm, linewidth=0, antialiased=False)
cb = fig.colorbar(p, shrink=0.5)
```

单击工具栏中的 ▶ 运行 按钮，运行结果如图5.15所示。

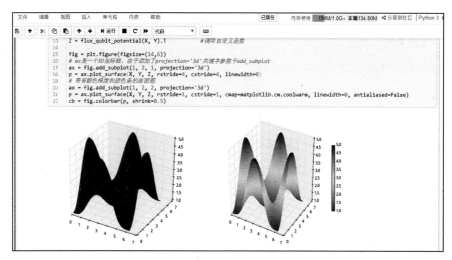

图5.15　曲面图

三维线框图实例

成功登录聚宽JoinQuant量化交易平台后，单击菜单栏中的"我的策略/投资研究"命令，打开投资研究页面。双击"matplotlib"文件夹，然后单击"新建"按钮，在弹出的菜单中单击"Python 3"，新建一个Python 3文件，并命名为"三维线框图"，然后输入如下代码：

```python
import numpy as np                        # 导入数据包
import matplotlib.pyplot as plt
from mpl_toolkits.mplot3d.axes3d import Axes3D
alpha = 0.5                               # 定义全局变量
phi_ext = 2 * np.pi * 0.5
                                          # 自定义函数
def flux_qubit_potential(phi_m, phi_p):
    return 2 + alpha - 2 * np.cos(phi_p) * np.cos(phi_m)
- alpha * np.cos(phi_ext - 2*phi_p)
    phi_m = np.linspace(0, 2*np.pi, 100)  #numpy 的均分函数
linspace, 把数据均分 100 份
    phi_p = np.linspace(0, 2*np.pi, 100)
    X,Y = np.meshgrid(phi_p, phi_m)                #numpy 的 meshgrid
函数, 实现从坐标向量返回坐标矩阵
    Z = flux_qubit_potential(X, Y).T               # 调用自定义函数
    fig = plt.figure(figsize=(12,6))
    ax = fig.add_subplot(1, 1, 1, projection='3d')
```

```
p = ax.plot _ wireframe(X, Y, Z, rstride=4, cstride=4)
```

单击工具栏中的 ▶ 运行 按钮，运行结果如图5.16所示。

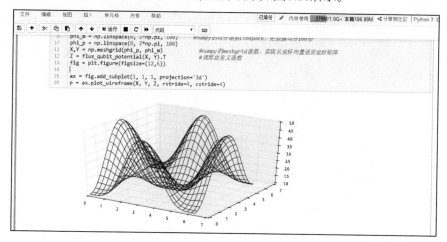

图5.16   三维线框图

第6章

决策树和随机森林

机器学习算法是人工智能的一个核心研究领域,它是计算机具有智能的根本途径。学习是人类智能的主要标志和获取知识的基本手段。如果一个系统能够通过执行某种过程而改进它的性能,就是机器学习算法。本章主要讲解2种机器学习算法,即决策树和随机森林。

本章主要内容包括:

➤ 决策树的定义、组成、优点和缺点

➤ 决策树的构造、纯度判断方法和剪枝

➤ 利用Python代码实现决策树

➤ 随机森林的构建

➤ 随机森林的优缺点

➤ 随机森林的应用范围

➤ 利用Python代码实现随机森林

6.1 决策树

决策树是一种非参数的监督性机器学习方法。它可以用来做分类判断和回归预测。决策树的基本原理是通过学习现有数据的特征，得到简单的决策规律，再根据这些决策规律对目标进行判断。

6.1.1 什么是决策树

决策树是在已知各种情况发生概率的基础上，通过构成决策树来求取净现值的期望值大于等于零的概率，评价项目风险，判断其可行性的决策分析方法，是直观运用概率分析的一种图解法。由于这种决策分支画成图形很像一棵树的枝干，故称决策树。在机器学习中，决策树是一个预测模型，它代表的是对象属性与对象值之间的一种映射关系，如图6.1所示。

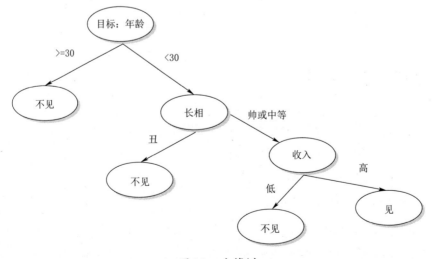

图6.1 决策树

6.1.2　决策树的组成

决策树由3部分组成,分别是决策点、
状态节点和结果节点,如图6.2所示。

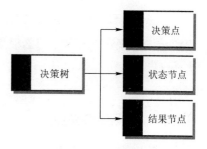

图6.2　决策树

1. 决策点

决策点,是对几种可能方案的选择,
即最后选择的最佳方案。如果决策属于多
级决策,则决策树的中间可以有多个决策点,以决策树根部的决策点为最终
决策方案。

在图6.1中,根部的决策点是目标: 年龄; 而长相和收入为中间决策点。

2. 状态节点

状态节点,又称分叉点,代表备选方案的经济效果(期望值),通过各状
态节点的经济效果的对比,按照一定的决策标准就可以选出最佳方案。由状
态节点引出的分支称为概率枝,概率枝的数目表示可能出现的自然状态数目,
每个分支上要注明该状态出现的概率。

在图6.1中,状点节点分别是≥30、<30、丑、帅或中等、低、高。

3. 结果节点

结果节点,又称叶节点,将每个方案在各种自然状态下取得的损益值标注
于结果节点的右端。

在图6.1中,结果节点为见和不见。

6.1.3　决策树的优点

决策树的优点具体如下:

第一,决策树易于理解和实现。在学习决策树过程中,不需要了解很多的
背景知识就可以明白决策树是什么意思。另外,决策树能够直接体现数据的
特点,通过解释说明,就能理解决策树所表达的意义。

第二,对于决策树,数据的准备往往是简单或者是不必要的,而且能够同
时处理数据型和常规型属性,在相对短的时间内能够对大型数据源做出可行
且效果良好的结果。

第三，易于通过静态测试来对模型进行评测，可以测定模型可信度；如果给定一个观察的模型，那么根据所产生的决策树很容易推出相应的逻辑表达式。

6.1.4 决策树的缺点

决策树的缺点具体如下：

第一，对连续性的字段比较难预测。

第二，对有时间顺序的数据，需要很多预处理的工作。

第三，当类别太多时，错误可能就会增加得比较快。

第四，每次只会根据单一特征划分数据，不会根据数据组合切分。

6.1.5 决策树的构造

了解决策树的基础知识后，那么如何根据问题构造决策树呢？我们知道决策树是由决策点、状态节点和结果节点组成的，决策树的构造就是寻找根部的决策点及其他决策点，然后利用状态节点生成分叉，最后生成结果节点。

决策树构造的核心思想就是找出更加纯净的子集，最好每个子集里都是结论极其单一的数据。判断纯度的方法不同，决策树的生成也不同，常用的判断方法有3种，分别是ID3算法使用信息增益作纯度判断、C4.5算法使用信息增益率作纯度判断、CART算法使用基尼系数作纯度判断，如图6.3所示。

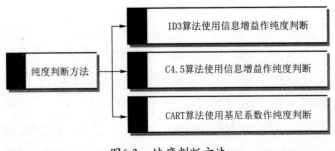

图6.3　纯度判断方法

总之，决策树的构造步骤如下：

第一，寻找最适合分割的特征，即寻找根部的决策点；

第二，根据纯度判断方法，寻找最优的状态节点，基于这一特征把数据分割成纯度更高的两部分数据；

第三，判断是否达到要求，若未达到，重复步骤一继续分割，直到达到要求停止为止。

第四，剪枝，防止过拟合。

6.1.6　纯度判断方法

决策树构造时，我们希望每个分支的数据尽量属于同一类别，也就是寻找纯净的分类，判断数据纯净程度的方法包括ID3、C4.5和CART三种。在介绍这3种方法之前先讲解一下信息熵。

1. 信息熵

信息是一个很抽象的概念。人们常常说信息很多，或者信息较少，却很难说清楚信息到底有多少。例如一本50万字的中文书到底有多少信息量。直到1948年，香农提出了"信息熵"的概念，才解决了对信息的量化度量问题。

香农借鉴了热力学的概念，把信息中排除了冗余后的平均信息量称为"信息熵"，其计算公式如下：

$$Ent(S)=-\sum_{k=1}^{n}p_k\log2p_k$$

其中，目标集合S中有n种样本，第k种样本所占比例为p_k（k=1,2,3,$\cdots$,n）。

信息熵是衡量系统混乱程度的一个指标，熵值越大表示对应的系统越混乱，决策树中引入信息熵的概念来衡量数据的纯净程度。

下面来编写Python代码来查看信息熵，但在编写之前，要对数据集进行属性标注，具体如下。

年龄：0代表青年，1代表中年，2代表老年；

有工作：0代表否，1代表是；

有自己的房子：0代表否，1代表是；

信贷情况: 0代表一般, 1代表好, 2代表非常好;

类别(是否给贷款): no代表否, yes代表是。

成功登录聚宽JoinQuant量化交易平台后, 单击菜单栏中的"我的策略/投资研究"命令, 打开投资研究页面。单击"新建"按钮, 弹出下一级子菜单, 然后单击"文件夹"命令, 就会新建一个文件夹, 然后命名为"机器学习算法", 如图6.4所示。

图6.4　新建"机器学习算法"文件夹

双击"机器学习算法"文件夹, 然后单击"新建"按钮, 在弹出的菜单中单击"Python 3", 新建一个Python 3文件, 并命名为"查看信息熵", 然后输入如下代码:

```python
from math import log
def creatDataSet():
    # 数据集
    dataSet=[[0, 0, 0, 0, 'no'],
            [0, 0, 0, 1, 'no'],
            [0, 1, 0, 1, 'yes'],
            [0, 1, 1, 0, 'yes'],
            [0, 0, 0, 0, 'no'],
            [1, 0, 0, 0, 'no'],
            [1, 0, 0, 1, 'no'],
            [1, 1, 1, 1, 'yes'],
            [1, 0, 1, 2, 'yes'],
            [1, 0, 1, 2, 'yes'],
            [2, 0, 1, 2, 'yes'],
```

```
                    [2, 0, 1, 1, 'yes'],
                    [2, 1, 0, 1, 'yes'],
                    [2, 1, 0, 2, 'yes'],
                    [2, 0, 0, 0, 'no']]
    # 分类属性
    labels=['年龄','有工作','有自己的房子','信贷情况']
    # 返回数据集和分类属性
    return dataSet,labels
def calcShannonEnt(dataSet):
    # 返回数据集行数
    numEntries=len(dataSet)
    # 保存每个标签(label)出现次数的字典
    labelCounts={}
    # 对每组特征向量进行统计
    for featVec in dataSet:
        currentLabel=featVec[-1]                           # 提取标
签信息
        if currentLabel not in labelCounts.keys():         # 如果标
签没有放入统计次数的字典,添加进去
            labelCounts[currentLabel]=0
        labelCounts[currentLabel]+=1                       #label 计数
    shannonEnt=0.0                                         # 信息熵
    # 计算信息熵
    for key in labelCounts:
        prob=float(labelCounts[key])/numEntries            # 选择该标
签的概率
        shannonEnt-=prob*log(prob,2)                       # 利用公式计算
    return shannonEnt                                      # 返回经验熵
#main 函数
if __name__=='__main__':
    dataSet,features=creatDataSet()
    print("数据集信息: ",dataSet)
    print("信息熵的值: ",calcShannonEnt(dataSet))
```

单击工具栏中的 ▶运行 按钮,运行结果如图6.5所示。

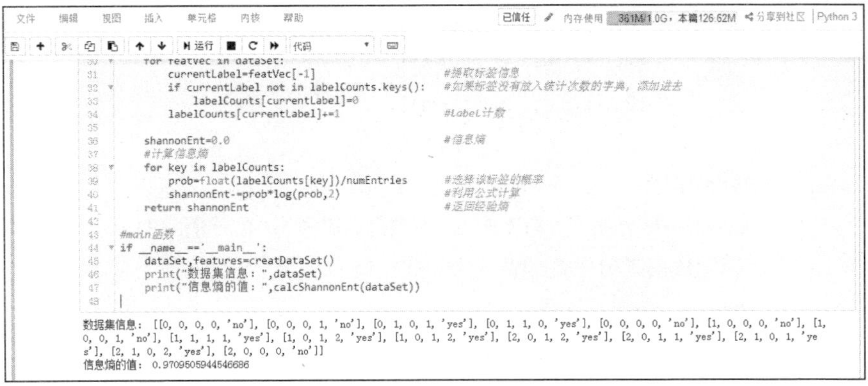

图6.5　查看信息熵

2. ID3算法

ID3算法起源于概念学习系统（CLS），以信息熵的下降速度为选取测试属性的标准，即在每个决策点选取还尚未被用来划分的具有最高信息增益的属性作为划分标准，然后继续这个过程，直到生成的决策树能完美分类训练样例。

信息增量为分类前的信息熵减去分类后的信息熵。若总数据量为D，分裂后数据成为有M个叶节点的分叉树，那么Gain(k)的计算公式为：

$$\text{Gain}(k)=\text{Ent}(S)-\sum_{m=1}^{M}\text{Ent}(D_m)$$

分叉点的选择：遍历全部现有可能分叉点，选择信息增益最大的分叉点建立新的分叉。

停止分裂的条件有两个，具体如下：

第一，决策点中全部样本的目标变量同属于一个类别。

第二，如果分叉后的样本数目小于给定的阈值，也停止进行分叉。

叶节点的属性：选择叶节点里数量最多的类别作为叶节点的类别。

下面编写Python代码来查看信息增量。双击"机器学习算法"文件夹，然后单击"新建"按钮，在弹出的菜单中单击"Python 3"，新建一个Python 3文件，并命名为"查看信息增量"，然后输入如下代码：

```
from math import log
def creatDataSet():
    # 数据集
```

```
dataSet=[[0, 0, 0, 0, 'no'],
         [0, 0, 0, 1, 'no'],
         [0, 1, 0, 1, 'yes'],
         [0, 1, 1, 0, 'yes'],
         [0, 0, 0, 0, 'no'],
         [1, 0, 0, 0, 'no'],
         [1, 0, 0, 1, 'no'],
         [1, 1, 1, 1, 'yes'],
         [1, 0, 1, 2, 'yes'],
         [1, 0, 1, 2, 'yes'],
         [2, 0, 1, 2, 'yes'],
         [2, 0, 1, 1, 'yes'],
         [2, 1, 0, 1, 'yes'],
         [2, 1, 0, 2, 'yes'],
         [2, 0, 0, 0, 'no']]
# 分类属性
labels=[' 年龄 ',' 有工作 ',' 有自己的房子 ',' 信贷情况 ']
# 返回数据集和分类属性
return dataSet,labels
def calcShannonEnt(dataSet):
    # 返回数据集行数
    numEntries=len(dataSet)
    # 保存每个标签（label）出现次数的字典
    labelCounts={}
    # 对每组特征向量进行统计
    for featVec in dataSet:
        currentLabel=featVec[-1]                    # 提取标签信息
        if currentLabel not in labelCounts.keys():  # 如果标
签没有放入统计次数的字典, 添加进去
            labelCounts[currentLabel]=0
        labelCounts[currentLabel]+=1                #label 计数
    shannonEnt=0.0                                  # 经验熵
    # 计算经验熵
    for key in labelCounts:
        prob=float(labelCounts[key])/numEntries     # 选择该标
签的概率
        shannonEnt-=prob*log(prob,2)                # 利用公式计算
```

```
        return shannonEnt                              # 返回信息熵
    def chooseBestFeatureToSplit(dataSet):
        # 特征数量
        numFeatures = len(dataSet[0]) - 1
        # 计数数据集的信息熵
        baseEntropy = calcShannonEnt(dataSet)
        # 信息增益
        bestInfoGain = 0.0
        # 最优特征的索引值
        bestFeature = -1
        # 遍历所有特征
        for i in range(numFeatures):
            # 获取 dataSet 的第 i 个所有特征
            featList = [example[i] for example in dataSet]
            # 创建 set 集合 {}, 元素不可重复
            uniqueVals = set(featList)
            # 经验条件熵
            newEntropy = 0.0
            # 计算信息增益
            for value in uniqueVals:
                #subDataSet 划分后的子集
                subDataSet = splitDataSet(dataSet, i, value)
                # 计算子集的概率
                prob = len(subDataSet) / float(len(dataSet))
                # 根据公式计算经验条件熵
                newEntropy += prob * calcShannonEnt((subDataSet))
            # 信息增益
            infoGain = baseEntropy - newEntropy
            # 打印每个特征的信息增益
            print("第 %d 个特征的信息增益为 %.3f" % (i, infoGain))
            # 计算信息增益
            if (infoGain > bestInfoGain):
                # 更新信息增益, 找到最大的信息增益
                bestInfoGain = infoGain
                # 记录信息增益最大特征的索引值
                bestFeature = i
                # 返回信息增益最大特征的索引值
```

```
        return bestFeature
def splitDataSet(dataSet,axis,value):
        retDataSet=[]
        for featVec in dataSet:
            if featVec[axis]==value:
                reducedFeatVec=featVec[:axis]
                reducedFeatVec.extend(featVec[axis+1:])
                retDataSet.append(reducedFeatVec)
        return retDataSet
#main 函数
if __name__=='__main__':
        dataSet,features=creatDataSet()
        # print(dataSet)
        # print(calcShannonEnt(dataSet))
        print("最优索引值: "+str(chooseBestFeatureToSplit(dataSet)))
```

单击工具栏中的 ▶ 运行 按钮，运行结果如图6.6所示。

图6.6　查看信息增量

3. C4.5算法

C4.5算法是对ID3算法的一个扩展，用信息增益率来选择属性。

信息增益率Gain_ratio(k)=信息增益÷被选分叉点本来的信息熵，其计算公式如下：

$$\text{Gain\_ratio}(k)=\frac{Gain(S)}{SplitEntropy(D_k)}$$

其中，$SplitEntropy(k)=Ent(Dk)$。

$Ent(Dk)$ 和 $Ent(S)$ 的区别是，一个计算的是总集合 S 的信息熵，一个计算的是总集合 S 中节点 k 的信息熵。

分叉点的选择、停止分裂的条件、叶节点的属性都与 ID3 算法相同，这里不再多说。

C4.5 算法优点：产生的分类规则易于理解，准确率较高。

C4.5 算法缺点：在构造树的过程中，需要对数据集进行多次的顺序扫描和排序，因而导致算法的低效。此外，C4.5 只适合于能够驻留于内存的数据集，当训练集大得无法在内存容纳时程序无法运行。

4. CART算法

CART 算法用基尼指数来衡量数据集混乱程度。基尼值的计算公式如下：

$$\text{Gini}(S) = 1 - \sum_{k=1}^{n} p_k^2$$

基尼值 (S) 是指从数据 S 中随机取两个不同类别值的概率，因此 Gini 值越大意味着数据越混乱。

若总数据量为 D，分裂后数据成为有 M 个叶节点的分叉树，那么基尼指数 Gini_index(k) 的计算公式如下：

$$\text{Gini-index}(k) = \sum_{m=1}^{M} \text{Gini}(D_m)$$

分叉点的选择：遍历全部现有可能分叉点，选择基尼指数最小的分叉点建立新的分叉。

停止分裂的条件有三点，具体如下：

第一，决策树到达最大深度；

第二，分叉节点的样本数小于阈值；

第三，分叉的叶内的样本数小于阈值。

叶节点的属性：选择叶节点中数量最多的类别作为叶节点的类别。

6.1.7 决策树的剪枝

在决策树学习过程中，随着子集样本越小，混乱程度必然下降，这意味着决策树分叉总是向着过拟合的方向。为了降低过拟合风险,需要主动去除一些分类效果不明显的分叉来防止过拟合,这一过程被称为剪枝。

剪枝可分为两种,分别是预先剪枝和后剪枝。

1. 预先剪枝

预先剪枝是在树的生长过程中设定一个指标,当达到该指标时就停止生长,这样做容易产生"视界局限",就是一旦停止分支,使得节点N成为叶节点,就断绝了其后继节点进行"好"的分支操作的任何可能性。不严格地说,这些已停止的分支会误导学习算法,导致产生的树不纯度降差最大的地方过分靠近根节点。

2. 后剪枝

后剪枝中树首先要充分生长,直到叶节点都有最小的不纯度值为止,因而可以克服"视界局限"。然后对所有相邻的成对叶节点考虑是否消去它们,如果消去能引起令人满意的不纯度增长,那么执行消去,并令它们的公共父节点成为新的叶节点。这种"合并"叶节点的做法和节点分支的过程恰好相反,经过剪枝后叶节点常常会分布在很宽的层次上,树也变得非平衡。

后剪枝技术的优点是克服了"视界局限"效应,而且无须保留部分样本用于交叉验证,所以可以充分利用全部训练集的信息。但后剪枝的计算量代价比预先剪枝方法大得多,特别是在大样本集中,不过对于小样本的情况,后剪枝方法还是优于预先剪枝方法的。

6.1.8 利用Python代码实现决策树

在这里利用机器学习库sklearn中的数据来实现决策树。sklearn是机器学习中一个常用的python第三方模块,里面对一些常用的机器学习方法进行了封装,在进行机器学习任务时,并不需要每个人都实现所有的算法,只需要简单地调用sklearn里的模块就可以实现大多数机器学习任务。

下面编写Python代码来实现决策树。双击"机器学习算法"文件夹,然后单击"新建"按钮,在弹出的菜单中单击"Python 3",新建一个Python 3文件，并命名为"决策树"。

首先导入需要的数据包，具体代码如下：

```
from sklearn.datasets import load _ iris
from sklearn import tree
import pydotplus
from sklearn.externals.six import StringIO
from IPython.display import Image, display
```

load_iris是sklearn的测试数据，在这里用来做决策树。iris数据集的中文名是安德森鸢尾花卉数据集，英文全称是Anderson's Iris data set。iris包含150个样本，对应数据集的每行数据。每行数据包含每个样本的四个特征和样本的类别信息，所以iris数据集是一个150行5列的二维表。

通俗地说，iris数据集是用来给花做分类的数据集，每个样本包含了花萼长度、花萼宽度、花瓣长度、花瓣宽度四个特征（前四列）。我们需要建立一个分类器，分类器可以通过样本的四个特征来判断样本属于山鸢尾、变色鸢尾还是维吉尼亚鸢尾（这三个名词都是花的品种）。

iris的每个样本都包含了品种信息，即目标属性（第5列，也叫target或label）。iris数据集格式如图6.7所示。

花萼长度 ⇔	花萼宽度 ⇔	花瓣长度 ⇔	花瓣宽度 ⇔	属种 ⇔
5.1	3.5	1.4	0.2	setosa
4.9	3.0	1.4	0.2	setosa
4.7	3.2	1.3	0.2	setosa
4.6	3.1	1.5	0.2	setosa
5.0	3.6	1.4	0.2	setosa
5.4	3.9	1.7	0.4	setosa
4.6	3.4	1.4	0.3	setosa
5.0	3.4	1.5	0.2	setosa

图6.7　iris数据集格式

下面调用load_iris中的数据来实现决策树，具体代码如下：

```
#load _ iris是sklearn的测试数据，在这用来做决策树
iris = load _ iris()
# 建立最大深度为5的决策树，并用测试数据来训练这棵树
```

```
clf = tree.DecisionTreeClassifier(max _ depth = 5)
clf = clf.fit(iris.data, iris.target)
# 假设要预测第 90 个样本的值
sample _ idx = 89
# 第 90 个样本的各个属性, 在这可以看到有 4 个属性
iris.data[sample _ idx]
```

利用决策树分类器DecisionTreeClassifier建立最大深度为5的决策树,并用测试数据来训练这棵树。由于iris包含150个样本,所以sample_idx的值的范围为0~149,其中0表示第一个样本值。

单击工具栏中的 ▶ 运行 按钮,运行结果如图6.8所示。

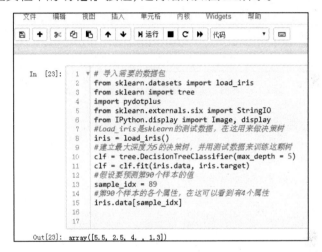

图6.8　第90个样本的值

在这里可以看到第90个样本的花萼长度为5.5、花萼宽度为2.5、花瓣长度为4.0、花瓣宽度为1.3。

下面调用决策树分类器DecisionTreeClassifier的predict()方法,预测第90个样本的值,看看属于哪种花的品种,即属于山鸢尾、变色鸢尾还是维吉尼亚鸢尾,具体代码如下:

```
prediction = clf.predict(iris.data[sample _ idx:sample _ idx+1])
prediction
```

单击工具栏中的 ▶ 运行 按钮,运行结果如图6.9所示。

在这里可以看到,预测第90个样本的值属于变色鸢尾。需要注意,0表示山鸢尾; 1表示变色鸢尾; 2表示维吉尼亚鸢尾。

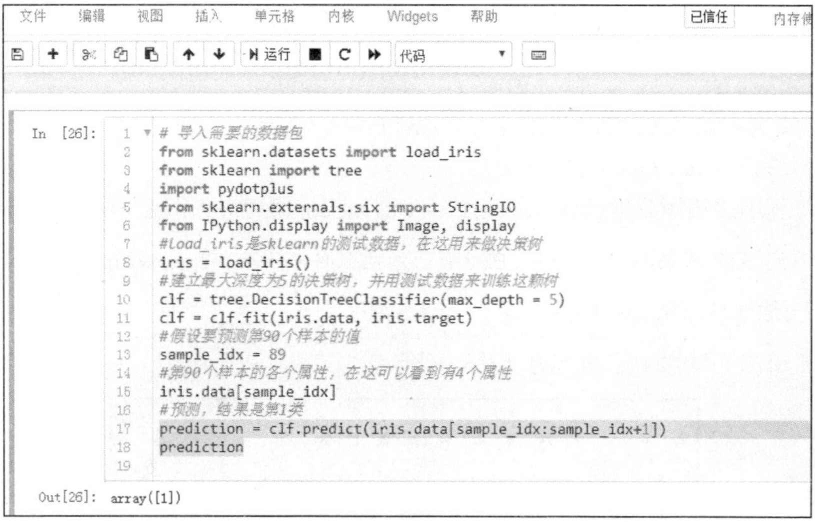

图6.9　预测第90个样本的值属于哪种花的品种

为了验证预测是否正确，可以利用iris.target属性来验证一下，具体代码如下：

```
truth = iris.target[sample_idx]
truth
```

下面来看一下第90个样本的花萼长度、花萼宽度、花瓣长度、花瓣宽度的重要性，具体代码如下：

```
clf.feature_importances_
```

下面来显示决策树，具体代码如下：

```
# 建立缓存变量 f
f = StringIO()
# 把决策树 clf 的图形结果输出，仍进缓存 f 中
tree.export_graphviz(clf, out_file=f)
# 取出缓存，画图
graph = pydotplus.graph_from_dot_data(f.getvalue())
# 将图片保存进本地文件中
graph.write_png("dtree1.png")
# 画出决策树，也可以用标注的代码画出保存在本地的 png 图片
display(Image(graph.create_png()))
```

单击工具栏中的 ▶ 运行 按钮，运行结果如图6.10所示。

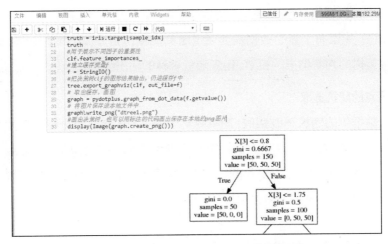

图6.10　利用Python代码实现决策树

6.2　随机森林

随机森林是一种有监督学习算法,它创建了一个森林,并使它拥有某种方式随机性。所构建的"森林"是决策树的集成,大多时候都是用"bagging"方法训练的。 bagging方法,即bootstrap aggregating,采用的是随机有放回地选择训练数据,然后构造分类器,最后组合学习到的模型来增加整体的效果。

> 提醒: 决策树相当于一个决策大师,通过自己在数据集中学到的知识对新的数据进行分类。但是俗话说得好, "三个臭皮匠顶个诸葛亮"。随机森林就是希望构建多个"臭皮匠",希望最终的分类效果能够超过单个决策大师的一种算法。

6.2.1　随机森林的构建

随机森林的构建有两个方面, 分别是数据的随机选取和决策点的随机选取。

1. 数据的随机选取

第一, 从初始的数据集中采取有放回的抽样, 构造子数据集, 子数据集的数据量是和初始数据集相同的。需要注意的是, 不同子数据集的元素可以重复, 同一个子数据集中的元素也可以重复。

第二, 利用子数据集来构造子决策树, 将这个数据放到每个子决策树中,每个子决策树输出一个结果。

第三,如果有了新的数据需要通过随机森林得到分类结果,就可以通过对子决策树的判断结果的投票,得到随机森林的输出结果。

2. 决策点的随机选取

与数据集的随机选取相似,随机森林中的子树的每一个分裂过程并未用到所有的决策点,而是从所有的决策点中随机选取一定的决策点,之后再在随机选取的决策点中选取最优的决策点。这样使得随机森林中的决策树都能够彼此不同,提升系统的多样性,从而提升分类性能。

6.2.2　随机森林的优缺点

随机森林的优点有三项,具体如下:

第一,随机森林可以用于回归和分类任务,并且很容易查看模型的输入特征的相对重要性。

第二,随机森林是一种非常方便且易于使用的算法,因为在默认参数情况下就会产生一个很好的预测结果。

第三,机器学习中的一个重大问题是过拟合,但大多数情况下随机森林分类器不会出现过拟合,因为只要森林中有足够多的树,分类器就不会过度拟合模型。

随机森林的缺点在于使用大量的树会使算法变得很慢,并且无法做到实时预测。一般来讲,这些算法训练速度很快,预测却十分缓慢。越准确的预测需要越多的树,这将导致模型很慢。

6.2.3　随机森林的应用范围

随机森林算法可被用于很多不同的领域,如银行、股票市场、医药和电子商务。在银行领域,它通常被用来检测那些比普通人更高频率使用银行服务的客户,并及时偿还他们的债务。同时,它也会被用来检测那些想诈骗银行的客户。在金融领域,它可用于预测未来股票的趋势。在医疗保健领域,它可用于识别药品成分的正确组合,分析患者的病史以识别疾病。除此之外,在电子商务领域中,随机森林可以被用来确定客户是否真的喜欢某个产品。

6.2.4　利用Python代码实现随机森林

下面编写Python代码来实现随机森林。双击"机器学习算法"文件夹，然后单击"新建"按钮，在弹出的菜单中单击"Python 3"，新建一个Python 3文件，并命名为"随机森林"。

首先导入需要的数据包，具体代码如下：

```
from sklearn.datasets import load_iris        # 导入测试数据
load_iris
from sklearn.ensemble import RandomForestClassifier    # 导入
随机森林分类器
import pandas as pd
import numpy as np
```

接着编写代码，显示测试数据load_iris中的数据信息，具体代码如下：

```
iris = load_iris()
df = pd.DataFrame(iris.data, columns=iris.feature_names)
df
```

单击工具栏中的 ▶ 运行 按钮，运行结果如图6.11所示。

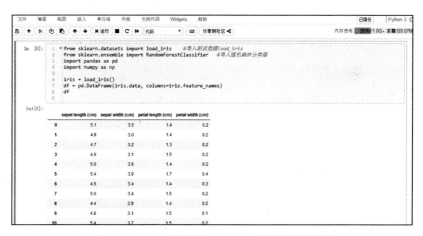

图6.11　显示测试数据load_iris中的数据信息

然后利用随机数函数numpy.random.uniform产生具有均匀分布的数组，该函数语法结构如下：

```
numpy.random.uniform(low,high,size)
```

其中，参数low，采样下界，float类型，默认值为0；参数high，采样上界，

float类型，默认值为1；参数size，输出样本数目，即产生多少个随机数，默认值为1，即产生一个随机数。

需要注意的是，定义域是左闭右开，即包含low，不包含high。

具体代码如下：

```
df['is _ train'] = np.random.uniform(0, 1, len(df))
df
```

单击工具栏中的 **运行** 按钮，运行结果如图6.12所示。需要注意的是，这里产生的随机数为len(df)，即load_iris中的数据个数，150个。

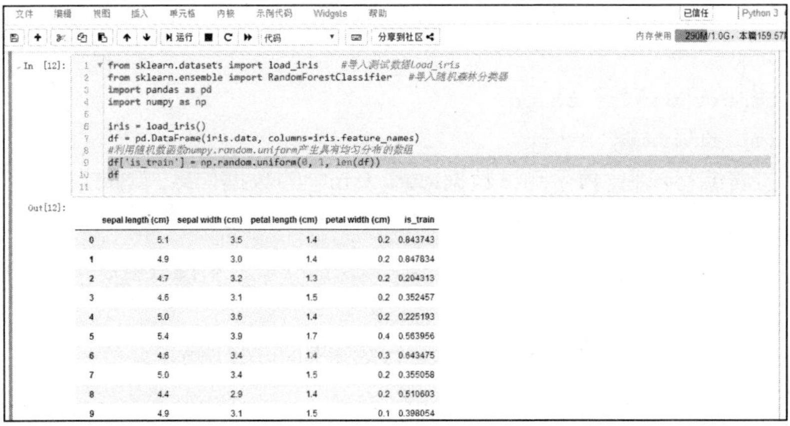

	sepal length (cm)	sepal width (cm)	petal length (cm)	petal width (cm)	is_train
0	5.1	3.5	1.4	0.2	0.843743
1	4.9	3.0	1.4	0.2	0.847834
2	4.7	3.2	1.3	0.2	0.204313
3	4.6	3.1	1.5	0.2	0.352457
4	5.0	3.6	1.4	0.2	0.225193
5	5.4	3.9	1.7	0.4	0.563956
6	4.6	3.4	1.4	0.3	0.643475
7	5.0	3.4	1.5	0.2	0.355058
8	4.4	2.9	1.4	0.2	0.510603
9	4.9	3.1	1.5	0.1	0.398054

图6.12　利用随机数函数numpy.random.uniform产生具有均匀分布的数组

如果产生的随机数小于0.6，则显示为True，否则显示为False。另外利用pd.Categorical.from_codes从代码和类别数组中创建类别类型，具体代码如下：

```
# 利用随机数函数 numpy.random.uniform 产生具有均匀分布的数组，数组值小于 0.6，则显示为 True，否则显示为 False
df['is _ train'] = np.random.uniform(0, 1, len(df)) <=0.6
# 利用 pd.Categorical.from _ codes 从代码和类别数组中创建类别类型，即花的种类：setosa versicolour virginica
df['species'] = pd.Categorical.from _ codes(iris.target, iris.target _ names)
df
```

单击工具栏中的 **运行** 按钮，运行结果如图6.13所示。

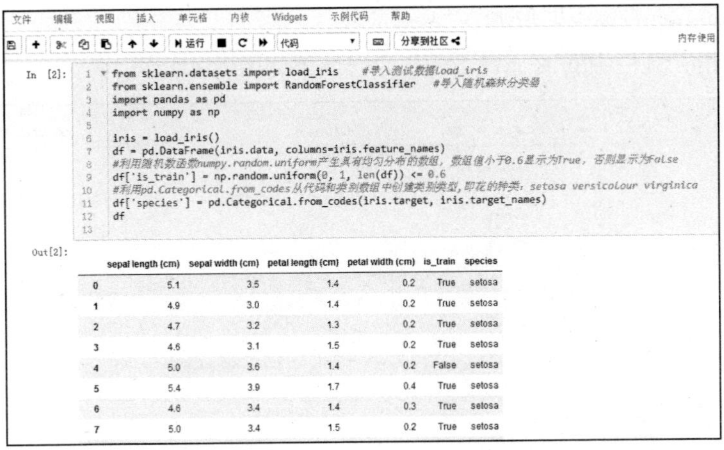

```
In [2]:
from sklearn.datasets import load_iris    #导入测试数据load_iris
from sklearn.ensemble import RandomForestClassifier    #导入随机森林分类器
import pandas as pd
import numpy as np

iris = load_iris()
df = pd.DataFrame(iris.data, columns=iris.feature_names)
#利用随机数函数numpy.random.uniform产生具有均匀分布的数组，数组值小于0.6显示为True，否则显示为False
df['is_train'] = np.random.uniform(0, 1, len(df)) <= 0.6
#利用pd.Categorical.from_codes从代码和类别数组中创建类别类型,即花的种类：setosa versicolour virginica
df['species'] = pd.Categorical.from_codes(iris.target, iris.target_names)
df
```

Out[2]:

	sepal length (cm)	sepal width (cm)	petal length (cm)	petal width (cm)	is_train	species
0	5.1	3.5	1.4	0.2	True	setosa
1	4.9	3.0	1.4	0.2	True	setosa
2	4.7	3.2	1.3	0.2	True	setosa
3	4.6	3.1	1.5	0.2	True	setosa
4	5.0	3.6	1.4	0.2	False	setosa
5	5.4	3.9	1.7	0.4	True	setosa
6	4.6	3.4	1.4	0.3	True	setosa
7	5.0	3.4	1.5	0.2	True	setosa

图6.13　利用pd.Categorical.from_codes从代码和类别数组中创建类别类型

接下来定义随机森林变量，然后训练随机森林模型，训练集为数据load_iris的前4项属性，即花萼长度、花萼宽度、花瓣长度、花瓣宽度；训练集的标签为花的类型，即山鸢尾（setosa）、变色鸢尾（versicolour）、维吉尼亚鸢尾（virginica）；随机森林模型训练后，最后利用交叉表显示实际花的类型和预测的花的类型，可以看到随机森林模型对数据的预测成功率，具体代码如下：

```
# 变量 train 为数组值小于 0.6 的数据信息
train= df[df['is _ train']==True]
# 变量 features 为数据 load _ iris 的前 4 项属性，即花萼长度、花萼宽度、花瓣长度、花瓣宽度
features = df.columns[:4]
# 调用随机森林分类器，并设置用于拟合和预测的并行运行的工作（作业）数量为 2
clf = RandomForestClassifier(n _ jobs=2)
# 调用 pd.factorize 函数将 train['species'] 中的数据映射为一组数字，相同的标称型映射为相同的数字
y, _ = pd.factorize(train['species'])
# 进行随机森林模型的训练，其中 train[features]，y 分别为训练集和训练集的标签
clf.fit(train[features], y)
# 变量 preds 为预测结果
preds = iris.target _ names[clf.predict(train[features])]
# 显示交叉表，行名为实际的，列名为预测的
pd.crosstab(train['species'], preds, rownames=['实际的花类型'],
```

```
colnames=[' 预测的花类型 '])
```

单击工具栏中的 ▶ 运行 按钮，运行结果如图6.14所示。

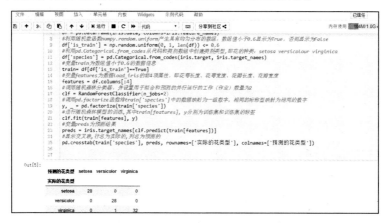

图6.14　利用交叉表显示实际花的类型和预测的花的类型

在这里可以看到，实际的山鸢尾（setosa）有28个，随机森林训练数据后预测的也有28个山鸢尾（setosa）；实际的变色鸢尾（versicolour）有28个，随机森林训练数据后预测的有29个（28+1）；实际的维吉尼亚鸢尾（virginica）有33个（32+1），随机森林训练数据后预测的有32个。

> 提醒：由于这里 df['is_train'] 是随机产生的数，所以每次预测的数据是变化的，即每次运行结果都不一样。

第7章

支持向量机（SVM）和朴素贝叶斯

前面讲解决策树和随机森林两种机器学习算法，下面来讲解另外两种机器学习算法，即支持向量机（SVM）和朴素贝叶斯。

本章主要内容包括：

➤ 什么是支持向量机(SVM)

➤ 支持向量机(SVM)的工作原理

➤ 核函数

➤ 支持向量机(SVM)的优点和缺点

➤ 利用Python代码实现支持向量机（SVM）

➤ 朴素贝叶斯的定义和算法思想

➤ 朴素贝叶斯的算法步骤和优缺点

➤ 利用Python代码实现高斯朴素贝叶斯

➤ 利用Python代码实现多项式分布朴素贝叶斯

➤ 利用Python代码实现伯努力朴素贝叶斯

7.1 支持向量机（SVM）

支持向量机(SVM)是一个有监督的机器学习模型，通常用来进行模式识别、分类以及回归分析。

7.1.1 什么是支持向量机（SVM）

支持向量机是Corinna Cortes和Vapnik等于1995年首先提出的，它在解决小样本、非线性及高维模式识别中表现出许多特有的优势，并能够推广应用到函数拟合等其他机器学习问题中。

为了解释支持向量机(SVM)算法，首先可以想象有很多数据，其中每个数据是高维空间中的一个点，数据的特征有多少，空间的维数就有多少。相应的，数据的位置就是其对应各特征的坐标值。为了用一个超平面尽可能完美地分类这些数据点，就可以用SVM算法来找到这个超平面，如图7.1所示。

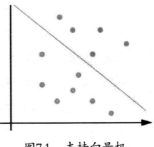

在支持向量机(SVM)算法中，所谓"支持向量"是指那些在间隔区边缘的训练样本点，而"机"则是用于分类的那个最佳决策边界（线/面/超平面）。

图7.1 支持向量机

7.1.2 支持向量机（SVM）的工作原理

下面我们用图形演示来说明，如何找出正确的超平面。

第一种情况：图7.2中有三个超平面，即A、B和C；那么其中哪个是正确的边界呢？需要记住的是，支持向量机(SVM)选择的是能分类两种数据的决策边界。很显然，相比A和C，B更好地分类了圆和星，所以B是正确的超平面。

第二种情况：图7.3中同样有A、B、C三个超平面，与第一种情况不同，这次三个超平面都很好地完成了分类，那么其中哪个是正确的超平面呢？

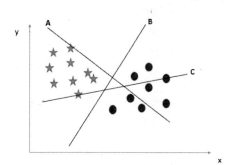

图7.2 第一种情况的超平面　　图7.3 第二种情况的超平面

对此，我们需要修改一下之前的描述：SVM选择的是能更好地分类两种数据的决策边界。在这里可以看到，无论是星还是圆，它们到C的距离都是最远的，因此这里C就是我们要找的最佳决策边界。

提醒：为什么要选择边距更远的超平面？这是因为这样的超平面更稳健，容错率更高。如果选择A或B，那么后期继续输入样本，它们发生错误分类的可能性会更高。

第三种情况：这里我们先看图7.4，试着用第二种情况的结论做出选择。

也许你会选择B，因为两类数据和它的边距较B更远。但是其中有一个问题，就是B没有正确分类，而A正确分类了。那么在SVM算法中，正确分类和最大边距究竟哪个重要呢？很显然，SVM首先考虑的是正确分类，其次才是优化数据到决策边界的距离。所以第三种情况的正确超平面是A，而不是B。

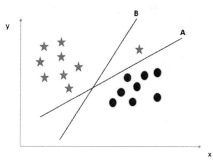

图7.4 第三种情况的超平面

7.1.3 核函数

前面讲的都是在原始特征的维度上，能直接找到一条超平面将数据完美地分成两类的情况, 但如果找不到呢? 这就要引入黑科技, 即核函数。

在图7.5中该如何找超平面呢?

图7.5中目前只有X和Y两个特征, 为了分类, 我们可以添加一个新特征$Z = X^2 + Y^2$, 并绘制数据点在X轴和Z轴上的位置, 如图7.6所示。

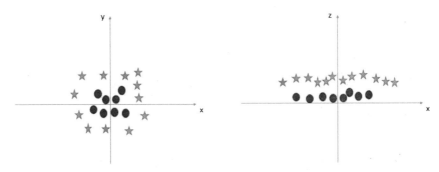

图7.5 找不到一条超平面将数据完美地分成两类的情况

图7.6 绘制数据点在X轴和Z轴上的位置

数据点被"震起来"后, 星和圆在Z轴上出现了一个清晰的决策边界, 它在图7.6中表示为一条二维的线, 这里要注意如下两点:

第一, Z的所有值都是正的, 因为它是X和Y的平方和。

第二, 在图7.5中, 圆的分布比星更靠近坐标轴原点, 这也是它们在Z轴上的值较低的原因。

在SVM中, 通过增加空间维度能够轻易地在两类数据间获得这样的线性超平面, 但另一个亟待解决的问题是, 像$Z = X^2 + Y^2$这样的新特征是不是都得由我们手动设计? 不需要, SVM中有一种名为kernel的函数, 它们能把低维输入映射进高维空间, 把原本线性不可分的数据变为线性可分, 我们也称它们为核函数。

> 提醒: 核函数主要用于非线性分离问题。简而言之, 它会自动执行一些非常复杂的数据转换, 然后根据你定义的标签或输出找出分离数据的过程。

当把数据点从三维压缩回二维后, 这个超平面就成了一个圆圈, 如图7.7所示。

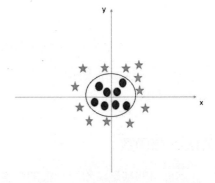

图7.7 超平面就成了一个圆圈

7.1.4　支持向量机(SVM)的优点

支持向量机(SVM)的优点有4项,具体如下:

第一,支持向量机(SVM)效果很好,分类边界清晰。

第二,支持向量机(SVM)在高维空间中特别有效。

第三,支持向量机(SVM)在空间维数大于样本数的情况下很有效。

第四,支持向量机(SVM)使用的是决策函数中的一个训练点子集（支持向量）,所以占用内存小,效率高。

7.1.5　支持向量机(SVM)的缺点

支持向量机(SVM)的缺点有3项,具体如下:

第一,如果数据量过大,或者训练时间过长,支持向量机(SVM)就会表现不佳。

第二,如果数据集内有大量噪声,则支持向量机(SVM)效果不好。

第三,支持向量机(SVM)不直接计算提供概率估计,所以我们要进行多次交叉验证,代价过高。

7.1.6　利用Python代码实现支持向量机(SVM)

下面编写Python代码来实现支持向量机(SVM)。双击"机器学习算法"文件夹,然后单击"新建"按钮,在弹出的菜单中单击"Python 3",新建一个Python 3文件,并命名为"支持向量机(SVM)"。

首先导入需要的数据包,具体代码如下:

```
import numpy as np          # 导入 Numpy 函数包并指定导入包的别名为 np

import matplotlib.pyplot as plt      # 导入 matplotlib.pyplot 函数包并指定导入包的别名为 plt

from sklearn import svm, datasets    # 从 sklearn 中导入 svm 包和 datasets 包,其中 svm 包为支持向量机,而 datasets 为数据集包
```

然后定义三个变量,分别为iris、X、y。其中iris为load_iris测试数据;X为数据iris的前2项属性,即花萼长度、花萼宽度;y为数据iris的第5项属性,即花的类型,其中0表示setosa,1表示versicolour,2表示virginica。

```
#load _ iris 是 sklearn 的测试数据, 在这用来做支持向量机
iris = datasets.load _ iris()
```

变量 X 为数据 iris 的前 2 项属性, 即花萼长度、花萼宽度

```
X = iris.data[:, :2]
```

变量 y 为数据 iris 的第 5 项属性, 即花的类型, 其中 0 表示 setosa, 1 表示 versicolour, 2 表示 virginica

```
y = iris.target
```

为了测试效果, 可以利用print打印函数来显示变量的数据, 即再输入如下代码:

```
print(y)
print(X)
```

单击工具栏中的 ▶ 运行 按钮, 运行结果如图7.8所示。

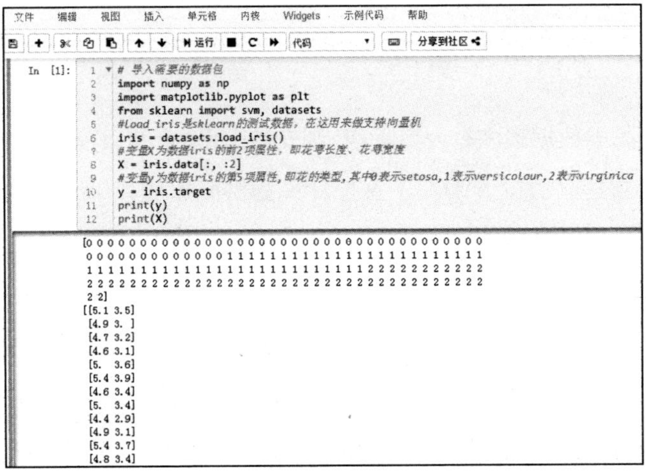

图7.8 变量X和y的数据信息

接下来调用支持向量机分类器, 然后进行训练, 其中x、y分别为训练集和训练集的标签, 具体代码如下:

调用支持向量机分类器

```
svc = svm.SVC(C=1,kernel='poly', gamma=1)
```

进行支持向量机模型的训练, 其中 X、y 分别为训练集和训练集的标签

```
svc.fit(X, y)
```

支持向量机函数SVC的语法结构如下:

```
SVC(C=1, cache _ size=200, class _ weight=None, coef0=0.0,
    decision _ function _ shape=None, degree=3, gamma=1,
kernel='poly',
```

```
        max_iter=-1, probability=False, random_state=None,
shrinking=True, tol=0.001, verbose=False)
```

支持向量机函数SVC共有14个可选参数，下面讲解几个重点参数的意义。

C：惩罚参数，默认值是1.0。C值越大，对误分类的惩罚越大，趋向于对训练集全分对的情况，这样对训练集测试时准确率很高，但泛化能力弱。C值越小，对误分类的惩罚越小，允许容错，将它们当成噪声点，泛化能力较强。

kernel：核函数，默认是rbf，可以是linear（线性核函数）、poly（多项式核函数）、rbf（高斯核函数）。

gamma：核函数参数。gamma值越高，模型就会更努力地拟合训练数据集，所以它是导致过拟合的一个重要原因。

接下来定义坐标向量变量，再转化为坐标矩阵，即转化为输出图形的坐标，具体代码如下：

```
# 变量x_min为数据iris的前1项属性的最小值减1
x_min = X[:, 0].min() - 1
# 变量x_max为数据iris的前1项属性的最大值加1
x_max = X[:, 0].max() + 1
# 变量y_min为数据iris的前2项属性的最小值减1
y_min = X[:, 1].min() - 1
# 变量y_max为数据iris的前2项属性的最大值加1
y_max = X[:, 1].max() + 1
h = (x_max / x_min)/100
# 从坐标向量返回坐标矩阵
xx, yy = np.meshgrid(np.arange(x_min, x_max, h),
np.arange(y_min, y_max, h))
```

接着，利用subplot()函数在同一图中绘制不同的图形，并定义变量Z为svc的预测结果，然后调用plt.contourf对等高线间的填充区域进行填充（使用不同的颜色），最后调用plt.scatter绘制散点图，具体代码如下：

```
plt.subplot(1, 1, 1)
# 变量Z为svc的预测结果
Z = svc.predict(np.c_[xx.ravel(), yy.ravel()])
Z = Z.reshape(xx.shape)
# 调用plt.contourf对等高线间的填充区域进行填充（使用不同的颜色）
```

```
plt.contourf(xx, yy, Z, cmap=plt.cm.Paired, alpha=0.6)
# 调用 plt.scatter 绘制散点图
plt.scatter(X[:, 0], X[:, 1], c=y, cmap=plt.cm.Paired)
```

单击工具栏中的 ▶ 运行 按钮，运行结果如图7.9所示。

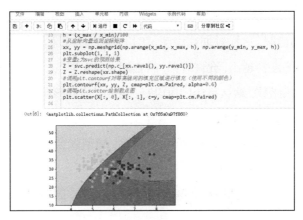

图7.9　支持向量机的分类效果

下面为图形添加x坐标标签、y坐标标签及标题，具体代码如下：

```
plt.xlabel(' 花萼长度 ')
plt.ylabel(' 花萼宽度 ')
plt.xlim(xx.min(), xx.max())
plt.title(' 支持向量机 ')
plt.show()
```

单击工具栏中的 ▶ 运行 按钮，运行结果如图7.10所示。

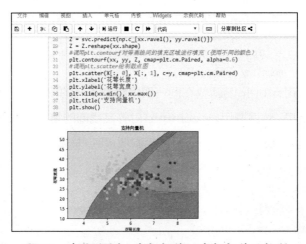

图7.10　为图形添加x坐标标签、y坐标标签及标题

在图7.10中，支持向量机的核函数为poly（多项式核函数），下面修改核函数为linear（线性核函数），具体修改代码如下：

```
svc = svm.SVC(C=1,kernel='linear', gamma=1)
```

单击工具栏中的 ▶ 运行 按钮，运行结果如图7.11所示。

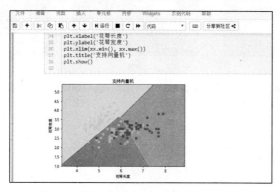

图7.11　核函数为linear（线性核函数）

下面修改核函数为rbf（高斯核函数），具体修改代码如下：

```
svc = svm.SVC(C=1,kernel='rbf', gamma=1)
```

单击工具栏中的 ▶ 运行 按钮，运行结果如图7.12所示。

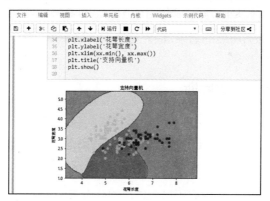

图7.12　核函数为rbf（高斯核函数）

在这里还可以修改重要参数C，看看支持向量机效果，如图7.13所示。

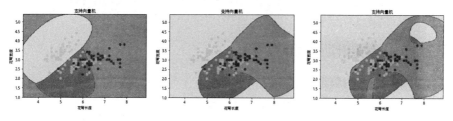

图7.13　C=0.09　C=99　C=999时的支持向量机效果

在这里还可以修改重要参数gamma，看看支持向量机效果，如图7.14所示。

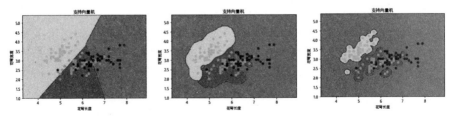

图7.14 gamma=0.01 gamma=10 gamma=100时的支持向量机效果

7.2 朴素贝叶斯

在实际生活中，我们常常利用观测现象推测现象背后的原因。例如，我们看到草地湿了，需要判断是不是下雨导致的；今天的交易量大增，需要判断是有新资金入场，还是存量资金雄起了一把；去医院体检，检查结果为阳性，是因为真的得病了，还是因为医院的误诊。朴素贝叶斯算法可以利用历史数据的分布，给你一个最有可能的结果，使你犯错误的概率最小化。

7.2.1 什么是朴素贝叶斯

学过概率的人一定都知道贝叶斯定理：这个在250多年前发明的算法，在信息领域内有着无与伦比的地位。贝叶斯分类是一系列分类算法的总称，这类算法均以贝叶斯定理为基础，故统称为贝叶斯分类。朴素贝叶斯算法（Naive Bayesian）是其中应用最为广泛的分类算法之一。

朴素贝叶斯算法所需估计的参数很少，对缺失数据不太敏感，算法也比较简单。理论上，朴素贝叶斯模型与其他分类方法相比具有最小的误差率。

7.2.2 朴素贝叶斯的算法思想

朴素贝叶斯的思想是这样的：

如果一个事物在一些属性条件发生的情况下，事物属于A的概率>属于B

的概率，则判定事物属于A。

例如，你在商店里看到一个黑人，让你猜这黑人是从哪里来的，你十有八九会猜来自非洲。为什么呢？

在你的脑海中，有这么一个判断流程：

第一，这个人的肤色是黑色（特征）；

第二，黑色人种是非洲人的概率最高（条件概率：黑色条件下是非洲人的概率）；

第三，没有其他辅助信息的情况下，最好的判断就是非洲人。

这就是朴素贝叶斯的思想基础。

再例如，如果你在大街上看到一个黑人讲英语，那么你是怎么去判断他来自哪里？

首先，提取特征，具体如下：

肤色：黑

语言：英语

然后判断，黑色人种来自非洲的概率为80%；黑色人种来自美国的概率为20%。

接着判断，说英语的人来自非洲的概率为10%；说英语的人来自美国的概率为90%。

在我们的自然思维方式中，就会这样判断：

这个人来自非洲的概率：80%×10% = 0.08

这个人来自美国的概率：20%×90% =0.18

你的判断结果就是：此人来自美国。

7.2.3 朴素贝叶斯的算法步骤

朴素贝叶斯的算法步骤具体如下：

第一，分解各类先验样本数据中的特征。

第二，计算各类数据中，各特征的条件概率（例如，特征1出现的情况下，属于A类的概率p(A|特征1)，属于B类的概率p(B|特征1)，属于C类的概率p(C|特征1)……）。

第三，分解待分类数据中的特征（特征1、特征2、特征3、特征4……）。

第四，计算各特征的各条件概率的乘积，如下所示：

判断为A类的概率：$p(A|特征1) \times p(A|特征2) \times p(A|特征3) \times p(A|特征4)$……

判断为B类的概率：$p(B|特征1) \times p(B|特征2) \times p(B|特征3) \times p(B|特征4)$……

判断为C类的概率：$p(C|特征1) \times p(C|特征2) \times p(C|特征3) \times p(C|特征4)$……

……

第五，结果中的最大值就是该样本所属的类别。

7.2.4　朴素贝叶斯的优缺点

朴素贝叶斯的优点有三项，具体如下：

第一，算法简单，有稳定的分类效率。

第二，对小规模的数据表现很好，能处理多分类任务，适合增量式训练，尤其是数据量超出内存时，你可以一批批地去增量训练。

第三，对缺失数据不太敏感。

朴素贝叶斯的缺点有两项，具体如下：

第一，朴素贝叶斯的假设如果与实际情况不符，会影响模型效果。

第二，输入特征数据的表现形式，比如是连续特征、离散特征还是二元特征，会影响概率计算和模型的分类效果。

7.2.5　利用Python代码实现高斯朴素贝叶斯

朴素贝叶斯有三种，分别是高斯朴素贝叶斯、多项式分布朴素贝叶斯、伯努力朴素贝叶斯。下面先来讲解高斯朴素贝叶斯。

有些特征可能是连续型变量，例如人的身高、物体的长度，这些特征可以转换成离散型的值。假如身高在160cm以下，特征值为1；在160cm和170cm之间，特征值为2；在170cm以上，特征值为3。也可以这样转换，将身高转换为3个特征，分别是f1、f2、f3。如果身高是160cm以下，这三个特征的值分别是1、0、0；如果身高在170cm以上，这三个特征的值分别是0、0、1。不过这些方式都不够细腻，高斯模型可以解决这个问题，即高斯模型假设这些一个特征的所有属于某个类别的观测值符合高斯分布。

下面编写Python代码来实现高斯朴素贝叶斯。双击"机器学习算法"文件夹，然后单击"新建"按钮，在弹出的菜单中单击"Python 3"，新建一个Python 3文件，并命名为"高斯朴素贝叶斯"。

首先导入需要的数据包，具体代码如下：

```
import numpy as np          # 导入 Numpy 函数包并指定导入包的别名为 np
from sklearn import datasets    # 导入包中的数据
from sklearn.naive_bayes import GaussianNB    # 导入高斯朴素贝
叶斯算法
```

然后定义三个变量，分别为iris、x、y。其中iris为load_iris测试数据；x为数据iris的前4项属性，即花萼长度、花萼宽度、花瓣长度、花瓣宽度；y为数据iris的第5项属性，即花的类型，其中0表示setosa，1表示versicolour，2表示virginica，具体代码如下：

```
iris = load_iris()    #load_iris 是 sklearn 的测试数据，在这用来
做高斯朴素贝叶斯
# 变量 x 为数据 iris 的前 4 项属性，即花萼长度、花萼宽度、花瓣长度、花瓣宽度
x = iris.data
# 变量 y 为数据 iris 的第 5 项属性，即花的类型，其中 0 表示 setosa，1 表示
versicolour，2 表示 virginica
y = iris.target
```

接下来调用高斯朴素贝叶斯分类器，然后进行训练，其中x、y分别为训练集和训练集的标签，具体代码如下：

```
# 调用高斯朴素贝叶斯分类器
clf=GaussianNB()
# 进行训练，其中 x、y 分别为训练集和训练集的标签
clf.fit(x,y)
```

然后自定义一个数据变量，并利用高斯朴素贝叶斯分类器判断该数据属于哪种花的类型，具体代码如下：

```
# 变量 data 为 numpy 数据
data=np.array([6,4,6,2])
# 预测 data 数据属于花的哪个类型
```

```
clf.predict(data.reshape(1,-1))
```

单击工具栏中的 ▶ 运行 按钮，运行结果如图7.15所示。

图7.15 预测data数据属于花的哪个类型

在这里可以看到data数据，即[6,4,6,2]，属于2表示virginica。

下面再来预测iris中第1个数据、第60个数据、第140个数据分别属于哪种花的类型，具体代码如下：

```
# 预测 iris 中第 1 个数据属于花的哪个类型
print(clf.predict(iris.data[0].reshape(1,-1)))
# 预测 iris 中第 60 个数据属于花的哪个类型
print(clf.predict(iris.data[59].reshape(1,-1)))
# 预测 iris 中第 140 个数据属于花的哪个类型
print(clf.predict(iris.data[139].reshape(1,-1)))
```

单击工具栏中的 ▶ 运行 按钮，运行结果如图7.16所示。

图7.16 预测iris中第1个数据、第60个数据、第140个数据分别属于哪种花的类型

在这里可以看到预测iris中第1个数据为0表示setosa；预测iris中第60个数据为1表示versicolour；预测iris中第140个数据为2表示virginica。与iris中的实际数据对比，会发现预测都正确。

7.2.6　利用Python代码实现多项式分布朴素贝叶斯

多项式分布朴素贝叶斯模型常用于文本分类，特征是单词，值是单词的出现次数。

下面编写Python代码来实现多项式分布朴素贝叶斯。双击"机器学习算法"文件夹，然后单击"新建"按钮，在弹出的菜单中单击"Python 3"，新建一个Python 3文件，并命名为"多项式分布朴素贝叶斯"。

首先导入需要的数据包，具体代码如下：

```
import numpy as np    # 导入 Numpy 函数包并指定导入包的别名为 np
from sklearn.naive_bayes import MultinomialNB    # 导入多项式
分布朴素贝叶斯
```

接下来定义变量X，并为其赋值为9行80列二维数组，数组中元素大小为0~9之间的随机数，具体代码如下：

```
# 变量 X 为 9 行 80 列二维数组，数组中元素大小为 0~9 之间的随机数
X = np.random.randint(10, size=(9, 80))
X
```

单击工具栏中的 ▶ 运行 按钮，运行结果如图7.17所示。

图7.17　查看9行80列二维数组中的数据

然后定义变量y，并为其赋值为一维数组，数组元素为1~9，接着调用多项式朴素贝叶斯分类器，进行训练，其中X、y分别为训练集和训练集的标签，具体代码如下：

```
# 变量 y 为一维数组，数组元素为 1~9
y = np.array([1, 2, 3, 4,5,6,7,8,9])
# 调用多项式朴素贝叶斯分类器
```

```
clf = MultinomialNB()
# 进行训练,其中 X、y 分别为训练集和训练集的标签
clf.fit(X, y)
```

多项式朴素贝叶斯的语法格式如下:

```
MultinomialNB(alpha=1.0, class _ prior=None, fit _ prior=True)
```

各项参数意义如下:

alpha: 平滑参数(0表示没有平滑),默认值为1。

class_prior: 是否指定类的先验概率。

fit_prior: 是否要学习类的先验概率。如果为假,则使用统一先验概率。

最后预测数据,并显示预测准确率,具体代码如下:

```
# 预测 X[4:5] 的标签,即属于第几行
print(clf.predict(X[4:5]))
# 显示预测准确率
print(" 预测准确率 :" + str(clf.score(X,y)))
```

单击工具栏中的 ▶ 运行 按钮,运行结果如图7.18所示。

图7.18　预测数据并显示预测准确率

在这里可以看到,预测数据X[4:5]属于第5行,这与实际情况一致,即预测正确,并且在这里可以看到,预测准确率为100%。

7.2.7　利用Python代码实现伯努力朴素贝叶斯

在伯努力朴素贝叶斯模型中,每个特征的取值是布尔型的,即true和false,或者1和0。

下面编写Python代码来实现多项式分布朴素贝叶斯。双击"机器学习算法"文件夹,然后单击"新建"按钮,在弹出的菜单中单击"Python 3",新建

一个Python 3文件，并命名为"伯努力朴素贝叶斯"。

首先导入需要的数据包，具体代码如下：

```
import numpy as np          # 导入 Numpy 函数包并指定导入包的别名为 np
from sklearn import datasets     # 导入包中的数据
from sklearn.naive_bayes import BernoulliNB    # 导入伯努力朴
素贝叶斯算法
```

然后定义三个变量，分别为iris、X、y。其中，iris为load_iris测试数据；X为数据iris的前2项属性，即花萼长度、花萼宽度；y为数据iris的第5项属性，即花的类型，其中0表示setosa，1表示versicolour，2表示virginica。

```
#load_iris 是 sklearn 的测试数据，在这用来做伯努力朴素贝叶斯
iris = datasets.load_iris()
# 变量 X 为数据 iris 的前 4 项属性，即花萼长度、花萼宽度、花瓣长度、花瓣宽度
x = iris.data
# 变量 y 为数据 iris 的第 5 项属性，即花的类型，其中 0 表示 setosa，1 表示
versicolour,2 表示 virginica
y = iris.target
```

接下来调用伯努力朴素贝叶斯分类器，然后进行训练，其中x、y分别为训练集和训练集的标签，具体代码如下：

```
# 调用伯努力朴素贝叶斯分类器
clf= BernoulliNB()
# 进行训练，其中 x、y 分别为训练集和训练集的标签
clf.fit(x,y)
```

伯努力朴素贝叶斯的语法格式如下：

```
BernoulliNB(alpha=1.0, binarize=0.0, class_prior=None,
fit_prior=True)
```

伯努力朴素贝叶斯有4个参数，其中alpha、class_prior、fit_prior与多项式分布朴素贝叶斯一样，这里不再重复。参数binarize，是二值化的阈值，若为None，则假设输入由二进制向量组成。

然后预测iris中第1个数据、第80个数据分别属于哪种花的类型，最后显示预测准确率，具体代码如下：

```
# 预测 iris 中第 1 个数据属于花的哪个类型
print(clf.predict(iris.data[0].reshape(1,-1)))
# 预测 iris 中第 80 个数据属于花的哪个类型
```

```
print(clf.predict(iris.data[79].reshape(1,-1)))
print(" 预测准确率 :" + str(clf.score(x,y)))
```

单击工具栏中的 ▶ 运行 按钮，运行结果如图7.19所示。

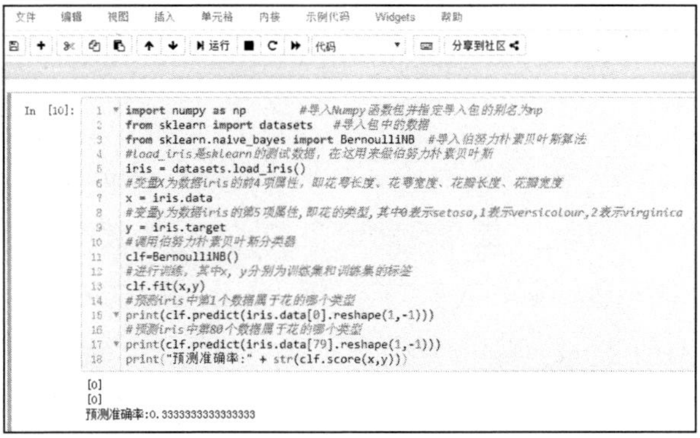

图7.19　预测数据并显示预测准确率

在这里可以看到，预测数据X[4:5]属于第5行，这与实际情况一致，即预测正确，并且在这里可以看到，预测准确率为100%。

在这里可以看到预测iris中第1个数据为0表示setosa，预测iris中第80个数据为0表示setosa。这与iris中的实际数据对比，会发现预测iris中第1个数据正确，而预测iris中第80个数据错误。最后可以看到预测准确率为33.33%。

第8章

人工智能的神经网络

人工神经网络（Artificial Neural Network，即ANN），是20世纪80年代以来人工智能领域兴起的研究热点。它从信息处理角度对人脑神经元网络进行抽象，建立某种简单模型，按不同的连接方式组成不同的网络。在工程与学术界也常直接简称为神经网络或类神经网络。

本章主要内容包括：
- 什么是人工神经网络
- 大脑中的神经元细胞和神经元细胞网络
- 人工神经网络的基本特征
- 人工神经网络的特点
- 人工神经网络的算法
- 神经网络的创建和数据集定义
- 训练神经网络和循环神经网络
- 人工神经网络实例

8.1 初识人工神经网络

当你看到一只猫的图片时，立马就能知道这是一只猫；当你看到一只狗的图片时，立马就能知道这是一只狗。时间非常快而且很少出错，为什么能够达到这么好的效果呢？因为大脑本质上是一个非常高效的处理器，而这个处理器其实是由巨量神经元细胞组成的神经网络。

8.1.1 什么是人工神经网络

神经网络是一种运算模型，由大量的节点（或称神经元）之间相互联结构成。每个节点代表一种特定的输出函数，称为激励函数。每两个节点间的连接都代表一个对于通过该连接信号的加权值，称之为权重，这相当于人工神经网络的记忆。网络的输出则依网络的连接方式、权重值和激励函数的不同而不同。而网络自身通常都是对自然界某种算法或者函数的逼近，也可能是对一种逻辑策略的表达。

最近十多年来，人工神经网络的研究工作不断深入，已经取得了很大的进展，其在模式识别、智能机器人、自动控制、预测估计、生物、医学、经济等领域已成功地解决了许多现代计算机难以解决的实际问题，表现出了良好的智能特性。

8.1.2 大脑中的神经元细胞和神经元细胞网络

为了更好地理解神经网络的工作过程，在这里先把神经元细胞简单讲一下。神经元细胞结构如图8.1所示。

神经元通过树突（左上角的那些树状结构）来接收信息，这些信息可以是别的神经元传递过来的信息，也可以是直接物理刺激（例如声音造成的对细

胞的刺激）。通过对这些信息的综合处理，神经元细胞体将处理结果通过轴突
（下方的那条长长的传送结构）传递给别的神经元。

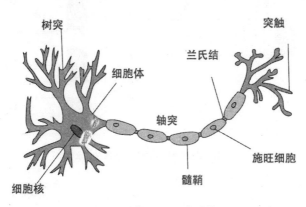

图8.1　神经元细胞结构

大脑的神经细胞只有两种状态：兴奋和不兴奋（即x抑制）。神经细胞通过某种方法，把所有从树突上进来的信号进行相加，如果信号总和超过某个阈值，就会激发神经细胞进入兴奋状态。此时神经细胞就会发出一个电信号，并且通过轴突发送给其他神经细胞。如果信号总和没有达到阈值，神经细胞就不会兴奋起来。

单个神经细胞处理不了任何复杂的问题，必须形成神经网络才行。神经元细胞网络如图8.2所示。

神经元细胞网络中、细胞间的联系错综复杂。神经网络综合每个细胞的成果，最终完成了非常复杂的任务。

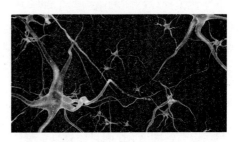

图8.2　神经元细胞网络

8.1.3　人工神经网络的基本特征

人工神经网络的基本特征有4项，分别是非线性、非局限性、非常定性、非凸性，如图8.3所示。

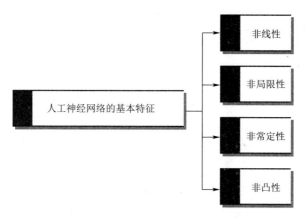

图8.3　人工神经网络的基本特征

1. 非线性

非线性关系是自然界的普遍特性,大脑的智慧就是一种非线性现象。人工神经元处于激活或抑制两种不同的状态,这种行为在数学上表现为一种非线性关系。具有阈值的神经元构成的网络具有更好的性能,可以提高容错性和存储容量。

2. 非局限性

一个神经网络通常由多个神经元广泛连接而成。一个系统的整体行为不仅取决于单个神经元的特征,而且可能主要由单元之间的相互作用、相互连接所决定。通过单元之间的大量连接模拟大脑的非局限性。

3. 非常定性

人工神经网络具有自适应、自组织、自学习能力。神经网络不但处理的信息可以有各种变化,而且在处理信息的同时,非线性动力系统本身也在不断变化。经常采用迭代过程描写动力系统的演化过程。

4. 非凸性

一个系统的演化方向,在一定条件下将取决于某个特定的状态函数。例如,能量函数,它的极值相应于系统比较稳定的状态。非凸性是指这种函数有多个极值,故系统具有多个较稳定的平衡态,这将导致系统演化的多样性。

8.1.4 人工神经网络的特点

人工神经网络的特点有3项，分别是具有自学习功能、具有联想存储功能、具有高速寻找优化解的能力，如图8.4所示。

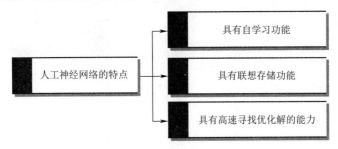

图8.4 人工神经网络的特点

1. 具有自学习功能

例如，在实现图像识别时，只要先把许多不同的图像样板和对应的应识别的结果输入人工神经网络，网络就会通过自学习功能，慢慢学会识别类似的图像。

自学习功能对于预测有特别重要的意义。预期未来的人工神经网络计算机将为人类提供经济预测、市场预测、效益预测，其应用前途是很远大的。

2. 具有联想存储功能

用人工神经网络的反馈网络就可以实现这种联想。

3. 具有高速寻找优化解的能力

寻找一个复杂问题的优化解，往往需要很大的计算量，利用一个针对某问题而设计的反馈型人工神经网络，发挥计算机的高速运算能力，可能很快找到优化解。

8.2 人工神经网络的算法

人工神经元被用来模拟神经元细胞的行为，其结构如图8.5所示。

左边的箭头模拟神经元的输入信号，右边的箭头模拟神经元的输出信号。神经元主要做了两部分的工作：首先对输入信号进行综合，其次对综合后的信号进行处理，得到输出信号。

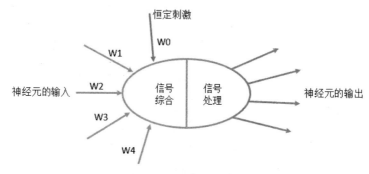

图8.5　人工神经元的结构

信号的综合，常用的方法是对输入信号加权求和。信号的处理，常用的方法是通过sigmoid函数处理。sigmoid函数的表达式为$g(z)=1/(1+e^{-z})$，图像如图8.6所示。

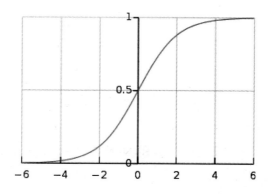

图8.6　sigmoid函数

sigmoid函数的处理结果和真实神经元的处理结果比较类似（sigmoid函数值集中于1和0，对应于神经元细胞的兴奋和不兴奋状态），而且sigmoid函数可以根据函数值很容易地得到导数值。

这样，一个人工神经元就搭建起来了。

人工神经网络其实是真实神经网络的简化。一个典型的人工神经网络如图8.7所示。

神经网络由三层组成，即输入层、隐含层和输出层。需要注意的是，输入层和输出层都只有一层结构，隐含层可以是一层，也可以包含多层结构。

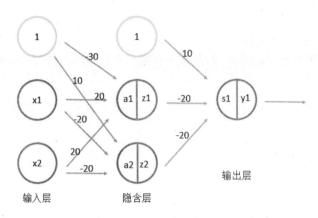

图8.7　人工神经网络

图8.7中x1和x2是输入数据，y1是输出数据。黄色的圈（浅色）表示对于神经元的恒定刺激，a1和a2是隐含层输入信号的信号综合结果，z1和z2是隐含层的信号处理结果，s1是输出层输入信号的信号综合结果。

8.3　神经网络库Pybrain

Pybrain是一个基于Python的以神经网络为核心的机器学习库，下面具体讲解一下如何利用该库实现神经网络的创建、数据集定义与训练。

8.3.1　神经网络的创建

下面编写Python代码来实现神经网络的创建。双击"机器学习算法"文件夹，然后单击"新建"按钮，在弹出的菜单中单击"Python 3"，新建一个Python 3文件，并命名为"神经网络的创建"。

首先导入需要的数据包，具体代码如下：

```
# 导入神经网络库 pybrain
from pybrain.tools.shortcuts import buildNetwork
```

有一种创建神经网络的简单方法，即buildNetwork快捷方式，具体代码如下：

```
# 创建一个变量名为 net 的神经网络, 输入层为 2 个节点, 隐藏层为 5 个节点,
```

输出层为 1 个节点

```
net = buildNetwork(2, 5, 1)
```

在Pybrain中，这些图层是Module对象，它们已经连接到FullConnection对象。

神经网络的每个部分都有一个名称，并且可以直接访问，用buildNetwork建立的时候，每个部分会自动命名，下面利用代码来显示：

```
print(" 神经网络输入层的名称: ",net['in'])
print(" 神经网络隐藏层的名称: ",net['hidden0'])
print(" 神经网络输出层的名称: ",net['out'])
```

单击工具栏中的 ▶ 运行 按钮，运行结果如图8.8所示。

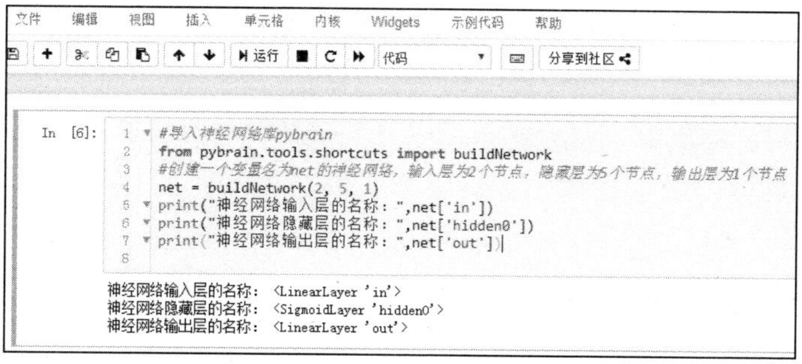

图8.8　神经网络的每个部分会自动命名

隐藏层的名称后缀是数字，用于区分。当然我们可自由建立网络，比如默认情况下用的激活函数是sigmoid，但是在很多情况下，我们使用其他的激活函数，具体代码如下：

```
# 导入激活函数 TanhLayer
from pybrain.structure import TanhLayer
```

创建一个变量名为 net1 的神经网络，输入层为 2 个节点，隐藏层为 3 个节点，输出层为 1 个节点，激活函数为 TanhLayer

```
net1 = buildNetwork(2, 3, 1, hiddenclass=TanhLayer)
print(" 神经网络隐藏层的名称: ",net1['hidden0'])
```

单击工具栏中的 ▶ 运行 按钮，运行结果如图8.9所示。

输出层也可以设置不同的激活函数，具体代码如下：

```
# 导入激活函数 SoftmaxLayer
from pybrain.structure import SoftmaxLayer
```

创建一个变量名为 net2 的神经网络，输入层为 2 个节点，隐藏层为 3 个

节点, 输出层为 2 个节点, 隐藏层激活函数为 TanhLayer, 输出层激活函数为 SoftmaxLayer

```
net2 = buildNetwork(2, 3, 2, hiddenclass=TanhLayer, outclass=
SoftmaxLayer)
```

print(" 神经网络输出层的名称: ",net2['out'])

单击工具栏中的 ▶️ 运行 按钮, 运行结果如图8.10所示。

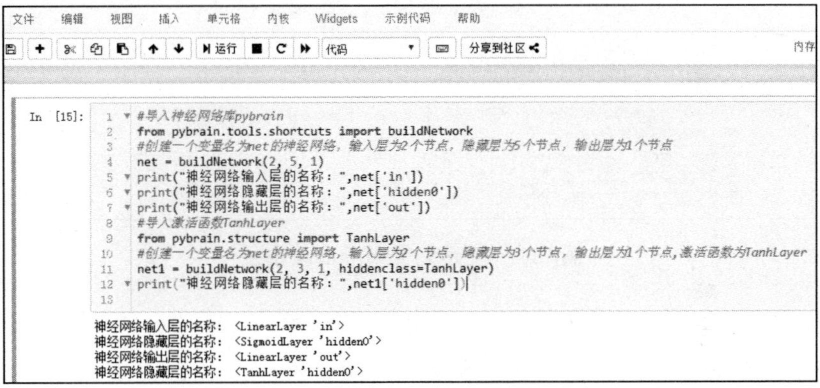

图8.9 激活函数TanhLayer

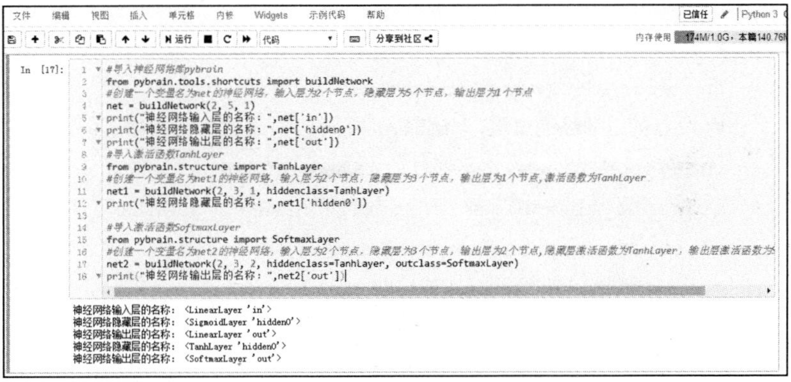

图8.10 激活函数SoftmaxLayer

还可以使用偏置因子, 具体代码如下:

```
net3 = buildNetwork(2, 3, 1, bias=True)
```

print(" 神经网络偏置因子的名称: ",net3['bias'])

利用buildNetwork创建神经网络, 这时该神经网络已经用随机值初始化, 我们已经可以计算出其输出值。为此, 我们使用activate()方法, 该方法期望一个列表、元组或数组作为输入, 具体代码如下。

```
print(" 神经网络的输出值: ",net3.activate([2,1]))
```

单击工具栏中的 ▶ 运行 按钮, 运行结果如图8.11所示。

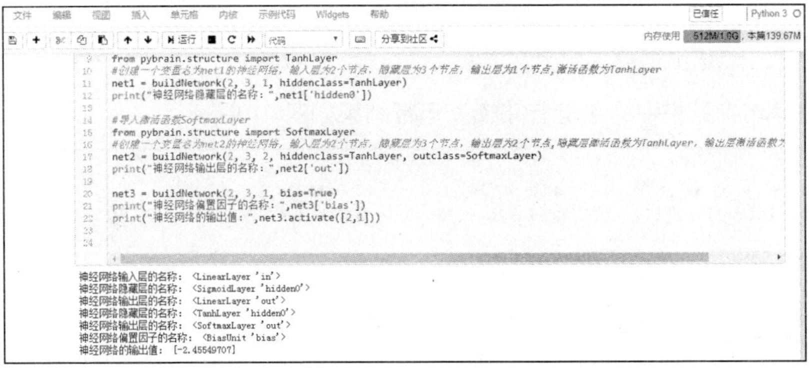

图8.11　使用偏置因子和输出值

利用buildNetwork创建神经网络,方式存在局限性,例如只能建立前向的拓扑结构。还可以使用复杂一点的神经网络建立方法,具体代码如下:

```python
def netBuild(ds):
    # 建立神经网络 fnn
    fnn = FeedForwardNetwork()
    # 设立神经网络的三层, 一层输入层, 一层隐藏层, 一层输出层
    inLayer = LinearLayer(1, name='inLayer')
    hiddenLayer = SigmoidLayer(1, name='hiddenLayer0')
    outLayer = LinearLayer(1, name='outLayer')
    # 将三层都加入神经网络(加入神经元)
    fnn.addInputModule(inLayer)
    fnn.addModule(hiddenLayer)
    fnn.addOutputModule(outLayer)
    # 建立三层之间的连接
    in_to_hidden = FullConnection(inLayer, hiddenLayer)
    hidden_to_out = FullConnection(hiddenLayer, outLayer)
    # 将连接加入神经网络
    fnn.addConnection(in_to_hidden)
    fnn.addConnection(hidden_to_out)
    # 让神经网络可用
    fnn.sortModules()
```

```
return fnn
```

8.3.2 神经网络的数据集定义

双击"机器学习算法"文件夹，然后单击"新建"按钮，在弹出的菜单中单击"Python 3"，新建一个Python 3文件，并命名为"神经网络的数据集定义"。

首先导入需要的数据包，然后定义变量ds为具有双输入和单输出的数据集，具体代码如下：

```
# 导入用于标准的监督学习 SupervisedDataSet 类
from pybrain.datasets import SupervisedDataSet
# 定义变量 ds 为具有双输入和单输出的数据集
ds = SupervisedDataSet(2, 1)
```

注意，SupervisedDataSet有两个参数，分别是输入值和目标值，数据大小需要在创建类时指定。

接下来为变量ds数据集添加数据，具体代码如下：

```
# 为变量 ds 数据集添加数据
ds.addSample((0, 0), (0))
ds.addSample((0, 1), (1))
ds.addSample((1, 0), (1))
ds.addSample((1, 1), (0))
```

接下来利用len函数显示数据集中数据的个数，利用双for循环显示数据集中的数据，利用clear函数清空数据集中的数据，具体代码如下：

```
print("ds 数据集中的数据数量: ",len(ds))
print("ds 数据集中的数据 :")
for inpt, target in ds:
    print(inpt, target)
print("ds 数据集中的输入数据 :",ds['input'])
print("ds 数据集中的输出数据 :",ds['target'])
ds.clear()
print("ds 数据集中的输入数据 :",ds['input'])
print("ds 数据集中的输出数据 :",ds['target'])
```

单击工具栏中的 ▶ 运行 按钮，运行结果如图8.12所示。

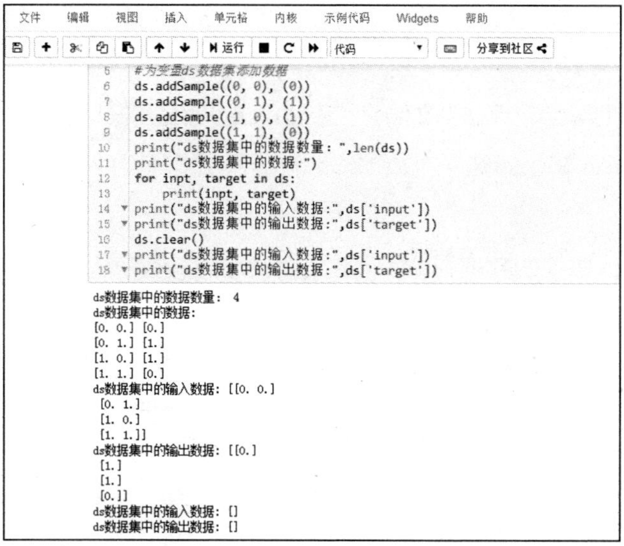

图8.12　神经网络的数据集定义

8.3.3　训练神经网络

双击"机器学习算法"文件夹，然后单击"新建"按钮，在弹出的菜单中单击"Python 3"，新建一个Python 3文件，并命名为"训练神经网络"。

为了在有监督学习中调节参数，pybrain提出了trainer的概念，trainer训练模块使其拟合数据集。首先导入需要的数据包，具体代码如下：

```
# 导入神经网络库 pybrain
from pybrain.tools.shortcuts import buildNetwork
# 导入用于标准的监督学习 SupervisedDataSet 类
from pybrain.datasets import SupervisedDataSet
# 导入 trainer 训练模块
from pybrain.supervised.trainers import BackpropTrainer
# 导入激活函数 TanhLayer
from pybrain.structure import TanhLayer
```

接下来创建神经网络，并定义数据集，具体代码如下：

```
# 创建一个变量名为 net 的神经网络，输入层为 2 个节点，隐藏层为 3 个节点，输
出层为 1 个节点，隐藏层激活函数为 TanhLayer，使用偏置因子
net = buildNetwork(2, 3, 1, bias=True, hiddenclass=TanhLayer)
```

```
#定义变量ds为具有双输入和单输出的数据集
ds = SupervisedDataSet(2, 1)
#为变量ds数据集添加数据
ds.addSample((0, 0), (0))
ds.addSample((0, 1), (1))
ds.addSample((1, 0), (1))
ds.addSample((1, 1), (0))
```

最后训练神经网络,具体代码如下:

```
#训练神经网络
trainer = BackpropTrainer(net, ds)
trainer.train()
```

调用train()方法只能训练一个完整时期的网络,并返回一个误差值。需要注意,调用trainEpochs函数,可以设置训练次数,如trainer.trainEpochs(10),表示训练10次。

单击工具栏中的 ▶ 运行 按钮,运行结果如图8.13所示。

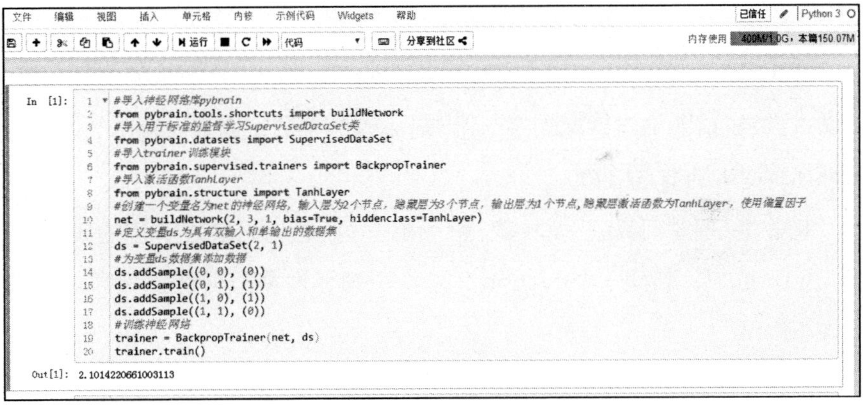

图8.13　训练神经网络

如果我们要训练网络直到网络收敛,还有另一种方法trainUntil-Convergence(),方法名字很好记,"训练直到收敛"。这返回一大堆数据,包含每个训练周期的误差数组。而且会发现误差数组的每个元素是逐渐减小的,说明网络逐渐收敛,具体代码如下:

```
trainer.trainUntilConvergence()
```

单击工具栏中的 ▶ 运行 按钮,运行结果如图8.14所示。

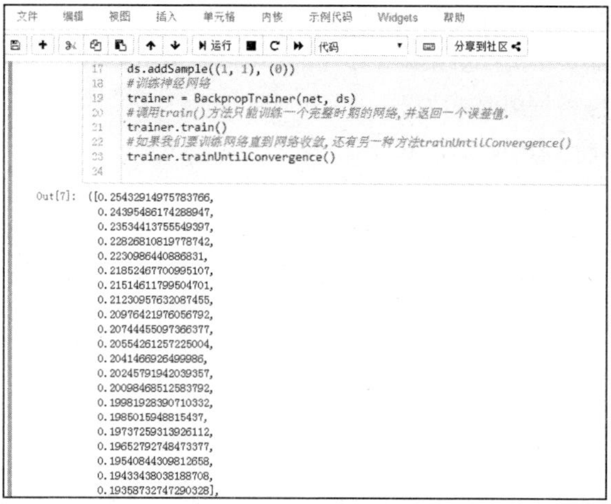

图8.14 训练网络直到网络收敛

8.3.4 循环神经网络

循环神经网络是具有树状阶层结构且网络节点按其连接顺序对输入信息进行递归的人工神经网络,是深度学习算法之一。

循环神经网络的核心部分由阶层分布的节点构成,其中高阶层的节点为父节点,低阶层的节点被称为子节点,最末端的子节点通常为输出节点,节点的性质与树中的节点相同。

双击"机器学习算法"文件夹,然后单击"新建"按钮,在弹出的菜单中单击"Python 3",新建一个Python 3文件,并命名为"循环神经网络",然后输入如下代码:

```
# 导入循环神经网络
from pybrain.structure import RecurrentNetwork
# 导入激活函数 SigmoidLayer
from pybrain.structure import SigmoidLayer
# 创建一个变量名为 n 的循环神经网络
n = RecurrentNetwork()
# 设立循环神经网络的三层,一层输入层(有2个节点),一层隐藏层(有3个节点),
一层输出层(有1个节点)
n.addInputModule(LinearLayer(2, name='in'))
n.addModule(SigmoidLayer(3, name='hidden'))
n.addOutputModule(LinearLayer(1, name='out'))
```

```
# 激活循环神经网络
n.sortModules()
# 循环神经网络的输出值
print(" 神经网络的输出值: ",n.activate([2,1])
# 清空循环神经网络的历史记录
n.reset()
```

单击工具栏中的 ▶ 运行 按钮，运行结果如图8.15所示。

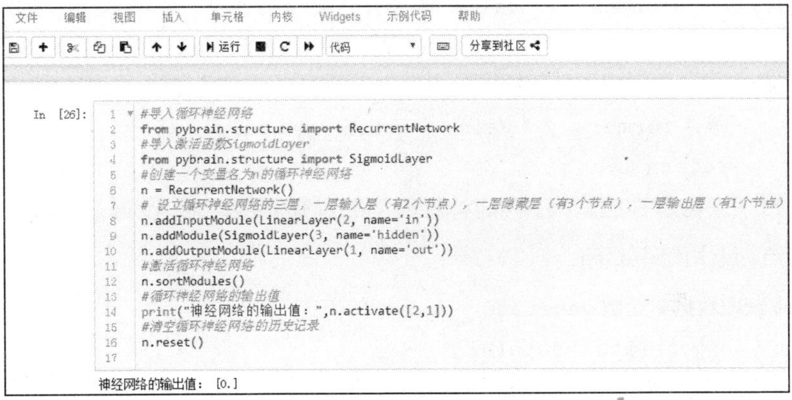

图8.15　循环神经网络

8.4　人工神经网络实例

双击"机器学习算法"文件夹，然后单击"新建"按钮，在弹出的菜单中单击"Python 3"，新建一个Python 3文件，并命名为"人工神经网络实例"。

首先导入需要的数据包，具体代码如下：

```
import numpy as np
import matplotlib.pyplot as plt
from pybrain.structure import *
from pybrain.datasets import SupervisedDataSet
from pybrain.supervised.trainers import BackpropTrainer
```

定义神经网络的数据集函数generate_data()，具体代码如下：

```
def generate_data():
    # 随机产生 200 个随机数，范围在 -1~1 之间
    u = np.random.uniform(-1,1,200)
```

```
        y=[]
        former _ y _ value = 0
        # 利用 for 循环为变量赋值
        for i in np.arange(0,200):
            y.append(former _ y _ value)
            next _ y _ value = (29 / 40) * np.sin(
                (16 * u[i] + 8 * former _ y _ value) / (3 + 4 * (u[i]
** 2) + 4 * (former _ y _ value ** 2))) \
                                + (2 / 10) * u[i] + (2 / 10) * former _
y _ value
            former _ y _ value = next _ y _ value
        return u,y
```

接下来构建神经网络。构建神经网络的过程非常清晰，设置几个层次，几个节点，具体代码如下：

```
# 获取数据集函数 generate _ data() 的值
u,y = generate _ data()
# 定义神经网络
fnn = FeedForwardNetwork()
# 设立神经网络的三层，一层输入层（有 2 个节点），一层隐藏层（有 10 个节点），
一层输出层（有 1 个节点）
inLayer = LinearLayer(2, name='inLayer')
hiddenLayer0 = SigmoidLayer(10, name='hiddenLayer0')
outLayer = LinearLayer(1, name='outLayer')
# 将三层都加入神经网络（加入神经元）
fnn.addInputModule(inLayer)
fnn.addModule(hiddenLayer0)
fnn.addOutputModule(outLayer)
# 建立三层之间的连接
in _ to _ hidden0 = FullConnection(inLayer,hiddenLayer0)
hidden0 _ to _ out = FullConnection(hiddenLayer0, outLayer)
# 将连接加入神经网络
fnn.addConnection(in _ to _ hidden0)
fnn.addConnection(hidden0 _ to _ out)
# 让神经网络可用
fnn.sortModules()
```

接下来构造数据集，选择两个输入，一个输出，数据集中的80%用于训

练，数据集中的20%用于预测，具体代码如下：

```
# 定义变量 DS 为具有双输入和单输出的数据集
DS = SupervisedDataSet(2,1)
# 利用 for 循环语句为变量 DS 数据集添加数据
for i in np.arange(199):
    DS.addSample([u[i],y[i]],[y[i+1]])
# 为变量 X 和 Y 赋值为输入值和输出值
X = DS['input']
Y = DS['target']
# 把数据集切分成训练集和测试集，其中训练集为 80%，测试集为 20%
dataTrain, dataTest = DS.splitWithProportion(0.8)
# 定义变量，把训练集和测试集分别表示出来
xTrain, yTrain = dataTrain['input'],dataTrain['target']
xTest, yTest = dataTest['input'], dataTest['target']
```

接下来训练神经网络，具体代码如下：

```
# 训练器采用 BP 算法，verbose=True 即训练时会把 Total error 打印出来
trainer = BackpropTrainer(fnn, dataTrain, verbose=
True,learningrate=0.01)
#maxEpochs 即需要的最大收敛迭代次数，这里采用的方法是训练至收敛，一般
设为 1000
trainer.trainUntilConvergence(maxEpochs=1000)
```

最后结果可视化，即利用matlibplot绘制出来这个预测值和实际值，具体代码如下：

```
# 定义变量 predict_resutl，并利用 for 循环为其赋值
predict_resutl=[]
for i in np.arange(len(xTest)):
    predict_resutl.append(fnn.activate(xTest[i])[0])
# 调用 figure() 函数绘制一个图形
plt.figure()
# 调用 plot() 函数绘制线条或标记的轴
plt.plot(np.arange(0,len(xTest)), predict_resutl, 'ro--',
label=' 预测值 ')
plt.plot(np.arange(0,len(xTest)), yTest, 'ko-', label=' 实际值 ')
# 调用 legend() 函数为图像添加图题
plt.legend()
plt.xlabel("x 坐标 ")
```

```
plt.ylabel("y 坐标 ")
plt.show()
```

单击工具栏中的 ▶ 运行 按钮，运行结果如图8.16所示。

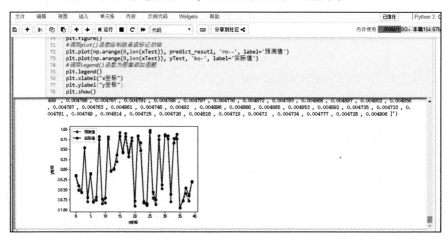

图8.16　人工神经网络实例

第9章

Python量化交易策略的编写

Python量化交易策略是一系列量化规则的集合，包括量化进场和量化出场的条件，量化的资金管理和风险控制等。

本章主要内容包括:

➤ 初始化函数 (initialize) 和开盘前运行函数 (before_market_open)

➤ 开盘时运行函数 (market_open) 和收盘后运行函数 (after_market_close)

➤ Python量化交易策略的设置函数

➤ Python量化交易策略的定时函数

➤ Python量化交易策略的下单函数

➤ Python量化交易策略的日志log

➤ Python量化交易策略的常用对象

9.1　Python量化交易策略的组成

　　在浏览器的地址栏中输入"https://www.joinquant.com"，然后回车，就进入JoinQuant聚宽量化交易平台的首页页面。单击菜单栏中的"我的策略/策略列表"命令，然后单击"新建策略"按钮，弹出下拉菜单，如图9.1所示。

图9.1　下拉菜单

　　在下拉菜单中，单击"股票策略"命令，就进入编辑股票策略页面，如图9.2所示。

　　在编辑股票策略页面，就可以看到股票策略的Python代码。一个股票量化交易策略首先是导入聚宽函数库，具体代码如下：

```
import jqdata
```

接下来就是编写4个Python函数，分别是初始化函数（initialize）、开盘前运行函数（before_market_open）、开盘时运行函数（market_open）、收盘后运行函数（after_market_close）。

图9.2　编辑股票策略页面

9.1.1　初始化函数（initialize）

初始化函数的代码如下：

```
def initialize(context):
    # 设定沪深 300 作为基准
    set_benchmark('000300.XSHG')
    # 开启动态复权模式（真实价格）
    set_option('use_real_price',True)
    # 输出内容到日志 log.info()
    log.info('初始函数开始运行且全局只运行一次')
    ### 股票相关设定 ###
    # 股票类每笔交易时的手续费是：买入时佣金万分之三，卖出时佣金万分之三加千分之一印花税，每笔交易佣金最低扣 5 块钱
    set_order_cost(OrderCost(close_tax=0.001,open_commission=0.0003,close_commission=0.0003,min_commission=5),type='stock')
    ## 运行函数（reference_security 为运行时间的参考标的；传入的标的只做种类区分，因此传入'000300.XSHG' 或 '510300.XSHG' 是一样的）
    # 开盘前运行
    run_daily(before_market_open,time='before_open',reference_security='000300.XSHG')
    # 开盘时运行
    run_daily(market_open,time='open', reference_
```

```
security='000300.XSHG')
        # 收盘后运行
    run_daily(after_market_close,time='after_close',
reference_security='000300.XSHG')
```

initialize(context)，即初始化函数，在整个回测模拟或实盘中最开始执行一次，用于初始一些全局变量。参数context，是Context对象，用来存放当前的账户或股票持仓信息。

set_benchmark('000300.XSHG')，是指设定沪深300作为基准。

set_option('use_real_price', True)，是指开启动态复权模式(真实价格)。复权就是对股价和成交量进行权息修复，股票的实际价值没有变，只是数量与价格变化了而已。例如，原来20元的股票，十送十之后为10元，但实际还是相当于20元。从K线图上看这个价位看似很低，但很可能就是一个历史高位。复权的作用是为了让股价连续，消除价格、指标的走势畸变。

log.info('初始函数开始运行且全局只运行一次')，是指输出内容到日志log.info()，这样便于事后分析、整理。

接下来就是关系股票的相关设定了。

set_order_cost(OrderCost(close_tax=0.001,open_commission=0.0003,close_commission=0.0003,min_commission=5), type='stock')，是指每笔交易时的手续费是：买入时佣金万分之三，卖出时佣金万分之三加千分之一印花税，每笔交易佣金最低扣5块钱。

接下来是运行三个定时函数，即开盘前运行定时函数、开盘时运行定时函数、收盘后运行定时函数，其中reference_security为运行时间的参考标的。

9.1.2 开盘前运行函数（before_market_open）

开盘前运行函数的代码如下：

```
def before_market_open(context):
    # 输出运行时间
    log.info('函数运行时间(before_market_open):'+str(context.
```

```
current _ dt.time()))
```
    # 给微信发送消息（添加模拟交易，并绑定微信生效）
```
    send _ message(' 美好的一天 ~')
```
    # 要操作的股票: 平安银行（g. 为全局变量）
```
    g.security = '000001.XSHE'
```

首先输出运行时间到日志log.info()，然后给绑定手机的微信发送消息。
在这里可以看到要操作的股票是平安银行，代码是000001。

9.1.3　开盘时运行函数（market_open）

开盘时运行函数的代码如下:

```
def market _ open(context):
    log.info(' 函数运行时间 (market _ open):'+str(context.current _
dt.time()))
    security = g.security
    # 获取股票的收盘价
    close _ data = attribute _ history(security, 5, '1d', ['close'])
    # 取得过去 5 天的平均价格
    MA5 = close _ data['close'].mean()
    # 取得上一时间点的价格
    current _ price = close _ data['close'][-1]
    # 取得当前的现金
    cash = context.portfolio.available _ cash
    # 如果上一时间点的价格高出 5 天平均价 1%，则全仓买入
    if current _ price > 1.01*MA5:
        # 记录这次买入
        log.info(" 价格高于均价 1%%，买入 %s" % (security))
        # 用所有 cash 买入股票
        order _ value(security, cash)
    # 如果上一时间点的价格低于 5 天平均价，则全部卖出
    elif current _ price < MA5 and context.portfolio.positions
[security].closeable _ amount > 0:
        # 记录这次卖出
        log.info(" 价格低于均价，卖出 %s" % (security))
        # 卖出所有股票，使这只股票的最终持有量为 0
        order _ target(security, 0)
```

开盘时运行函数，即在股票交易的所有时间内一直在运行的函数，是实现买卖股票的函数。

首先输出运行时间到日志log.info()，然后利用security获取要操作的股票，即平安银行（000001）。接着获取平安银行的收盘价、5日均线的价格、上一时间点的价格、当前账户的资金，如果上一时间点的价格高出5日均线的价格1%，就会全仓买入，而上一时间点的价格低于5日均线的价格，就会卖出股票的所有持仓筹码。

9.1.4　收盘后运行函数（after_market_close）

收盘后运行函数的代码如下：

```
def after _ market _ close(context):
        log.info(str(' 函数运行时间 (after _ market _ close):'+str(context.
current _ dt.time())))
        # 得到当天所有成交记录
        trades = get _ trades()
        for _ trade in trades.values():
            log.info(' 成交记录:'+str( _ trade))
        log.info(' 一天结束 ')
    log.info('###################################################
###########')
```

首先输出运行时间到日志log.info()，然后利用trades获得当天所有成交记录，再利用for循环语句把所有成交记录的值写入日志log.info()中。

9.2　Python量化交易策略的设置函数

在股票量化交易策略的初始化函数中，要进行一些初始化设置，如设置基准、设置佣金/印花税、设置成交量比例等，就会用到设置函数。下面来具体讲解一下各种设置函数。

9.2.1　设置基准函数

设置基准函数的语法格式如下:

```
set _ benchmark(security)
```

默认情况下,选定了沪深300指数的每日价格作为判断股票量化交易策略好坏和一系列风险值计算的基准。当然也可以使用set_benchmark指定其他股票、指数、ETF的价格作为基准。需要注意的是,这个函数只能在初始化函数(initialize)中调用。

参数security,是指股票、指数或ETF的代码。设置基准函数的返回值为None。

例如,设定50ETF基金指数(510050)为基准,其代码如下:

```
set _ benchmark("510050.XSHG")
```

再例如,设定深证成指(399001)为基准,其代码如下:

```
set _ benchmark("399001.XSHG")
```

还可以设置具体某一只股票,如设定招商银行(600036)为基准,其代码如下:

```
set _ benchmark("600036.XSHG")
```

9.2.2　设置佣金/印花税函数

设置佣金/印花税函数的语法格式如下:

```
set _ order _ cost(cost, type, ref=None)
```

设置佣金/印花税函数,用来设定每笔交易要收取的手续费,系统会根据用户指定的费率计算每笔交易的手续费。该函数有三个参数,各个参数意义如下。

参数cost是OrderCost对象,各项子参数意义如下:

open_tax,买入时印花税(只股票类标的收取,基金与期货不收)。

close_tax,卖出时印花税(只股票类标的收取,基金与期货不收)。

open_commission,买入时佣金,申购场外基金的手续费。

close_commission,卖出时佣金,赎回场外基金的手续费。

close_today_commission,平今仓佣金。

min_commission,最低佣金,不包含印花税。

参数type，是指股票（stock）、基金（fund）、金融期货（index_futures）、期货（futures）、债券基金（bond_fund）、股票基金（stock_fund）、QDII 基金（QDII_fund）、货币基金（money_market_fund）、混合基金（mixture_fund）。

参数ref，是参考代码，支持股票代码、基金代码、期货合约代码，以及期货的品种，如"000001.XSHE"、"510180.XSHG"、"IF1809"。

设置佣金/印花税函数的实例代码如下：

股票类每笔交易时的手续费是：买入时佣金万分之三，卖出时佣金万分之三加千分之一印花税，每笔交易佣金最低扣 5 块钱

```
set _ order _ cost(OrderCost(open _ tax=0, close _ tax=0.001, open _ commission=0.0003, close _ commission=0.0003, close _ today _ commission=0, min _ commission=5), type='stock')
```

期货类每笔交易时的手续费是：买入时万分之 0.23，卖出时万分之 0.23，平今仓为万分之 23

```
set _ order _ cost(OrderCost(open _ tax=0, close _ tax=0, open _ commission=0.000023, close _ commission=0.000023, close _ today _ commission=0.0023, min _ commission=0), type='index _ futures')
```

单独设置 000300.XSHG 的费用

```
set _ order _ cost(OrderCost(open _ tax=0, close _ tax=0.001, open _ commission=0.0003, close _ commission=0.0003, close _ today _ commission=0, min _ commission=5), type='stock', ref='000300.XSHG')
```

设置所有期货（包括金融指数期货）的费用

```
set _ order _ cost(OrderCost(open _ tax=0, close _ tax=0.001, open _ commission=0.0003, close _ commission=0.0003, close _ today _ commission=0, min _ commission=5), type='futures')
```

对股指期货的 IF、IH、IC 三个品种有效

```
set _ order _ cost(OrderCost(open _ tax=0, close _ tax=0.001, open _ commission=0.0003, close _ commission=0.0003, close _ today _ commission=0, min _ commission=5), type='index _ futures')
```

单独设置黄金期货（AU）品种的费用

```
set _ order _ cost(OrderCost(open _ tax=0, close _ tax=0.001, open _ commission=0.0003, close _ commission=0.0003, close _ today _ commission=0, min _ commission=5), type='futures', ref='AU')
```

单独设置黄金期货 AU1809 合约的费用

```
set _ order _ cost(OrderCost(open _ tax=0, close _ tax=0.001,
```

```
open_commission=0.0003,close_commission=0.0003,close_today_
commission=0,min_commission=5),type='futures',ref='AU1709')
```

9.2.3 设置滑点函数

设置滑点函数的语法格式如下：

```
set_slippage(object)
```

设定滑点，回测或模拟时有效。当投资者下单后，真实的成交价格与下单时预期的价格总会有一定偏差，因此投资者加入了滑点模式可以更好地模拟真实市场的表现。需要注意的是，当前只支持固定滑点。

当投资者使用固定滑点时，投资者下单的多少并不会影响最后的成交价格，只需要指定一个价差。当投资者下达一个买单指令时，成交的价格等于当时（执行order函数所在的单位时间）的平均价格加上价差的一半；当投资者下达一个卖出指令时，卖出的价格等于当时的平均价格减去价差的一半。价差可以设定为一个固定值或者按照百分比设定。

固定值：指这个价差可以是一个固定的值(比如0.02元，交易时加减0.01元)，设定方式为：FixedSlippage(0.02)。

百分比：指这个价差可以是当时价格的一个百分比(比如0.2%，交易时加减当时价格的0.1%)，设定方式为：PriceRelatedSlippage(0.002)。

设置滑点函数的实例代码如下：

```
# 设定滑点为固定值
set_slippage(FixedSlippage(0.02))
# 设定滑点为百分比
set_slippage(PriceRelated
Slippage(0.002))
```

> 提醒：如果没有调用 set_slippage 函数，系统默认的滑点是 PriceRelatedSlippage(0.00246)。

9.2.4 设置动态复权（真实价格）模式函数

设置动态复权(真实价格)模式函数的语法格式如下：

```
set_option('use_real_price',value)
```

注意，该函数只能在初始化函数（initialize）中调用。

参数value的值，是True或False。

设置动态复权(真实价格)模式函数的实例代码如下。

```
# 开启动态复权模式
set _ option('use _ real _ price',True)
# 关闭动态复权模式
set _ option('use _ real _ price',False)
```

9.2.5 设置成交量比例函数

> 提醒：为了更好地模拟，建议设置动态复权（真实价格）模式为True。在对接实盘交易时，此选项会强制设成True。

设置成交量比例函数的语法格式如下：

```
set _ option('order _ volume _
ratio',value)
```

参数value是一个float值，根据实际行情限制每个订单的成交量。对于每一笔订单，如果是市价单，成交量不超过：每日成交量×value；如果是限价单，限价单撮合时设定分价表中每一个价格的成交量的比率。

设置成交量比例函数的实例代码如下：

```
# 设置成交量比例
set _ option('order _ volume _ ratio', 0.25)     #  成交量不超过总成
交量的四分之一
```

9.2.6 设置是否开启盘口撮合模式函数

设置是否开启盘口撮合模式函数的语法格式如下：

```
set _ option('match _ with _ order _ book',value)
```

设置是否开启盘口撮合模式只对模拟盘生效，默认开启，即value的值为True。如果value的值为False，则关闭盘口撮合模式，使用Bar进行撮合。

设置是否开启盘口撮合模式函数代码如下：

```
# 盘口撮合模式
set _ option('match _ with _ order _ book',True)
# 盘口使用 Bar 进行撮合
set _ option('match _ with _ order _ book',False)
```

9.2.7 设置要操作的股票池函数

设置要操作的股票池函数的语法格式如下：

```
set _ universe(security _ list)
```

该函数只用于设定history函数的默认security_list，除此之外并无其

他用处。参数security_list是指股票列表。

设置要操作的股票池函数代码如下：

```
set _ universe(['000001.XSHE', '600000.XSHG'])
```

9.3 Python量化交易策略的定时函数

在股票量化交易策略的初始化函数中，进行一些初始化设置后，最后运行了三个定时函数。下面就来具体讲解一下定时函数。

9.3.1 定时函数的定义及分类

定时函数是指，在回测和模拟交易中指定每月、每周或者每天要运行的函数。定时函数可以在具体每月或每周的第几个交易日(或者倒数第几天)的某一分钟执行。

定时函数可以分为三种，分别是每日定时函数（run_daily）、每周定时函数（run_weekly）和每月定时函数（run_monthly）。

定时函数的语法格式如下：

```
# 按月运行
run _ monthly(func, monthday, time='open', reference _ security)
# 按周运行
run _ weekly(func, weekday, time='open', reference _ security)
# 每天内何时运行
run _ daily(func, time='open', reference _ security)
```

需要注意的是，定时函数在日级模拟中使用时，如果设置 time="open"或time="9:30"，那么股票量化交易策略的实际运行时间是9:27~9:30之间。股票量化交易策略类获取到的逻辑时间(context.current_dt)仍然是9:30。

9.3.2 定时函数各项参数的意义

参数func：是一个函数，并且该函数必须接受context参数。

参数monthday：用来指定每月的第几个交易日，可以是负数，表示倒数第几个交易日。如果超出每月总交易日个数，则取临近的交易日执行。

参数weekday：用来指定每周的第几个交易日，可以是负数，表示倒数第几个交易日。如果超出每周总交易日个数，则取临近的交易日执行。

参数time：一个字符串，可以是具体执行时间，支持time表达式。比如"10:00""01:00"或者"every_bar""open""before_open""after_close""close""morning"和"night"。

（1）every_bar：只能在run_daily中调用；按天会在每天的开盘时调用一次，按分钟会在每天的每分钟运行。

（2）open：开盘时运行（等同于"9:30"）。

（3）before_open：早上9:00运行。

（4）after_close：15:30运行。

（5）close：15:00运行。

（6）morning：早上8:00运行。

（7）night：20:00运行。

参数reference_security：表示时间的参照标的。如果参照"000001.XSHG"，交易时间为9:30-15:00；如果参照"IF1812.CCFX"，2016-01-01之后的交易时间为9:30-15:00，在此之前为9:15-15:15；如果参照"A9999.XDCE"，因为有夜盘，所以开始时间为21:00，结束时间为15:00。

> 提醒：由于量化交易策略可以应用于股票、股指期货、商品期货，并且商品期货有一些品种有夜盘，这样交易开始时间和结束时间就不一致，所以参数time和参数reference_security要根据具体交易品种来定。

9.3.3 定时函数的注意事项

定时函数的注意事项有5项，具体如下。

第一，参数func必须是一个全局的函数，不能是类的成员函数，实例代码如下：

```
def on_week_start(context):      # 定义一个全局函数
    pass
class MyObject(object):          # 定义一个类
    def on_week_start2(self,context):   # 在类中定义一个成员函数
```

```
            pass
    def initialize(context):          # 量化交易策略的初始化函数
        run_weekly(on_week_start,1)      # 正常运行
        # 错误,下面的语句会报错
        run_weekly(MyObject().on_week_start2,1)
```

第二,定时函数通过history或attribute_history获得每天数据时,是不包括当天的数据的。要获得当天数据,只能按分钟来获取。

第三,定时函数可以重复调用,即初始化函数中可以有两个或多个同名定时函数,实例代码如下:

```
def on_week_start(context):
    pass
def on_week_end(context):
    pass
def initialize(context):    # 初始化函数中有两个 run_weekly 定时函数
        # 在每周的第一个交易日和最后一个交易日分别调用两个函数
    run_weekly(on_week_start,1)
    run_weekly(on_week_end,-1)
```

第四,每次调用这些定时函数都会产生一个新的定时任务。如果想修改或者删除旧的定时任务,就要调用 unschedule_all(取消所有定时运行)来删除所有定时任务,然后再添加新的。

> 提醒: 取消所有定时运行的代码是
> unschedule_all()

第五,如果定时函数在一个月或一周交易日数不够,这样monthday或weekday就无法满足。这时,我们可以找这周内最近的一个日期来执行。

9.3.4 定时函数的实例

首先定义三个全局函数,分别是weekly()、monthly()和daily(),接着定义初始化函数,实现一次调用monthly(),两次调用weekly(),四次调用daily(),具体代码如下:

```
def weekly(context):
    print 'weekly %s %s' % (context.current_dt,context.
current_dt.isoweekday())
    def monthly(context):
    print 'monthly %s %s' % (context.current_dt,context.
```

```
current _ dt.month)
    def daily(context):
        print 'daily %s' % context.current _ dt
    def initialize(context):
        # 指定每月第一个交易日, 在开盘后十分钟执行, 即 9:40
        run _ monthly(monthly, 1, 'open+10m')
        # 指定每周倒数第一个交易日, 在开盘前执行, 即 9:00
        run _ weekly(weekly, -1, 'before _ open')
        # 指定每天收盘前十分钟运行, 即 14: 50
        run _ weekly(daily, 'close - 10m')
        # 指定每天收盘后执行, 即 15: 30
        run _ daily(daily, 'after _ close')
        # 指定在每天的 10:00 运行
        run _ daily(daily, '10:00')
        # 指定在每天的 01:00 运行
        run _ daily(daily, '01:00')
        # 参照股指期货的时间每分钟运行一次, 必须选择分钟回测, 否则每天执行
        run _ daily(daily, 'every _ bar', reference _ security='IF1512.CCFX')
```

9.4   Python量化交易策略的下单函数

在股票量化交易策略的开盘时运行函数中, 用到了下单函数。下面就来具体讲解一下各种下单函数。

9.4.1   按股数下单函数

按股数下单函数的语法格式如下:

order(security, amount, style=None, side='long', pindex=0)

各项参数意义如下。

参数security: 标的代码。

参数amount: 交易数量, 正数表示买入, 负数表示卖出。

参数style: 下单类型, 有两种, 分别是市价单 (MarketOrder) 和限价单 (LimitOrder)。市价单是指不论价格, 接下单, 直到交易全部完成。限价单

是指定一个价格, 买入时不能高于它, 卖出时不能低于它, 如果不满足, 则等待满足后再交易。该参数的默认值为市价单 (MarketOrder), 即None代表MarketOrder。

参数side: 用来指定开多单, 还是空单。其中long代表开多单, short代表开空单。默认为long, 即开多单。需要注意的是, 股票和基金暂不支持开空单。

参数pindex: 在使用set_subportfolios创建了多个仓位时, 指定subportfolio的序号, 从 0 开始。例如0指定第一个subportfolio, 1指定第二个 subportfolio, 默认为0。

按股数下单函数, 如果创建订单成功, 则返回Order对象, 失败则返回None。按股数下单函数的实例代码如下:

```
# 买入平安银行股票100 股
order('000001.XSHE',100) # 下一个市价单
order('000001.XSHE',100,MarketOrderStyle()) #下一个市价单,功能同上
order('000001.XSHE',100,LimitOrderStyle(9.0)) # 以 10 块钱的价格
```
下一个限价单

9.4.2 目标股数下单函数

目标股数下单函数的语法格式如下:

```
order _ target(security,amount,style=None,side='long',
pindex=0)
```

目标股数下单函数与按股数下单函数的参数几乎一样, 只有第二个参数不一样。第二个参数amount表示期望的最终数量。

目标股数下单函数, 如果创建订单成功, 则返回Order对象, 失败则返回None。目标股数下单函数的实例代码如下:

```
# 卖出平安银行所有股票, 即最终持有平安银行的股数为 0
order _ target('000001.XSHE',0)
# 买入平安银行所有股票到 100 股, 即最终持有平安银行的股数为 100 股
order _ target('000001.XSHE',100)
```

9.4.3 按价值下单函数

按价值下单函数的语法格式如下。

```
order _ value(security,value,style=None,side='long',pindex=0)
```

按价值下单函数与按股数下单函数的参数几乎一样，只有第二个参数不一样。第二个参数value表示股票价值。

按价值下单函数，如果创建订单成功，则返回Order对象，失败则返回None。按价值下单函数的实例代码如下：

```
# 卖出价值为 10000 元的平安银行股票
order _ value('000001.XSHE',-10000)
# 买入价值为 10000 元的平安银行股票
order _ value('000001.XSHE', 10000)
```

9.4.4 目标价值下单函数

目标价值下单函数的语法格式如下：

```
order _ target _ value(security,value,style=None,side='long',
pindex=0)
```

目标价值下单函数与按股数下单函数的参数几乎一样，只有第二个参数不一样。第二个参数value表示期望的股票最终价值。

目标价值下单函数，如果创建订单成功，则返回Order对象，失败则返回None。目标价值下单函数的实例代码如下：

```
# 卖出平安银行所有股票
order _ target _ value('000001.XSHE', 0)
# 调整平安银行股票仓位到 10000 元价值
order _ target _ value('000001.XSHE', 10000)
```

9.4.5 撤单函数

撤单函数的语法格式如下：

```
cancel _ order(order)
```

参数order是指Order对象或者order_id。撤单函数，如果取消委托成功，则返回Order对象，委托不存在返回None。撤单函数的实例代码如下：

```
# 自定义每个交易日结束运行函数
def after _ trading _ end(context):
    # 得到当前未完成订单
    orders = get _ open _ orders()
```

```
# 利用 for 循环撤销订单
for _ order in orders.values():
    cancel _ order(_ order)
```

9.4.6 获取未完成订单函数

获取未完成订单函数的语法格式如下:

```
get _ open _ orders()
```

该函数可以获得当天的所有未完成的订单。获取未完成订单函数的实例代码如下:

```
# 自定义每个交易日结束运行函数
def after _ trading _ end(context):
    # 得到当前未完成订单
    orders = get _ open _ orders()
    for _ order in orders.values():
        log.info(_ order.order _ id)
```

9.4.7 获取订单信息函数

获取订单信息函数的语法格式如下:

```
get _ orders(order _ id=None, security=None, status=None)
```

该函数可以获取当天的所有订单。

各项参数意义如下。

参数order_id: 订单id。

参数security: 标的代码,可以用来查询指定标的的所有订单。

参数status: 表示订单状态,可以用来查询特定订单状态的所有订单。

获取订单信息函数的实例代码如下:

```
# 自定义每个交易日结束运行函数
def after _ trading _ end(context):
    # 得到当天所有订单
    orders = get _ orders()
    for _ order in orders.values():
        log.info(_ order.order _ id)
    # 根据订单 id 查询订单
    get _ orders(order _ id='1517627499')
```

```
# 查询所有标的为 000002.XSHE 的订单
get_orders(security='000002.XSHE')
# 查询订单状态为 OrderStatus.held 的所有订单
get_orders(status=OrderStatus.held)
# 查询标的为 000002.XSHE 且状态为 OrderStatus.held 的所有订单
get_orders(security='000002.XSHE', status=OrderStatus.held)
```

9.4.8　获取成交信息函数

获取成交信息函数的语法格式如下：

```
get_trades()
```

该函数获取当天的所有成交记录。需要注意的是，一个订单可能分多次成交。

获取成交信息函数的实例代码如下：

```
# 自定义每个交易日结束运行函数
def after_trading_end(context):
    # 得到当天所有成交记录
    trades = get_trades()
    for _trade in trades.values():
        log.info(_trade.trade_id)
```

9.5　Python量化交易策略的日志log

日志可以用来记录应用程序的状态、错误和信息消息，也经常作为调试程序的工具。下面来讲解一下设定log级别及最常用的log.info。

9.5.1　设定log级别

设定log级别语法格式如下：

```
log.set_level(name, level)
```

设置不同种类的log的级别，低于这个级别的log不会输出。所有log的默认级别是debug。

各项参数意义如下。

参数name: 字符串, 但log种类只有三种, 分别是"order""history"和"strategy"。 order表示调用order系列API产生的log; history表示调用history系列API产生的log; strategy表示程序员自己在策略代码中打的log。

参数level: 字符串, 必须是"debug""info""warning""error"中的一个。级别是debug < info < warning < error。各级别的语法格式如下:

```
log.error(content)
log.warn(content)
log.info(content)
log.debug(content)
```

设定log级别的实例代码如下:

```
# 过滤掉 order 系列 API 产生的比 error 级别低的 log
log.set _ level('order','error')
```

9.5.2 log.info

日志log最常用的方法是info, 该方法的语法格式如下:

```
log.info(content)
```

log.info等同于print输出的结果。

参数content, 可以是字符串、对象等。

log.info的实例代码如下:

```
log.info(history(10))  # 打印出 history(10) 返回的结果
log.info("Selling %s, amount=%s", security, amount)  # 打印出一个
格式化后的字符串
print history(10), data, context.portfolio
```

9.6 Python量化交易策略的常用对象

在股票量化交易策略中, 还会用到一些常用的对象, 如Order对象、全局对象g、Trade对象等。下面详细讲解一下常用对象。

9.6.1 Order对象

Order对象的常用属性如下。

Amount：下单数量，不管是买还是卖，都是正数。

filled：已经成交的股票数量，正数。

security：股票代码。

order_id：订单id。

price：平均成交价格，已经成交的股票的平均成交价格（一个订单可能分多次成交）。

avg_cost：卖出时表示下卖单前的此股票的持仓成本，用来计算此次卖出的收益。买入时表示此次买入的均价（等同于price）。

side：用来指定开多单，还是空单。如果其值是long代表开多单，如果其值是short代表开空单。

action：用来指定是开仓，还是平仓。如果其值是open代表开仓，如果其值是close代表平仓。

add_time：订单添加时间。

9.6.2　全局对象g

全局对象g，用来存储用户的各类可被pickle.dumps函数序列化的全局数据。

在模拟盘中，如果中途进程中断，我们会使用pickle.dumps序列化所有的g下面的变量内容，保存到磁盘中，再启动的时候模拟盘就不会有任何数据影响。如果没有用g声明，会出现模拟盘重启后，变量数据丢失的问题。

如果不想g中的某个变量被序列化，可以让变量以"__"开头，这样，这个变量在序列化时就会被忽略。

全局对象g的实例代码如下：

```
def initialize(context):
    g.security = "000001.XSHE"
    g.count = 1
    g.flag = 0
def process _ initialize(context):
    # 保存不能被序列化的对象，进程每次重启都初始化
    g. __ q = query(valuation)
```

```
def handle _ data(context,data):
    log.info(g.security)
    log.info(g.count)
    log.info(g.flag)
```

9.6.3 Trade对象

Trade对象用于记录订单的一次交易。但需要注意的是，一个订单可能分多次交易。Trade对象的常用属性如下。

time: 交易时间。

amount: 交易数量。

price: 交易价格。

trade_id: 交易记录id。

order_id: 对应的订单id。

9.6.4 tick对象

tick中的信息是在tick事件发生时，盘面的一个快照。tick对象的常用属性如下。

code: 标的的代码。

datetime: tick 发生的时间。

current: 最新价。

high: 最高价。

low: 最低价。

volume: 截至当前时刻的成交量。

amount: 截至当前时刻的成交额。

position: 截至当前时刻的持仓量，只适用于期货tick对象。

a1_v ~ a5_v: 卖一量到卖五量，对于期货，只有卖一量。

a1_p ~ a5_p: 卖一价到卖五价，对于期货，只有卖一量。

b1_v ~ b5_v: 买一量到买五量，对于期货，只有买一量。

b1_p ~ b5_p: 买一价到买五价，对于期货，只有买一价。

9.6.5　Context对象

Context对象，即量化交易策略回测对象，其常用属性如下。

subportfolios: 当前单个操作仓位的资金和标的信息。

portfolio: 账户信息，即subportfolios的汇总信息。

current_dt: 当前单位时间的开始时间。如果是按天回测，那么开始时间是hour = 9, minute = 30, second = microsecond = 0; 如果是按分钟回测，那么开始时间是second = microsecond = 0。

previous_date: 前一个交易日。

universe: 查询set_universe()设定的股票池，例如：["000001.XSHE" "600000.XSHG"]。

run_params: 表示此次运行的参数，有如下属性。

start_date: 回测/模拟开始日期。

end_date: 回测/模拟结束日期。

type: 运行方式，如果其值是"simple_backtest"，表示回测是通过单击"编译运行"运行；如果其值是"full_backtest"，表示回测是通过单击"运行回测"运行；如果其值是"sim_trade"，表示模拟交易。

frequency: 运行频率，只能是"day" "minute"或"tick"。

为了让从其他平台迁移过来的程序员更顺手地使用系统，我们对此对象也做了和g一样的处理：

第一，可以添加自己的变量，每次进程关闭时持久保存，进程重启时恢复。

第二，以"__"开头的变量不会被持久保存。

第三，如果添加的变量与系统冲突，将覆盖掉系统变量，如果想恢复系统变量，就要删除自己的变量，实例代码如下：

```
def handle _ data(context, data):
    # 执行下面的语句之后，context.portfolio 的值就为1
    context.portfolio = 1
    log.info(context.portfolio)
    # 要恢复系统的变量，只需要使用下面的语句即可
    del context.portfolio
```

```
    # 此时, context.portfolio 将变成账户信息
    log.info(context.portfolio.portfolio _ value)
```

第四, 以后可能会往context添加新的变量来支持更多功能, 为了减少不必要的迷惑, 还是建议大家使用g。

Context对象的实例代码如下:

```
def handle _ data(context, data):
    # 获得当前回测相关时间
    year = context.current _ dt.year
    month = context.current _ dt.month
    day = context.current _ dt.day
    hour = context.current _ dt.hour
    minute = context.current _ dt.minute
    second = context.current _ dt.second
    # 得到 " 年 - 月 - 日 " 格式
    date = context.current _ dt.strftime("%Y-%m-%d")
    # 得到周几
    weekday = context.current _ dt.isoweekday()
    # 获取账户的持仓价值
    positions _ value = context.portfolio.positions _ value
    # 获取仓位 subportfolios[0] 的可用资金
    available _ cash = context.subportfolios[0].available _ cash
    # 获取 subportfolios[0] 中多头仓位的 security 的持仓成本
    hold _ cost = context.subportfolios[0].long _ positions
[security].hold _ cost
```

9.6.6 Position对象

Position对象是持有的某个标的的信息, 其常用属性如下。

security: 标的的代码。

price: 最新行情价格。

avg_cost: 开仓均价, 买入标的的加权平均价。

hold_cost: 持仓成本, 针对期货有效。

init_time: 建仓时间, 格式为datetime.datetime。

transact_time: 最后交易时间, 格式为datetime.datetime。

total_amount: 总仓位, 但不包括挂单冻结仓位。

closeable_amount: 可卖出的仓位。

today_amount: 今天开的仓位。

locked_amount: 挂单冻结仓位。

value: 标的价值, 计算方法: price * total_amount * multiplier, 其中股票、基金的multiplier为1, 期货为相应的合约乘数。

side: 用来指定开多单, 还是空单。如果其值是long, 代表开多单; 如果其值是short, 代表开空单。

pindex: 仓位索引。

9.6.7　SubPortfolio对象

SubPortfolio对象是某个仓位的资金和标的信息, 其常用属性如下。

inout_cash: 累计出入金, 比如初始资金1000元, 后来转移出去100元, 则这个值是1000 − 100=900元。

available_cash: 可用资金, 可用来购买证券的资金。

transferable_cash: 可取资金, 即可以提现的资金, 不包括今日卖出证券所得资金。

locked_cash: 挂单锁住资金。

type: 账户所属类型。

long_positions: 多单的仓位。

short_positions: 空单的仓位。

positions_value: 持仓价值, 股票基金才有持仓价值, 期货为0。

total_value: 总资产, 包括现金、保证金、仓位的总价值, 可用来计算收益。

total_liability: 总负债, 等于融资负债、融券负债、利息总负债的总和。

net_value: 净资产, 等于总资产减去总负债。

cash_liability: 融资负债。

sec_liability: 融券负债。

interest: 利息总负债。

maintenance_margin_rate: 维持担保比例。

available_margin: 融资融券可用保证金。

margin: 保证金, 股票、基金保证金都为100%; 融资融券保证金为0; 期货保证金会实时更新, 总是等于当前期货价值×保证金比率, 当保证金不足时, 强制平仓。平仓顺序: 亏损多的(相对于开仓均价)先平仓。

9.6.8　Portfolio对象

Portfolio对象是所有标的操作仓位的信息汇总, 其常用属性如下。

inout_cash: 累计出入金, 比如初始资金1000元, 后来转移出去100元, 则这个值是1000 − 100=900元。

available_cash: 可用资金, 可用来购买证券的资金。

transferable_cash: 可取资金, 即可以提现的资金, 不包括今日卖出证券所得资金。

locked_cash: 挂单锁住资金。

margin: 保证金, 股票、基金保证金都为100%。

positions: 等同于 long_positions。

long_positions: 多单的仓位。

short_positions: 空单的仓位。

total_value: 总的权益, 包括现金、保证金、仓位的总价值, 可用来计算收益。

returns: 总权益的累计收益。

starting_cash: 初始资金。

positions_value: 持仓价值, 股票基金才有持仓价值, 期货为0。

locked_cash_by_purchase: 基金申购未完成所冻结的金额。

locked_cash_by_redeem: 基金赎回未到账的金额。

locked_amount_by_redeem: 基金赎回时, 冻结的份额。

9.6.9　SecurityUnitData对象

SecurityUnitData对象是一个单位时间内的股票的数据, 其常用属性如下。

security: 股票代码。例如 "000001.XSHE"。

returns: 股票在这个单位时间内的相对收益比例。

open: 时间段开始时价格。

close: 时间段结束时价格。

low: 最低价。

high: 最高价。

volume: 成交的股票数量。

money: 成交的金额。

factor: 前复权因子。利用前复权因子可以算出原始价格, 方法是价格除以factor, 即原始价格=close÷factor。

high_limit: 涨停价。

low_limit: 跌停价。

avg: 这段时间的平均价。

第10章

Python量化交易策略的获取数据函数

要编写股票量化交易策略，就必须获取股票的数据（如收盘价、5日均价、上一时间点的价格），还要选出操作的股票，这些都需要用到获取数据函数。

本章主要内容包括：

➤ 获取股票数据的history()函数

➤ 获取一只股票数据的attribute_history ()函数

➤ 查询一个交易日股票财务数据的get_fundamentals ()函数

➤ 查询股票财务数据的get_fundamentals_continuously ()函数

➤ 获取股票特别数据的get_current_data ()函数

➤ 获取指数成分股代码的get_index_stocks ()函数

➤ 获取行业成分股代码的get_industry_stocks()函数

➤ 获取概念成本股代码的get_concept_stocks ()函数

➤ 获取所有数据信息的get_all_securities()函数

➤ 获取一只股票信息的get_security_info ()函数

➤ 获取龙虎榜数据的get_billboard_list ()函数

➤ 获取限售解禁数据的get_locked_shares ()函数

10.1　获取股票数据的history()函数

history()函数可以查看一只股票或多只股票的历史的行情数据，其语法格式如下：

```
history(count, unit='1d', field='avg', security _ list=None,
df=True, skip _ paused=False, fq='pre')
```

需要注意的是，在获取天数据时，不包括当天的数据，即使是在收盘后。

关于停牌：因为获取了多只股票的数据，可能有的股票停牌，有的没有，为了保持时间轴的一致，默认没有跳过停牌的日期，停牌时使用停牌前的数据填充。

10.1.1　各项参数的意义

history()函数共有7项，各项参数意义如下。

1. count

参数count，表示数量，即返回的结果集的行数。

2. unit

参数unit，表示单位时间长度，几天或者几分钟，即只支持"Xd"和"Xm"，其中X是一个正整数。

"Xd"表示具体几天，如10d，表示单位时间长度为10天。

"Xm"表示具体几分钟，如10m，表示单位时间长度为10分钟。

需要注意的是，当X > 1时，fields只支持["open""close""high""low""volume""money"]这几个标准字段。

其中：open表示时间段股票的开始时价格。

close表示时间段股票的结束时价格。

high表示时间段股票的最高价格。

low表示时间段股票的最低价格。

volume表示时间段股票的成交量。

money表示时间段股票的成交金额。

3. field

参数field，表示获取的数据类型，支持SecurityUnitData里面的所有基本属性，包括["open""close""high""low""volume""money""factor""high_limit""low_limit""avg""pre_close""paused"]。

前面5个字段的意义同参数unit，这里不再多说。下面来看一下其他字段的意义。

factor：前复权因子。

high_limit：涨停价。

low_limit：跌停价。

avg：这段时间的平均价，等于money/volume。

pre_close：前一个单位时间结束时的价格，按天则是前一天的收盘价，按分钟则是前一分钟的结束价格。

paused：布尔值，用来判断股票是否停牌。需要注意的是，停牌时open/close/low/high/pre_close依然有值，都等于停牌前的收盘价。而volume=money=0。

4. security_list

参数security_list，用来获取数据的股票列表。如果其值为None，则表示查询 context.universe 中所有股票的数据。context.universe需要使用set_universe进行设定，形如：set_universe(['000001.XSHE'，'600000.XSHG'])。

5. df

参数df的值若是True，则返回pandas.DataFrame，否则返回一个dict。参数df的默认值为True。

6. skip_paused

参数skip_paused用来设置是否跳过不交易日期（包括停牌、未上市或者退市后的日期）。如果不跳过，停牌时会使用停牌前的数据填充。上市前或者退市后数据都为nan。需要注意的是，该参数默认为False，即不跳过不交易日期。

7. fq

参数fq是复权选项。参数值设为"pre"，表示前复权，为默认设置；参数值设为None，表示不复权，返回实际价格；参数值设为"pos"，表示后复权。

10.1.2 history()函数的应用实例

下面利用history()函数显示中国宝安（000009）最后5个交易日每天的收盘价信息，代码如下：

```
import pandas as pd
dataframe1 = history(5, unit='1d', field='close', security _
list='000009.XSHE', df=True, skip _ paused=False, fq='pre')
dataframe1
```

单击工具栏中的 ▶ 运行 按钮，运行结果如图10.1所示。

图10.1　显示中国宝安（000009）最后5个交易日每天的收盘价信息

下面来同时显示多只股票每天的收盘价信息，代码如下：

```
import pandas as pd
dataframe1 = history(10, unit='1d', field='close', security _
list=['000001.XSHE', '000002.XSHE','000009.XSHE'], df=True, skip _
paused=False, fq='pre')
dataframe1
```

单击工具栏中的 **▶|运行** 按钮，运行结果如图10.2所示。

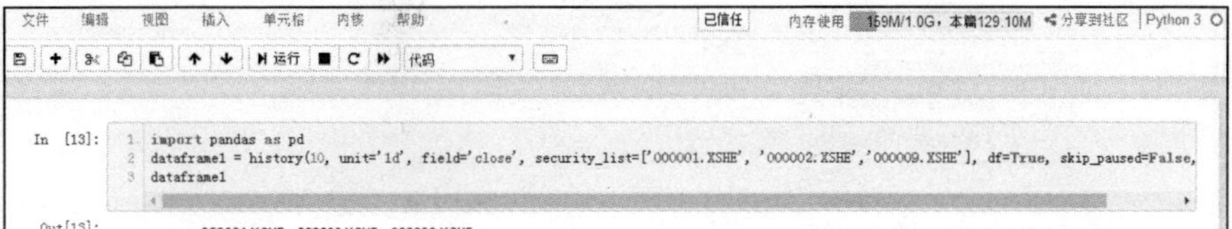

	000001.XSHE	000002.XSHE	000009.XSHE
2018-04-10	11.42	32.18	6.28
2018-04-11	11.83	32.61	6.23
2018-04-12	11.52	31.85	6.26
2018-04-13	11.57	31.25	6.13
2018-04-16	11.10	30.03	6.28
2018-04-17	11.21	29.92	6.03
2018-04-18	11.50	30.04	6.11
2018-04-19	11.47	30.23	6.10
2018-04-20	11.35	30.15	6.00
2018-04-23	11.57	29.91	5.89

图10.2 同时显示多只股票每天的收盘价信息

下面利用Print函数显示“平安银行(000001)过去3天的每天的开盘价格”，代码如下：

```
import pandas as pd
dataframe1 = history(10, unit='1d', field='open', security_list=['000001.XSHE', '000002.XSHE','000009.XSHE'], df=True, skip_paused=False, fq='pre')
print("显示平安银行(000001)过去3天的每天的开盘价格:")
print(dataframe1['000001.XSHE'])
```

再利用Print函数显示“昨天平安银行(000001)的开盘价格”，代码如下：

```
print("昨天平安银行(000001)的开盘价格:",dataframe1['000001.XSHE'][-1])
```

然后显示“三只股票昨日的开盘价格”，代码如下：

```
print("三只股票昨日的开盘价格:")
print(dataframe1.iloc[-1])
```

最后显示“每只股票过去3天的平均价格”，代码如下：

```
print("每只股票过去3天的平均价格:")
print(dataframe1.mean())
```

单击工具栏中的 **▶|运行** 按钮，运行结果如图10.3所示。

前面的实例都是把df设置为True，返回的是pandas.DataFrame。下面把df设置为False，返回一个dict对象。dict对象的值是一个numpy数组numpy.ndarray。

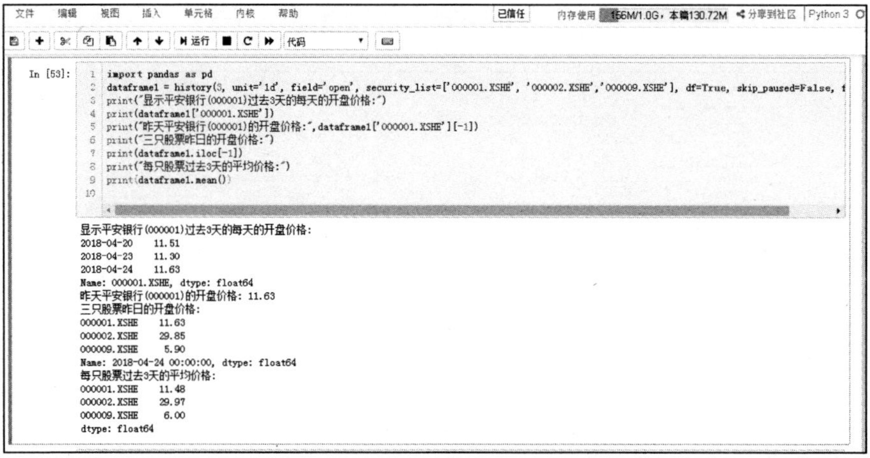

人工智能在量化交易中的应用与实战

图10.3 利用Print显示获得的数据信息

创建一个Python 3文件，然后输入代码如下：

```
import pandas as pd
dataframe1 = history(3, unit='1d', field='high', security_
list=['000001.XSHE','000009.XSHE',], df=False)
```

print(" 两只股票近三日的最高价信息 :",dataframe1)

print(" 平安银行 (000001) 的后三条最高价信息 :",dataframe1['000001.XSHE'])

print(" 平安银行 (000001) 最新的最高价信息 :",dataframe1['000001.XSHE'][0])

print(" 平安银行 (000001) 近三日的最高价的和 :",dataframe1['000001.XSHE'].sum())

print(" 平安银行 (000001) 近三日的最高价的平均价 :",dataframe1['000001.XSHE'].mean())

需要注意的是，dataframe1本身是一个dict对象，panda.DataFrame的特性将不可用，如dataframe1.illoc[-1]。

单击工具栏中的 ▶ 运行 按钮，运行结果如图10.4所示。

图10.4 df设置为False返回一个dict对象

10.2 获取一只股票数据的attribute_history ()函数

attribute_history ()函数可以查看某一只股票的历史数据，可以选这只股票的多个属性，其语法格式如下：

```
attribute_history(security, count, unit='1d', fields=['open', 'close', 'high', 'low', 'volume', 'money'], skip_paused=True, df=True, fq='pre')
```

需要注意的是，在获取天数据时，不包括当天的数据，即使是在收盘后。还需要注意，默认跳过停牌日期。

> 提醒：history () 函数可以获得多只股票的信息，但只能是一个字段的信息；而 attribute_history () 函数只能获得一只股票的信息，但可以获取这只股票的多个属性。

attribute_history ()函数也有7项参数，其中count、unit、field、skip_paused、df、fq参数与history ()函数相同，这里不再多说。而参数security用来设置股票代码。下面来看一下attribute_history ()函数的应用实例。

创建一个Python 3文件，然后输入代码如下：

```
import pandas as pd
dataframe1 = attribute_history('000009.XSHE',5, '1d', ('open', 'close', 'high', 'low', 'avg', 'low_limit','factor'),True, True,'pre')
dataframe1
```

单击工具栏中的 ⏯ 运行 按钮，运行结果如图10.5所示。

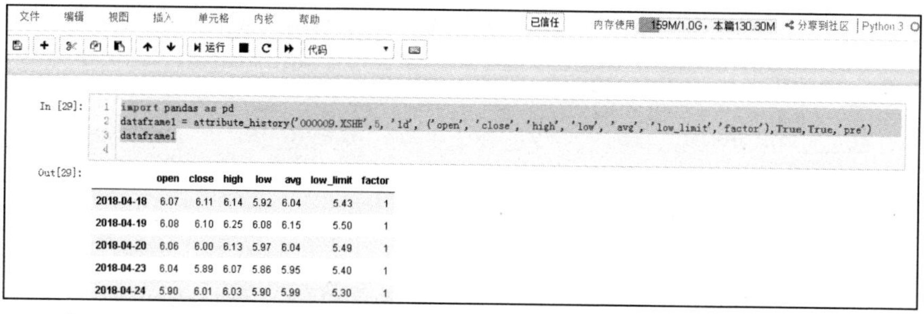

	open	close	high	low	avg	low_limit	factor
2018-04-18	6.07	6.11	6.14	5.92	6.04	5.43	1
2018-04-19	6.08	6.10	6.25	6.08	6.15	5.50	1
2018-04-20	6.06	6.00	6.13	5.97	6.04	5.49	1
2018-04-23	6.04	5.89	6.07	5.86	5.95	5.40	1
2018-04-24	5.90	6.01	6.03	5.90	5.99	5.30	1

图10.5 attribute_history ()函数

不管df等于True还是False，即返回对象无论是Dataframe还是Dick，下列用法都是可以的。

```
dataframe1['open']          # 过去 5 天每天的开盘价
dataframe1['close'][-1]              # 昨天的收盘价
dataframe1['open'].mean()           # 过去 5 天每天的开盘价的平均价
```

下面的pandas.DataFrame的特性，即df=False时将不可用。

```
# 行的索引可以是整数，也可以是日期的各种形式：
dataframe1['open']['2018-04-19']
dataframe1['open'][datetime.date(2018, 4, 23)]
dataframe1['open'][datetime.datetime(2018, 4, 20)]
# 按行取数据
dataframe1.iloc[-1]      # 昨天的数据信息
dataframe1.iloc[-1]['open']   # 昨天的开盘价
dataframe1.loc['2018-04-19']['open']
# 高级运算
dataframe1 = dataframe1[dataframe1['avg'] > 6]       # 显示平均价
```
大于 6 的数据

```
dataframe1['open'] = dataframe1['open']/dataframe1['factor']
```
让 open 列都跟 factor 列相除，把开盘价格都转化成原始价格

```
dataframe1['close'] = dataframe1['close']/ dataframe1['factor']
```
让 close 列都跟 factor 列相除，把收盘价格都转化成原始价格

10.3　查询一个交易日股票财务数据的get_fundamentals ()函数

get_fundamentals ()函数可以查询一只股票或多只股票的财务数据，其语法格式如下：

```
get _ fundamentals(query _ object, date=None, statDate=None)
```

10.3.1　各项参数的意义

get_fundamentals ()函数共有3项，各项参数意义如下。

1. query_object

参数query_object是一个sqlalchemy.orm.query.Query对象，可以通过全局的 query 函数获取Query 对象。

2. date

参数date是查询日期，可以是一个字符串（格式类似"2018-4-24"）或者datetime.date/datetime.datetime对象。可以是None，使用默认日期，这个默认日期在回测和研究模块上有如下差别。

（1）回测模块：默认值会随着回测日期变化而变化，等于context.current_dt的前一天（实际生活中我们只能看到前一天的财报和市值数据，所以要用前一天）。

（2）研究模块：使用平台财务数据的最新日期，一般是昨天。

需要注意的是，如果传入的 date 不是交易日，则使用这个日期之前的最近的一个交易日。

3. statDate

参数statDate是一个字符串，表示财报统计的季度或者年份，有两种格式，具体如下。

（1）季度：格式是年 + "q" + 季度序号，例如"2018q1""2017q4"。

（2）年份：格式就是年份的数字，例如"2017""2018"。

get_fundamentals ()函数的返回值是一个pandas.DataFrame，每一行对应数据库返回的每一行，列索引是你查询的所有字段。

> 提醒：date 和 statDate 参数只能传入一个。传入 date 时，查询指定日期 date 收盘后所能看到的最近的数据；传入 statDate 时，查询 statDate 指定的季度或者年份的财务数据。当两个参数都没有传入时，相当于使用 date 参数，即使用默认日期。

需要注意的是，为了防止返回数据量过大，每次最多返回10000行。另外，当相关股票上市前、退市后，财务数据返回各字段为空。

10.3.2 get_fundamentals ()函数的应用实例

下面来显示平安银行（000001）2018年4月12日的财务数据信息。创建一个Python 3文件，然后输入代码如下：

```
import pandas as pd
myq = query(valuation).filter(valuation.code == '000001.XSHE')
```

```
dataframe1 = get _ fundamentals(myq, '2018-4-12')
dataframe1
```

首先导入pandas库,然后调用全局的query函数设置查询的股票是平安银行,然后调用get_fundamentals ()函数获取平安银行2018年4月12日的财务数据信息。

单击工具栏中的 ▶ 运行 按钮,运行结果如图10.6所示。

图10.6　显示平安银行(000001)2018年4月12日的财务数据信息

下面来解释一下财务数据字段的意义。

id: 每行数据的索引,不能重复。

code: 股票的代码。

pe_ratio: 股票的市盈率(PE, TTM),即动态市盈率。动态市盈率是指每股市价为每股收益的倍数,反映投资人对每元净利润所愿支付的价格,用来估计股票的投资报酬和风险。

turnover_ratio: 股票的换手率。换手率是指在一定时间内市场中股票转手买卖的频率,是反映股票流通性强弱的指标之一。

pb_ratio: 股票的市净率(PB)。市净率是指每股股价与每股净资产的比率。

ps_ratio: 股票的市销率。市销率是指股票价格与每股销售收入之比,市销率越小,通常被认为投资价值越高。

pcf_ratio: 股票的市现率。市现率是指每股市价为每股现金净流量的倍数。

capitalization: 股票的总股本(万股)。总股本是指上市公司已发行的普通股股份总数(包含A股、B股和H股的总股本)。

market_cap: 股票的总市值(亿元)。总市值是指在某特定的时间内,交易所挂牌交易全部证券(以总股本计)按当时价格计算的证券总值。

circulating_cap: 股票的流通股本(万股)。流通股本是指上市公司已发行的境内上市流通、以人民币兑换的股份总数(A股市场的流通股本)。

circulating_market_cap: 股票的流通市值(亿元)。流通市值是指在某特定时间内当时可交易的流通股股数乘以当时股价得出的流通股票总价值。

day: 指查询股票财务数据的具体日期。

pe_ratio_lyr: 股票的市盈率(PE)。以上一年度每股盈利计算的静态市盈率。

除了利用表格显示财务数据信息,还可以利用Print函数输出指定的财务数据字段信息。创建一个Python 3文件,然后输入代码如下:

```
import pandas as pd
myq = query( valuation).filter( valuation.code == '000001.XSHE')
dataframe1 = get _ fundamentals(myq, '2018-4-12')
print(" 平安银行(000001)2018 年 4 月 12 日的动态市盈率: ",dataframe1
['pe _ ratio'][0])
print(" 平 安 银 行(000001)2018 年 4 月 12 日 的 换 手 率: ",dataframe1
['turnover _ ratio'][0])
print(" 平 安 银 行(000001)2018 年 4 月 12 日 的 市 销 率: ",dataframe1
['ps _ ratio'][0])
```

单击工具栏中的 ▶ 运行 按钮,运行结果如图10.7所示。

图10.7 利用Print函数输出指定的财务数据字段信息

前面显示的是一只股票的财务数据信息,如何显示两只股票或多只股票的财务数据信息呢?下面举例说明。

创建一个Python 3文件,然后输入代码如下。

```
import pandas as pd
myq = query( valuation).filter(valuation.code.in _ (['000001.
XSHE', '600000.XSHG','000009.XSHE']))
dataframe1 = get _ fundamentals(myq, '2018-4-12')
dataframe1
```

注意这里不能使用in操作，要使用in_()函数。

单击工具栏中的 ▶ 运行 按钮，运行结果如图10.8所示。

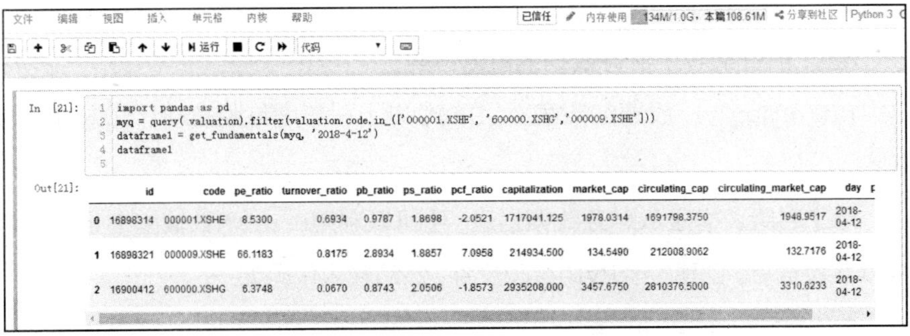

图10.8　显示两只股票或多只股票的财务数据信息

还可以设置用不同的财务数据条件，然后把满足条件的股票信息显示出来。创建一个Python 3文件，然后输入代码如下：

```
import pandas as pd
dataframe1 = get _ fundamentals(query(
        valuation
    ).filter(
        valuation.market _ cap > 1000,
        valuation.pe _ ratio < 10,
    ).order _ by(
        # 按市值降序排列
        valuation.market _ cap.desc()
    ).limit(
        # 最多返回 100 个
        100
    ), date='2018-4-12')
dataframe1
```

这里设置的条件是总市值大于1000亿元并且市盈率小于10，选出数据后按总市值降序排列。另外，选出的股票最多显示100只，即如果满足条件的股票大于100只，也只显示前100只股票的财务信息。

单击工具栏中的 ▶ 运行 按钮，运行结果如图10.9所示。

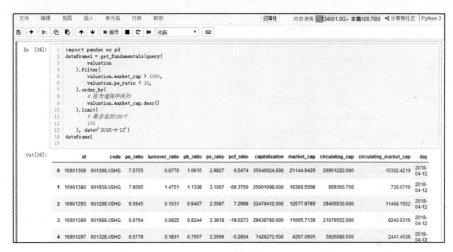

图10.9　显示总市值大于1000亿元并且市盈率小于10的股票财务数据信息

下面来显示平安银行2016年四个季度的季报，并放到数组中显示。创建一个Python 3文件，然后输入代码如下：

```
q = query(
        income.statDate,
        income.code,
        income.basic_eps,
        balance.cash_equivalents,
        cash_flow.goods_sale_and_service_render_cash
    ).filter(
        income.code == '000001.XSHE',
    )
rets = [get_fundamentals(q, statDate='2016q'+str(i))
for i in range(1, 5)]
    rets
```

单击工具栏中的 ▶ 运行 按钮，运行结果如图10.10所示。

下面来解释一下各财务数据的意义。

statDate：表示财报统计的季度的最后一天，例如2016-03-31，2016-06-30。

code：股票代码。

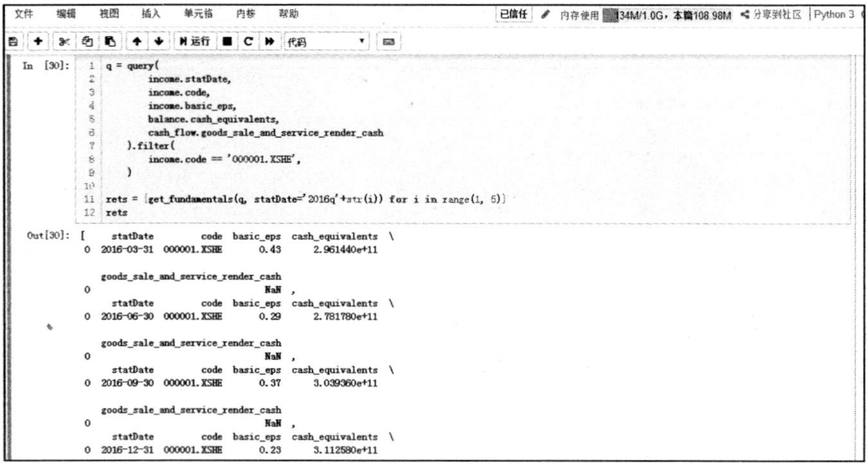

图10.10　显示平安银行2016年四个季度的季报

basic_eps: 基本每股收益（元）。基本每股收益的理论算法: 归属于普通股股东的当期净利润/[当期实际发行在外的普通股加权平均数=∑(发行在外的普通股股数×发行在外的月份数)／12]。

cash_equivalents: 货币资金（元）。货币资金是指在企业生产经营过程中处于货币形态的那部分资金，按其形态和用途不同可分为包括库存现金、银行存款和其他货币资金。它是企业中最活跃的资金，流动性强，是企业的重要支付手段和流通手段，因而是流动资产的审查重点。货币资金: 又称为货币资产，是指在企业生产经营过程中处于货币形态的资产。是指可以立即投入流通，用以购买商品或劳务或用以偿还债务的交换媒介物。

goods_sale_and_service_render_cash: 销售商品、提供劳务收到的现金（元）。反映企业本期销售商品、提供劳务收到的现金，以及前期销售商品、提供劳务本期收到的现金（包括销售收入和应向购买者收取的增值税销项税额）和本期预收的款项，减去本期销售本期退回的商品和前期销售本期退回的商品支付的现金。企业销售材料和代购代销业务收到的现金，也在本项目反映。

> 提醒: income 表示利润数据，balance 表示资产负债数据，cash_flow 表示现金流数据。

10.4 查询股票财务数据的get_fundamentals_continuously ()函数

get_fundamentals ()函数只能查询某一交易日的股票财务数据信息，如果要查询多个交易日的股票财务数据信息，就要使用get_fundamentals_continuously ()函数，其语法格式如下：

```
get _ fundamentals _ continuously(query _ object,end _ date=None,
count=None)
```

各项参数意义如下：

参数query_object是一个sqlalchemy.orm.query.Query对象，可以通过全局的 query 函数获取Query 对象。

参数end_date, 与get_fundamentals ()函数中date意义相同, 即查询日期。

参数count获取end_date前count个日期的数据。

get_fundamentals_continuously ()函数的返回值是一个pandas.Panel。

下面举例说明一下get_fundamentals_continuously ()函数的应用。创建一个Python 3文件, 然后输入代码如下：

> 提醒：出于性能方面考虑，返回总条数不超过 10000 条的限制。也就是说，查询的股票数量 count 要小于 10000。否则，返回的数据会不完整。

```
import pandas as pd
q = query(valuation).filter(valuation.code.in _ (['000001.
XSHE', '600000.XSHG']))
panel = get _ fundamentals _ continuously(q, end _ date='2018-
01-01', count=5)
panel.minor _ xs('600000.XSHG')
```

利用query函数调用平安银行（000001）和浦发银行（600000）的财务数据信息, 然后再利用get_fundamentals_continuously函数获取结束日期为2018年1月1日的最近5个交易日的数据信息, 然后利用panel对象输出。

单击工具栏中的 ▶ 运行 按钮, 运行结果如图10.11所示。

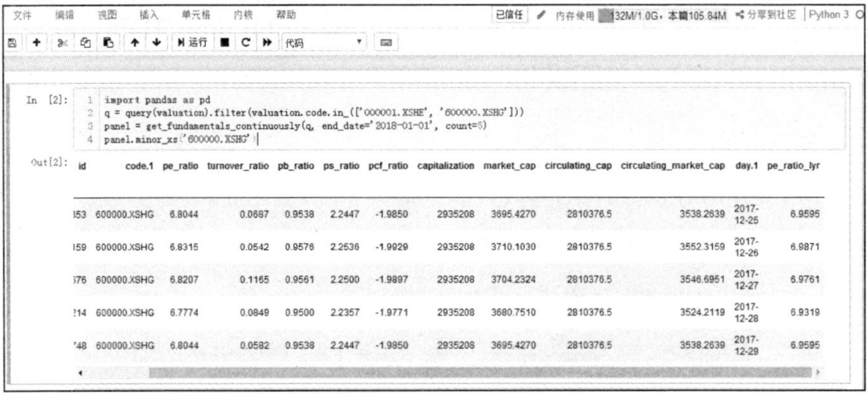


```
import pandas as pd
q = query(valuation).filter(valuation.code.in_(['000001.XSHE', '600000.XSHG']))
panel = get_fundamentals_continuously(q, end_date='2018-01-01', count=5)
panel.minor_xs('600000.XSHG')
```

id	code.1	pe_ratio	turnover_ratio	pb_ratio	ps_ratio	pcf_ratio	capitalization	market_cap	circulating_cap	circulating_market_cap	day.1	pe_ratio_lyr
353	600000.XSHG	6.8044	0.0687	0.9538	2.2447	-1.9850	2935208	3695.4270	2810376.5	3538.2639	2017-12-25	6.9595
159	600000.XSHG	6.8315	0.0542	0.9576	2.2536	-1.9929	2935208	3710.1030	2810376.5	3552.3159	2017-12-26	6.9871
376	600000.XSHG	6.8207	0.1165	0.9561	2.2500	-1.9897	2935208	3704.2324	2810376.5	3546.6951	2017-12-27	6.9761
214	600000.XSHG	6.7774	0.0849	0.9500	2.2357	-1.9771	2935208	3680.7510	2810376.5	3524.2119	2017-12-28	6.9319
748	600000.XSHG	6.8044	0.0582	0.9538	2.2447	-1.9850	2935208	3695.4270	2810376.5	3538.2639	2017-12-29	6.9595

图10.11　查询多个交易日的股票财务数据信息

10.5　获取股票特别数据的get_current_data ()函数

在回测时，有些数据在一个单位时间（天/分钟）是知道的，例如涨跌停价、是否停牌、当天的开盘价等，这些数据可以通过get_current_data ()函数获得。该函数的语法格式如下：

```
get_current_data(security_list=None)
```

参数security_list用来设置股票代码列表，默认是None，代表当前universe中的股票。

该函数的返回值是一个dict对象，dict对象的key（索引）是股票代码，dict对象的value（数据）具体如下：

```
high_limit    # 涨停价
low_limit     # 跌停价
paused        # 是否停止或者暂停了交易，当停牌、未上市或者退市后返回 True
is_st         # 是否是 ST(包括 ST，*ST)
day_open      # 当天开盘价，分钟回测时可用， 天回测时，由于是在集合竞价下单，并不知道开盘价，所以不能使用
name          # 股票现在的名称
industry_code     # 股票现在所属行业代码
```

需要注意的是，为了加速，返回的dict里面的数据是按需获取的，dict 初始是空的。当你使用 current_data[security]时，该security的数据才会被

获取。另外，返回的结果只在当天有效，不能存起来到隔天再用。

attribute_history ()函数的实例代码如下：

```
set _ universe(['000001.XSHE'])
def handle _ data(context, data):
    current _ data = get _ current _ data()
    print(current _ data)
    print (current _ data['000001.XSHE'])
    print(current _ data['000001.XSHE'].paused)# 查询股票当天是否停牌
    print (current _ data['000001.XSHE'].high _ limit) # 获取当天
的涨停价
```

10.6　获取指数成分股代码的get_index_stocks ()函数

get_index_stocks ()函数可以获取一个指数给定日期在平台可交易的成分股列表，其语法格式如下：

```
get _ index _ stocks(index _ symbol, date=None)
```

10.6.1　各项参数的意义

get_index_stocks ()函数有两个参数，分别是date和index_symbol。

1. date

参数date是一个字符串（如"2015-10-15"）或者datetime.date/datetime.datetime对象。可以是None，使用默认日期，这个默认日期在回测和研究模块上有点差别，具体如下：

回测模块：默认值会随着回测日期变化而变化，等于context.current_dt。

研究模块：默认是今天。

2. index_symbol

参数index_symbol是指指数代码。这里支持600种股票指数数据，包括指数的行情数据以及成分股数据。

常用指数代码及意义如下。

000001.XSHG：上证指数。

000002.XSHG：A股指数。

000003.XSHG：B股指数。

000004.XSHG：工业指数。

000005.XSHG：商业指数。

000006.XSHG：地产指数。

000007.XSHG：公用指数。

000008.XSHG：综合指数。

000010.XSHG：基金指数。

000016.XSHG：上证50。

000042.XSHG：上证央企。

000043.XSHG：超大盘。

000044.XSHG：上证中盘。

000045.XSHG：上证小盘。

000132.XSHG：上证100。

000133.XSHG：上证150。

000134.XSHG：上证银行。

000300.XSHG：沪深300。

000805.XSHG：A股资源。

000806.XSHG：消费服务。

000807.XSHG：食品饮料。

000808.XSHG：医药生物。

get_index_stocks()函数的返回值是股票代码的list列表。

10.6.2　get_index_stocks ()函数的应用实例

创建一个Python 3文件，然后输入代码如下：

```
stocks = get _ index _ stocks('000300.XSHG')
stocks
```

在这里获得的是沪深300指数的所有股票代码，然后显示。单击工具栏中

的 ▶ 运行 按钮，运行结果如图10.12所示。

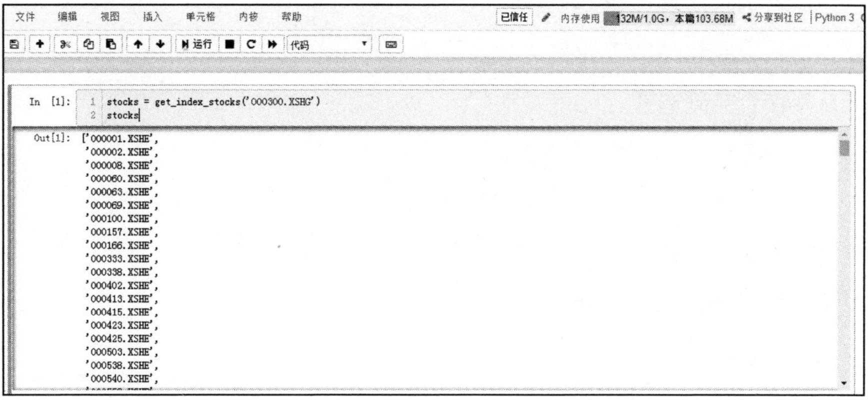

图10.12　沪深300指数的所有股票代码

10.7　获取行业成分股代码的get_industry_stocks() 函数

get_industry_stocks ()函数可以获取在给定日期一个行业的所有股票代码，其语法格式如下：

get_industry_stocks(industry_code, date=None)

参数date和返回值，都与get_index_stocks ()函数相同，这里不再多解释。

参数industry_code是指行业代码。行业代码也很多，常用行业代码及意义如下。

A01: 农业。

A02: 林业。

A03: 畜牧业。

A04: 渔业。

A05: 农、林、牧、渔服务业。

B06: 煤炭开采和洗选业。

B07: 石油和天然气开采业。

B08：黑色金属矿采选业。

B09：有色金属矿采选业。

C13：农副食品加工业。

C14：食品制造业。

C15：酒、饮料和精制茶制造业。

C16：烟草制品业。

C27：医药制造业。

C28：化学纤维制造业。

C33：金属制品业。

C34：通用设备制造业。

C35：专用设备制造业。

C36：汽车制造业。

下面举例讲解一下get_industry_stocks()函数的应用。创建一个Python 3文件，然后输入代码如下：

```
stocks = get_industry_stocks('C36')
stocks
```

在这里获得的是汽车制造业指数的所有股票代码，然后显示。单击工具栏中的 ▶ 运行 按钮，运行结果如图10.13所示。

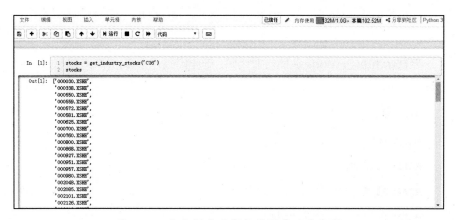

图10.13　汽车制造业指数的所有股票代码

10.8 获取概念成本股代码的get_concept_stocks ()函数

get_concept_stocks ()函数可以获取在给定日期一个概念板块的所有股票，其语法格式如下：

```
get _ concept _ stocks(concept _ code, date=None)
```
参数date和返回值，都与get_index_stocks ()函数相同，这里不再多解释。

参数concept_code是指概念板块代码。概念板块代码也很多，常用概念板块代码及意义如下。

GN028：智能电网。

GN030：物联网。

GN031：重组。

GN032：迪士尼。

GN034：环保概念。

GN035：新能源。

GN050：海南旅游岛。

GN057：新材料。

GN069：移动支付。

GN076：新能源汽车。

GN087：卫星导航。

GN091：云计算。

GN092：高端装备制造。

GN099：移动互联网。

GN107：黄金珠宝。

GN109：石墨烯。

GN110：安防监控。

GN133：网络安全。

GN134：智能穿戴。

GN172：无人机。

GN173：赛马。

GN181：一带一路。

GN182：智慧农业。

GN183：生物识别。

GN191：跨境电商。

下面举例讲解一下get_concept_stocks ()函数的应用。创建一个Python 3文件，然后输入代码如下：

```
stocks = get _ concept _ stocks('GN181')
stocks
```

在这里获得的是一带一路概念板块的所有股票代码，然后显示。单击工具栏中的 ▶ 运行 按钮，运行结果如图10.14所示。

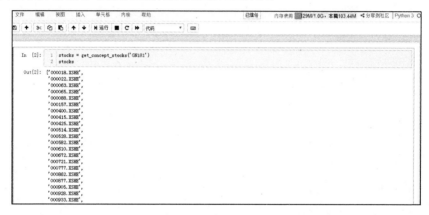

图10.14　一带一路概念板块的所有股票代码

10.9　获取所有数据信息的get_all_securities()函数

get_all_securities()函数可以获取平台支持的所有股票、基金、指数、期货信息，其语法格式如下：

```
get _ all _ securities(types=[], date=None)
```

10.9.1　各项参数的意义

get_all_securities()函数有两个参数，分别是types和date。

1. 参数types

参数types是列表类型，用来过滤securities的类型，列表元素及意义如下。

stock：表示股票类型，即显示所有股票信息。

fund：表示基金类型，即显示所有基金信息。

index：表示指数类型，即显示所有指数信息。

futures：表示期货类型，即显示所有期货合约信息。

etf：表示ETF基金，即显示所有ETF基金信息。

lof：表示lof基金，即显示所有lof基金信息。

fja：表示分级A，即显示所有分级基金A的信息。

fjb：表示分级B，即显示所有分级基金B的信息。

open_fund：表示开放式基金，即显示所有开放式基金信息。

bond_fund：表示债券基金，即显示所有债券基金信息。

stock_fund：表示股票型基金，即显示所有股票型基金信息。

QDII_fund：表示QDII基金，即显示所有QDII基金信息。

money_market_fund：表示货币基金，即显示所有货币基金信息。

mixture_fund：表示混合型基金，即显示所有混合型基金信息。

需要注意的是，types为空时返回所有股票信息，不包括基金、指数和期货信息。

2. 参数date

参数date是日期类型，一个字符串或者datetime.datetime/datetime.date对象，用于获取某日期还在上市的股票信息，默认值为None，表示获取所有日期的股票信息。

get_all_securities()函数的返回值是pandas.DataFrame类型。

10.9.2 get_all_securities()函数的应用实例

创建一个Python 3文件，然后输入代码如下：

```
import pandas as pd
dataframe1 = get _ all _ securities(['stock'])
```

```
dataframe1
```

在获取平台支持的所有股票信息时，可以利用代码get_all_securities(['stock'])，也可以利用代码get_all_securities()。

单击工具栏中的 ▶ 运行 按钮，运行结果如图10.15所示。

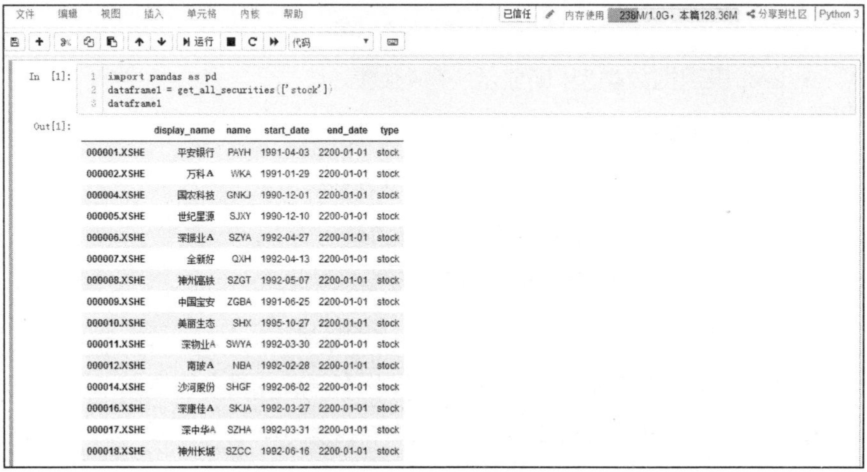

	display_name	name	start_date	end_date	type
000001.XSHE	平安银行	PAYH	1991-04-03	2200-01-01	stock
000002.XSHE	万科A	WKA	1991-01-29	2200-01-01	stock
000004.XSHE	国农科技	GNKJ	1990-12-01	2200-01-01	stock
000005.XSHE	世纪星源	SJXY	1990-12-10	2200-01-01	stock
000006.XSHE	深振业A	SZYA	1992-04-27	2200-01-01	stock
000007.XSHE	全新好	QXH	1992-04-13	2200-01-01	stock
000008.XSHE	神州高铁	SZGT	1992-05-07	2200-01-01	stock
000009.XSHE	中国宝安	ZGBA	1991-06-25	2200-01-01	stock
000010.XSHE	美丽生态	SHX	1995-10-27	2200-01-01	stock
000011.XSHE	深物业A	SWYA	1992-03-30	2200-01-01	stock
000012.XSHE	南玻A	NBA	1992-02-28	2200-01-01	stock
000014.XSHE	沙河股份	SHGF	1992-06-02	2200-01-01	stock
000016.XSHE	深康佳A	SKJA	1992-03-27	2200-01-01	stock
000017.XSHE	深中华A	SZHA	1992-03-31	2200-01-01	stock
000018.XSHE	神州长城	SZCC	1992-06-16	2200-01-01	stock

图10.15　获取平台支持的所有股票信息

各字段意义如下。

display_name：上市公司的股票名称。

name：上市公司股票名称的缩写简称。

start_date：上市公司的上市日期。

end_date：上市公司的退市日期。

type：类型。

下面来显示所有分级基金A和分级基金B的信息，代码如下：

```
import pandas as pd
dataframe1 = get _ all _ securities(['fja','fjb'])
dataframe1
```

单击工具栏中的 ▶ 运行 按钮，运行结果如图10.16所示。

下面来显示2017年10月10日还在上市的etf和lof基金信息，代码如下：

```
import pandas as pd
dataframe1 = get _ all _ securities(['etf','lof'],'2017-10-10')
dataframe1
```

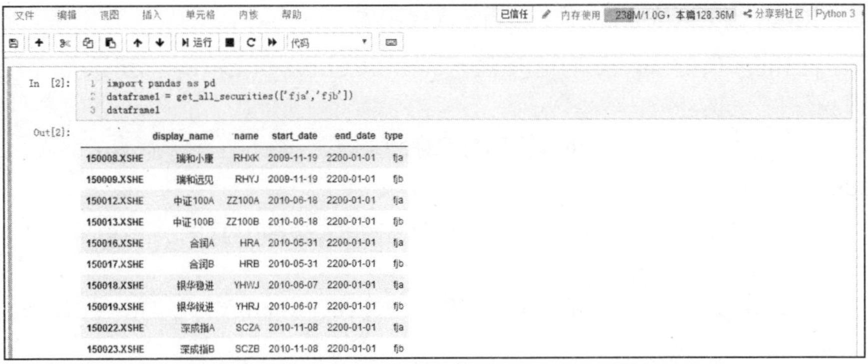

图10.16　显示所有分级基金A和分级基金B的信息

单击工具栏中的 ▶ 运行 按钮，运行结果如图10.17所示。

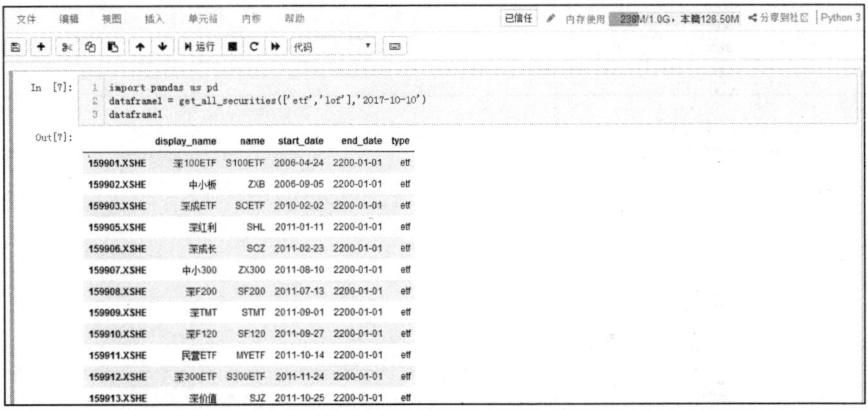

图10.17　显示2017年10月10日还在上市的etf和lof基金信息

10.10　获取一只股票信息的get_security_info ()函数

get_security_info ()函数可以获取一只股票（基金或指数）的信息，其语法格式如下：

```
get _ security _ info(code)
```

参数code是指证券代码。返回值是pandas.DataFrame类型，返回值的属性与get_all_securities()函数基本上是一样的。但需要注意的是，返回值多一个parent属性，是指分级基金的母基金代码。

创建一个Python 3文件,然后输入代码如下:

```
print(" 代码502050的证券名: ",get _ security _ info('502050.XSHG').
display _ name)
print(" 代码502050的证券缩写简称: ",get _ security _ info('502050.
XSHG').name)
print(" 代码502050的证券上市日期: ",get _ security _ info('502050.
XSHG').start _ date)
print(" 代码502050的证券退市日期: ",get _ security _ info('502050.
XSHG').end _ date)
print(" 代码502050的证券类型: ",get _ security _ info('502050.XSHG').
type)
print(" 代码502050的分级基金的母基金: ",get _ security _ info('502050.
XSHG').parent)
```

单击工具栏中的 ▶ 运行 按钮,运行结果如图10.18所示。

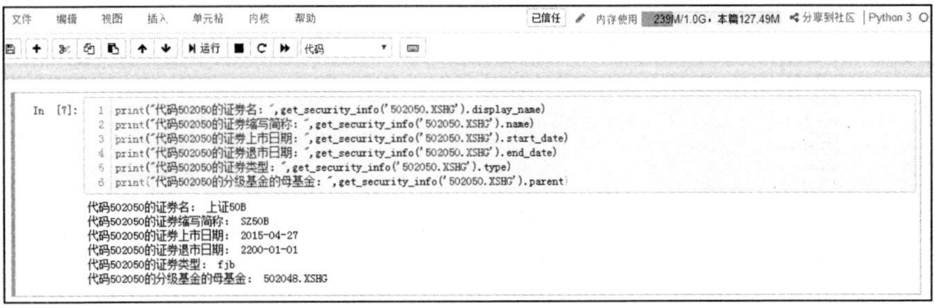

图10.18　获取一只股票(基金或指数)的信息

10.11　获取龙虎榜数据的get_billboard_list ()函数

get_billboard_list()函数可以获取指定日期区间内的龙虎榜数据,其语法格式如下:

```
get _ billboard _ list(stock _ list, start _ date, end _ date,
count)
```

10.11.1　各项参数的意义

get_billboard_list ()函数有四个参数,具体如下。

参数stock_list: 指一个股票代码的list。当值为None时, 返回指定日期的所有股票。

参数start_date: 开始日期。

参数end_date: 结束日期。

参数count: 交易日数量, 可以与end_date同时使用, 表示获取end_date前count个交易日的数据。

get_billboard_list ()函数的返回值是pandas.DataFrame对象, 各字段的具体含义如下。

code: 股票代码。

day: 日期。

direction: All表示"汇总", Sell表示"卖", Buy表示"买"。

abnormal_code: 异常波动类型。

abnormal_name: 异常波动名称。

sales_depart_name: 营业部名称。

rank: 0表示汇总, 1~5表示买一到买5, 6~10表示卖一到卖五。

buy_value: 买入金额。

buy_rate: 买入金额占比(买入金额/市场总成交额)。

sell_valu: 卖出金额。

sell_rate: 卖出金额占比(卖出金额/市场总成交额)。

net_value: 净额(买入金额 − 卖出金额)。

amount: 市场总成交额。

10.11.2 get_billboard_list()函数的应用实例

创建一个Python 3文件, 然后输入代码如下:

```
import pandas as pd
dataframe1 = get _ billboard _ list(stock _ list=None,end _
date = '2018-04-19',count =1)
dataframe1
```

单击工具栏中的 ▶ 运行 按钮, 运行结果如图10.19所示。

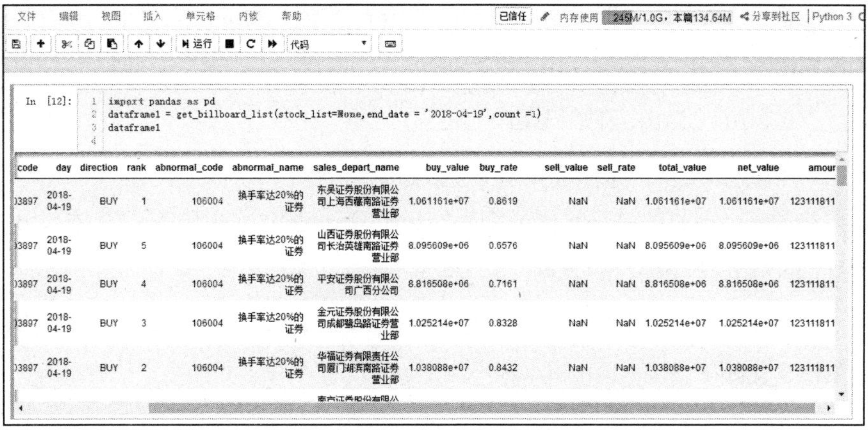

图10.19　2018年4月19日的股票龙虎榜数据

10.12　获取限售解禁数据的get_locked_shares ()函数

get_locked_shares ()函数可以获取指定日期区间内的限售解禁数据，其语法格式如下：

```
get_locked_shares(stock_list, start_date, end_date, forward_count)
```

get_locked_shares ()函数的各项参数与get_billboard_list ()函数基本相同，这里不再多解释。返回值是pandas.DataFrame对象，各字段的具体含义如下：

day: 解禁日期。

code: 股票代码。

num: 解禁股数。

rate1: 解禁股数/总股本。

rate2: 解禁股数/总流通股本。

创建一个Python 3文件，然后输入代码如下：

```
import pandas as pd
dataframe1 = get_locked_shares(stock_list=['000001.XSHE','000002.XSHE','000009.XSHE'], start_date='2016-4-16', forward_
```

count=1200)

    dataframe1

单击工具栏中的 ▶运行 按钮，运行结果如图10.20所示。

图10.20　2018年4月19日的股票限售解禁数据

第11章

Python基本面量化选股

选股是股市投资的第一步，是最基础的一步，也是最重要的一步。精心地选出一只好股可以使我们后面的操作得心应手，没有这个前提，想在股市赚钱是异想天开。

本章主要内容包括：

➤ 初识量化选股

➤ 营业收入同比增长率选股和营业收入环比增长率选股

➤ 净利润同比增长率选股和净利润环比增长率选股

➤ 营业利润率选股、销售净利率选股和销售毛利率选股

➤ 总市值选股和流通市值选股

➤ 总股本选股和流通股本选股

➤ 市净率选股和市销率选股

➤ 市现率选股、动态市盈率选股和静态市盈率选股

➤ 净资产收益率选股和总资产净利率选股

➤ 基本面多因子量化选股的注意事项

11.1　初识量化选股

量化选股是利用数量化的方法选择股票组合，期望该股票组合能够获得超越基准收益率的投资行为。量化选股总的来说，可分为两类，分别是基本面选股和技术面选股。

但在实际股票投资中，往往是利用基本面选出要操作的股票，放入自选股中，然后根据技术面来确定交易的时机，即根据技术判断来确定何时买入、何时加仓、何时减仓、何时全部卖出。

基本面选股，又称财务因子选股。基本面选股可以进一步分为4类，分别是成长类因子选股、规模类因子选股、价值类因子选股和质量类因子选股，如图11.1所示。

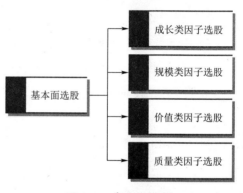

图11.1　基本面选股

11.2　成长类因子选股

在Python量化选股中，成长类因子有7个，分别是营业收入同比增长率、营业收入环比增长率、净利润同比增长率、净利润环比增长率、营业利润率、销售净利率和销售毛利率。

11.2.1　营业收入同比增长率选股

营业收入是指在一定时期内，企业销售商品或提供劳务所获得的货币收入。如商业企业的商品销售收入、生产加工企业的产品销售收入、饮食业的饮食品销售收入、服务业的服务收入、仓储企业的仓储收入、运输企业的运费收入、代办运输收入等。营业收入的计算公式如下：

营业收入＝主营业务收入＋其他业务收入

或 营业收入＝产品销售量（或服务量）×产品单价（或服务单价）

主副产品（或不同等级产品）的销售收入应全部计入营业收入；所提供的不同类型服务收入也应计入营业收入。

营业收入同比增长率是指企业在一定期间内取得的营业收入与其上年同期营业收入的增长的百分比，以反映企业在此期间内营业收入的增长或下降等情况。营业收入同比增长率计算公式如下：

营业收入同比增长率＝（当期营业收入－上期营业收入）÷上期营业收入×100%

当期营业收入按使用者的需要可以是月度、季度或年度，也可以是会计年度起始日至会计报表截止日，如2017年1月1日至2017年9月30日等，另外，也可以是分析者采用的年化数据，如2017年10月1日至2018年9月30日。

上期营业收入是指与当期营业收入相对应的上一个年度此期间的营业收入。

营业收入同比增长率越大，说明企业当期获得的营业收入相对去年同期增长越大，对企业盈利有正面影响；而营业收入同比增长率为负时，则表明企业营业收入出现下降，应引起企业管理者或投资者的注意。

> 提醒：由于很多企业处于不同的行业，其业务的经营带有很强的季节性，因此，简单按月或季度去比较营业收入并不客观，而营业收入同比增长率有效地剔除了这种季节性比较明显的企业按月或按季度对比带来的偏颇，给企业营业收入的分析带来客观性。

连续地观察营业收入同比增长率的历史趋势，可以反映出企业的营业收入在不同的会计期间其增长变化的情况，对后期的预测带来一定的帮助。

营业收入同比增长率选股实例

成功登录聚宽JoinQuant量化交易平台后，单击菜单栏中的"我的策略/投资研究"命令，打开投资研究页面。单击"新建"按钮，弹出下一级子菜单，然后单击"文件夹"命令，就会新建一个文件夹，然后命名为"量化选股"。

再单击"新建"按钮，在弹出的菜单中单击"Python 3"，新建一个

Python 3文件，并命名为“营业收入同比增长率选股”，然后输入如下代码：

```
import pandas as pd
dataframe1 = get _ fundamentals( query(indicator).filter
(indicator.inc _ revenue _ year _ on _ year > 800), date='2018-08-01')
dataframe1
```

首先导入pandas包，并设置别名为pd，然后调用get_fundamentals()函数获取财务指标数据，返回值为dataframe。indicator为财务指标数据表名，查询条件是营业收入同比增长率大于800，即indicator.inc_revenue_year_on_year > 800，时间为2018年8月1日。

单击工具栏中的 **运行** 按钮，运行结果如图11.2所示。

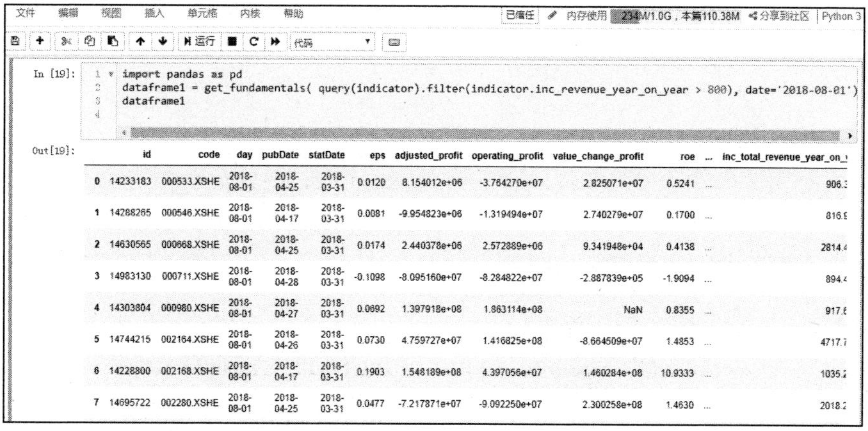

	id	code	day	pubDate	statDate	eps	adjusted_profit	operating_profit	value_change_profit	roe	...	inc_total_revenue_year_on_
0	14233183	000533.XSHE	2018-08-01	2018-04-25	2018-03-31	0.0120	8.154012e+06	-3.764270e+07	2.825071e+07	0.5241	...	906.3
1	14288265	000546.XSHE	2018-08-01	2018-04-17	2018-03-31	0.0081	-9.954823e+06	-1.319494e+07	2.740279e+07	0.1700	...	816.9
2	14630565	000668.XSHE	2018-08-01	2018-04-25	2018-03-31	0.0174	2.440378e+06	2.572889e+06	9.341948e+04	0.4138	...	2814.4
3	14983130	000711.XSHE	2018-08-01	2018-04-28	2018-03-31	-0.1098	-8.095160e+07	-8.284822e+07	-2.887839e+05	-1.9094	...	894.4
4	14303804	000980.XSHE	2018-08-01	2018-04-27	2018-03-31	0.0692	1.397918e+08	1.863114e+08	NaN	0.8355	...	917.8
5	14744215	002164.XSHE	2018-08-01	2018-04-26	2018-03-31	0.0730	4.759727e+07	1.416825e+08	-8.664509e+07	1.4853	...	4717.7
6	14228800	002168.XSHE	2018-08-01	2018-04-17	2018-03-31	0.1903	1.548189e+08	4.397056e+07	1.460284e+08	10.9333	...	1035.2
7	14695722	002280.XSHE	2018-08-01	2018-04-25	2018-03-31	0.0477	-7.217871e+07	-9.092250e+07	2.300258e+08	1.4630	...	2018.2

图11.2 营业收入同比增长率选股

11.2.2 营业收入环比增长率选股

营业收入环比增长率=（本期营业收入的值−上一期营业收入的值）÷上一期营业收入的值×100%。

需要注意的是，环比增长率是相对于上一期的，而同比增长率是相对于上一年度的同一期的。

营业收入环比增长率选股实例

成功登录聚宽JoinQuant量化交易平台后，单击菜单栏中的“我的策略/投资研究”命令，打开投资研究页面。双击“量化选股”文件夹，然后单击“新建”按钮，在弹出的菜单中单击“Python 3”，新建一个Python 3文件，并命

名为"营业收入环比增长率选股",然后输入如下代码:

```
import pandas as pd
dataframe1 = get_fundamentals( query(indicator).filter
(indicator.inc_revenue_annual > 900), date='2018-08-01')
dataframe1['code']
```

indicator为财务指标数据表名,查询条件是营业收入环比增长率大于900,即indicator.inc_revenue_annual > 900,时间为2018年8月1日。需要注意的是,这里只显示了选出股票的代码。

单击工具栏中的 ▶ 运行 按钮,运行结果如图11.3所示。

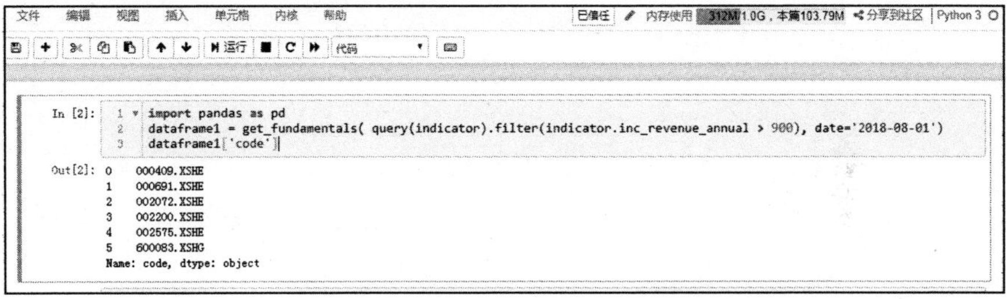

图11.3　营业收入同比增长率选股

11.2.3　净利润同比增长率选股

净利润是指企业当期利润总额减去所得税后的金额,即企业的税后利润。净利润是一个企业经营的最终成果,净利润多,企业的经营效益就好;净利润少,企业的经营效益就差,它是衡量一个企业经营效益的主要指标。

净利润同比增长率的计算公式如下:

净利润同比增长率=(当期净利润-上期净利润)÷上期净利润的绝对值×100%

净利润同比增长率选股实例

成功登录聚宽JoinQuant量化交易平台后,单击菜单栏中的"我的策略/投资研究"命令,打开投资研究页面。双击"量化选股"文件夹,然后单击"新建"按钮,在弹出的菜单中单击"Python 3",新建一个Python 3文件,并命名为"净利润同比增长率选股",然后输入如下代码:

```
import pandas as pd
dataframe1 = get_fundamentals( query(indicator).filter(
indicator.inc_net_profit_year_on_year > 800,
```

```
indicator.inc _ revenue _ year _ on _ year > 900,
indicator.inc _ revenue _ annual > 500,
                                      )
                                      , date='2018-08-01')
dataframe1['code']
```

indicator为财务指标数据表名，查询条件有三个，分别是净利润同比增长率大于800，营业收入同比增长率大于900，营业收入环比增长率大于500。时间为2018年8月1日。需要注意的是，这里只显示了选出股票的代码。

单击工具栏中的 ▶ 运行 按钮，运行结果如图11.4所示。

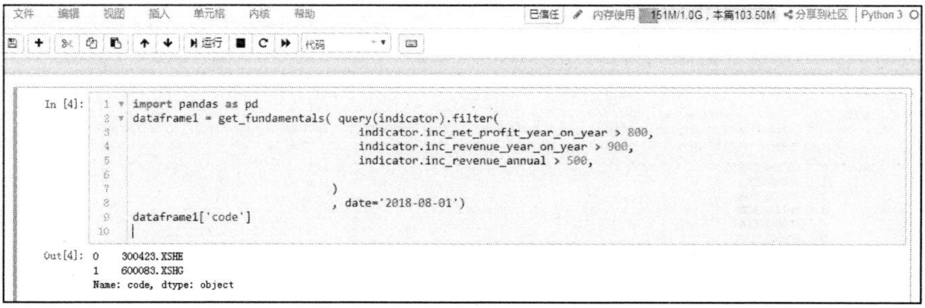

图11.4　净利润同比增长率选股

在这里可以看到，满足上述条件的股票只有两只。

11.2.4　净利润环比增长率选股

净利润环比增长率=（本期净利润的值-上一期净利润的值）÷上一期净利润的值的绝对值×100%。

净利润环比增长率选股实例

成功登录聚宽JoinQuant量化交易平台后，单击菜单栏中的"我的策略/投资研究"命令，打开投资研究页面。双击"量化选股"文件夹，然后单击"新建"按钮，在弹出的菜单中单击"Python 3"，新建一个Python 3文件，并命名为"净利润环比增长率选股"，然后输入如下代码：

```
import pandas as pd
dataframe1 = get _ fundamentals( query(indicator).filter(
indicator.inc _ net _ profit _ annual > 300,
indicator.inc _ revenue _ annual > 400,
                                      )
```

```
                                       , date='2018-08-01')
dataframe1['code']
```

indicator为财务指标数据表名，查询条件有两个，分别是净利润环比增长率大于300，营业收入环比增长率大于400。时间为2018年8月1日。

单击工具栏中的 ▶ 运行 按钮，运行结果如图11.5所示。

```
文件   编辑   视图   插入   单元格   内核   帮助                     已信任 ✎ 内存使用  229M/1.0G，本篇102.78M  ◀ 分享到社区  Python 3 ○

🖫  +  ✂  🗗  ▲  ▼  ▶ 运行  ■  ℃  ▶   代码        ▼   ⊞

In [4]:   1 ▼ import pandas as pd
          2   dataframe1 = get_fundamentals( query(indicator).filter(
          3       indicator.inc_net_profit_annual > 300,
          4 ▼ indicator.inc_revenue_annual > 400,
          5                          )
          6                          , date='2018-08-01')
          7   dataframe1['code']
          8

Out[4]:  0   000560.XSHE
         1   002470.XSHE
         2   002499.XSHE
         3   002575.XSHE
         4   300423.XSHE
         5   600641.XSHG
         6   600647.XSHG
         Name: code, dtype: object
```

图11.5 净利润环比增长率选股

11.2.5 营业利润率选股

营业利润率是指经营所得的营业利润占销货净额的百分比，或占投入资本额的百分比，其计算公式如下：

营业利润率=营业利润÷全部业务收入×100%

营业利润率越高，说明企业商品销售额提供的营业利润越多，企业的盈利能力越强；反之，此比率越低，说明企业盈利能力越弱。

营业利润率选股实例

成功登录聚宽JoinQuant量化交易平台后，单击菜单栏中的"我的策略/投资研究"命令，打开投资研究页面。双击"量化选股"文件夹，然后单击"新建"按钮，在弹出的菜单中单击"Python 3"，新建一个Python 3文件，并命名为"营业利润率选股"，然后输入如下代码：

```
import pandas as pd
dataframe1 = get_fundamentals( query(indicator).filter(
indicator.operation_profit_to_total_revenue > 160,
                        )
                        , date='2018-08-01')
dataframe1['code']
```

indicator为财务指标数据表名，查询条件是营业利润率大于160。时间为2018年8月1日。

单击工具栏中的 ▶ 运行 按钮，运行结果如图11.6所示。

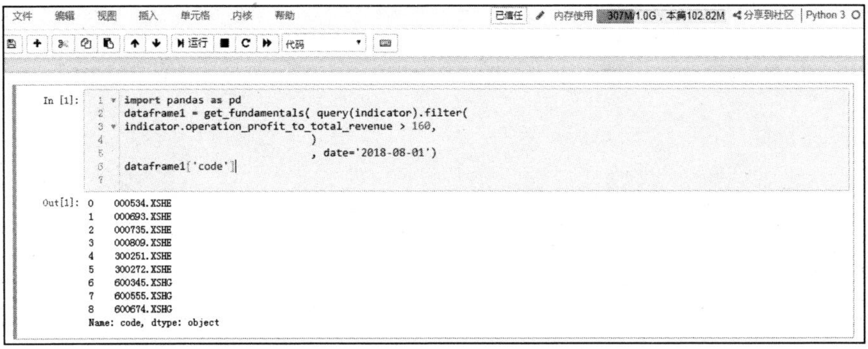

图11.6　净利润环比增长率选股

11.2.6　销售净利率选股

销售净利率是指企业实现净利润与销售收入的对比关系，用以衡量企业在一定时期的销售收入获取的能力，其计算公式如下：

销售净利率=净利润÷销售收入×100%

销售净利率反映每一元销售收入带来的净利润的多少，表示销售收入的收益水平。

销售净利率与净利润成正比关系，与销售收入成反比关系，企业在增加销售收入额的同时，必须相应地获得更多的净利润，才能使销售净利率保持不变或有所提高。

销售净利率选股实例

成功登录聚宽JoinQuant量化交易平台后，单击菜单栏中的"我的策略/投资研究"命令，打开投资研究页面。双击"量化选股"文件夹，然后单击"新建"按钮，在弹出的菜单中单击"Python 3"，新建一个Python 3文件，并命名为"销售净利率选股"，然后输入如下代码：

```
import pandas as pd
dataframe1 = get _ fundamentals( query(indicator).filter(
indicator.net _ profit _ margin > 180,
```

```
indicator.operation _ profit _ to _ total _ revenue > 140,
                            )
                    , date='2018-08-01')
dataframe1['code']
```

indicator为财务指标数据表名，查询条件有两个，分别是销售净利率大于180，营业利润率大于140。时间为2018年8月1日。

单击工具栏中的 ▶ **运行** 按钮，运行结果如图11.7所示。

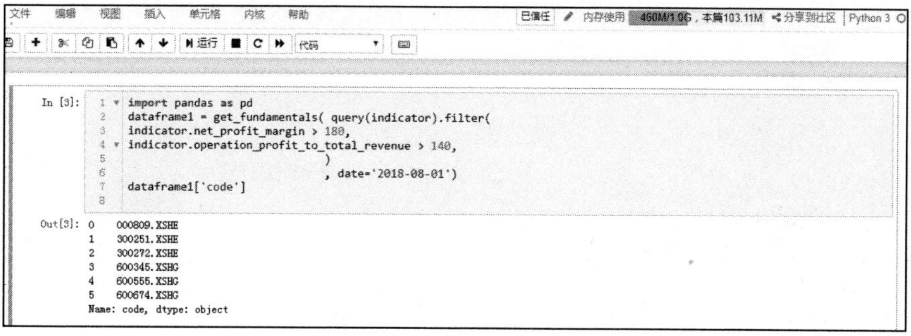

图11.7 销售净利率选股

11.2.7 销售毛利率选股

销售毛利率是毛利占销售净值的百分比，通常称为毛利率。其中毛利是销售净收入与产品成本的差，其计算公式如下：

销售毛利率=（销售净收入－产品成本）÷销售净收入×100%

销售毛利率是上市公司的重要经营指标，能反映公司产品的竞争力和获利潜力。它反映了企业产品销售的初始获利能力，是企业净利润的起点，没有足够高的毛利率便不能形成较大的盈利。

与同行业比较，如果公司的毛利率显著高于同业水平，则说明公司产品附加值高，产品定价高，或与同行比较公司存在成本上的优势，有竞争力。

与历史比较，如果公司的毛利率显著提高，则可能是公司所在行业处于复苏时期，产品价格大幅上升。在这种情况下投资者需考虑这种价格的上升是否能持续，公司将来的盈利能力是否有保证。相反，如果公司毛利率显著降低，则可能是公司所在行业竞争激烈，毛利率下降往往伴随着价格战的爆发或成本的失控，这种情况预示产品盈利能力的下降。

销售毛利率选股实例

成功登录聚宽JoinQuant量化交易平台后，单击菜单栏中的"我的策略/投资研究"命令，打开投资研究页面。双击"量化选股"文件夹，然后单击"新建"按钮，在弹出的菜单中单击"Python 3"，新建一个Python 3文件，并命名为"销售毛利率选股"，然后输入如下代码：

```
import pandas as pd
dataframe1 = get_fundamentals( query(indicator).filter(
indicator.gross_profit_margin > 80,
indicator.operation_profit_to_total_revenue > 90,
                        )
                        , date='2018-08-01')
dataframe1['code']
```

indicator为财务指标数据表名，查询条件有两个，分别是销售毛利率大于80，营业利润率大于90。时间为2018年8月1日。

单击工具栏中的 ▶ 运行 按钮，运行结果如图11.8所示。

图11.8　销售毛利率选股

11.3　规模类因子选股

在Python量化选股中，规模类因子有4个，分别是总市值、流通市值、总股本和流通股本。

11.3.1　总市值选股

总市值是指在某特定时间内总股本数乘以当时股价得出的股票总价

值。沪市所有股票的市值就是沪市总市值。深市所有股票的市值就是深市总市值。

总市值用来表示个股权重大小或大盘的规模大小,对股票买卖没有什么直接作用,但很多时候走强的却大多是市值大的个股,由于市值越大在指数中占的比例越高,庄家往往通过控制这些高市值的股票达到控制大盘的目的。这时候对股票买卖好像又有作用。

总市值选股实例

成功登录聚宽JoinQuant量化交易平台后,单击菜单栏中的"我的策略/投资研究"命令,打开投资研究页面。双击"量化选股"文件夹,然后单击"新建"按钮,在弹出的菜单中单击"Python 3",新建一个Python 3文件,并命名为"总市值选股",然后输入如下代码:

```
import pandas as pd
dataframe1 = get_fundamentals( query(valuation).filter(
valuation.market_cap > 15000
                            )
                            , date='2018-08-01')
dataframe1['code']
```

valuation为市值数据表名,查询条件是总市值大于15000亿元,时间为2018年8月1日。

单击工具栏中的 ▶ 运行 按钮,运行结果如图11.9所示。

图11.9 总市值选股

11.3.2 流通市值选股

流通市值是指在某特定时间内当时可交易的流通股股数乘以当时股价得出的流通股票总价值。在中国,上市公司的股份结构中分国有股、法人股、个人股等。

目前只有个人股可以上市流通交易。这部分流通的股份总数乘以股票市场价格,就是流通市值。

流通市值选股实例

成功登录聚宽JoinQuant量化交易平台后,单击菜单栏中的"我的策略/投资研究"命令,打开投资研究页面。双击"量化选股"文件夹,然后单击"新建"按钮,在弹出的菜单中单击"Python 3",新建一个Python 3文件,并命名为"流通市值选股",然后输入如下代码:

```
import pandas as pd
dataframe1 = get _ fundamentals( query(valuation).filter(
valuation.circulating _ market _ cap > 15000
                        )
                        , date='2018-08-01')
dataframe1['code']
```

valuation为市值数据表名,查询条件是流通市值大于15000亿元,时间为2018年8月1日。

单击工具栏中的 ▶ 运行 按钮,运行结果如图11.10所示。

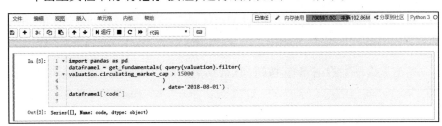

图11.10　总市值选股

在这里发现,没有一只股票的流通市值大于15 000亿元。如果把查询条件改为流通市值大于12 000亿元,就会查到两只股票,如图11.11所示。

图11.11　流通市值大于12 000亿元的股票

11.3.3 总股本选股

总股本是指公司已发行的普通股股份总数（包含A股、B股和H股的总股本）。

总股本选股实例

成功登录聚宽JoinQuant量化交易平台后，单击菜单栏中的"我的策略/投资研究"命令，打开投资研究页面。双击"量化选股"文件夹，然后单击"新建"按钮，在弹出的菜单中单击"Python 3"，新建一个Python 3文件，并命名为"总股本选股"，然后输入如下代码：

```
import pandas as pd
dataframe1 = get _ fundamentals( query(valuation).filter(
valuation.capitalization > 20000000
                        )
                        , date='2018-08-01')
dataframe1['code']
```

valuation为市值数据表名，查询条件是总股本大于20000000万股，时间为2018年8月1日。

单击工具栏中的 ▶ 运行 按钮，运行结果如图11.12所示。

图11.12 总股本选股

11.3.4 流通股本选股

流通股本是指公司已发行的境内上市流通、以人民币兑换的股份总数，即A股市场的流通股本。

流通股本选股实例

成功登录聚宽JoinQuant量化交易平台后，单击菜单栏中的"我的策略/

投资研究"命令,打开投资研究页面。双击"量化选股"文件夹,然后单击"新建"按钮,在弹出的菜单中单击"Python 3",新建一个Python 3文件,并命名为"流通股本选股",然后输入如下代码:

```
import pandas as pd
dataframe1 = get_fundamentals( query(valuation).filter(
valuation.circulating_cap > 10000000 ,
valuation.circulating_market_cap > 6000
                              )
                              , date='2018-08-01')
dataframe1['code']
```

valuation为市值数据表名,查询条件有两个,分别是流通股本大于10 000 000万股,流通市值大于6 000亿元。时间为2018年8月1日。

单击工具栏中的 ▶ 运行 按钮,运行结果如图11.13所示。

图11.13　流通股本选股

11.4　价值类因子选股

在Python量化选股中,价值类因子有5个,分别是市净率、市销率、市现率、动态市盈率和静态市盈率。

11.4.1　市净率选股

市净率是指每股股价与每股净资产的比率,其计算公式如下:

市净率=每股市价÷每股净资产

市净率可用于股票投资分析,一般来说市净率较低的股票,投资价值较高,相反,则投资价值较低。但在判断投资价值时还要考虑当时的市场环境以及公司经营情况、盈利能力等因素。

市净率选股实例

成功登录聚宽JoinQuant量化交易平台后,单击菜单栏中的"我的策略/投资研究"命令,打开投资研究页面。双击"量化选股"文件夹,然后单击"新建"按钮,在弹出的菜单中单击"Python 3",新建一个Python 3文件,并命名为"市净率选股",然后输入如下代码:

```
import pandas as pd
dataframe1 = get _ fundamentals( query(valuation).filter(
valuation.pb _ ratio  <  1.2 ,
valuation.market _ cap > 5000
                            )
                            , date='2018-08-01')
dataframe1['code']
```

valuation为市值数据表名,查询条件有两个,分别是市净率小于1.2,总市值大于5 000亿元。时间为2018年8月1日。

单击工具栏中的 ▶ 运行 按钮,运行结果如图11.14所示。

图11.14　市净率选股

11.4.2　市销率选股

市销率为股票价格与每股销售收入之比,市销率越小,通常被认为投资价值越高。市销率的计算公式如下:

市销率=股价÷每股销售额

在基本分析的诸多工具中,市销率是最常用的参考指标之一。可以认为,对于成熟期的企业，通常使用市盈率（PE）来估值，而对于尚未盈利的高成长性企业，则使用市销率（PS）来估值更为可靠。

市销率选股实例

成功登录聚宽JoinQuant量化交易平台后，单击菜单栏中的"我的策略/投资研究"命令，打开投资研究页面。双击"量化选股"文件夹，然后单击"新建"按钮，在弹出的菜单中单击"Python 3"，新建一个Python 3文件，并命名为"市销率选股"，然后输入如下代码：

```
import pandas as pd
dataframe1 = get_fundamentals( query(valuation).filter(
valuation.ps_ratio  <  0.4,
valuation.pb_ratio  <  0.8
                            )
                            , date='2018-08-01')
dataframe1['code']
```

valuation为市值数据表名，查询条件有两个，分别是市销率小于0.4，市净率小于0.8。时间为2018年8月1日。

单击工具栏中的 ▶ 运行 按钮，运行结果如图11.15所示。

图11.15 市销率选股

11.4.3 市现率选股

市现率是股票价格与每股现金流量的比率。市现率可用于评价股票的价格水平和风险水平。市现率越小，表明上市公司的每股现金增加额越多，经营压力越小。对于参与资本运作的投资机构，市现率还意味着其运作资本的增加效率。

市现率选股实例

成功登录聚宽JoinQuant量化交易平台后，单击菜单栏中的"我的策略/投资研究"命令，打开投资研究页面。双击"量化选股"文件夹，然后单击"新建"按钮，在弹出的菜单中单击"Python 3"，新建一个Python 3文件，并命名为"市现率选股"，然后输入如下代码：

```
import pandas as pd
dataframe1 = get _ fundamentals( query(valuation).filter(
valuation.pcf _ ratio  < 0.6 ,
valuation.pb _ ratio  <  0.5
                           )
                     , date='2018-08-01')
dataframe1['code']
```

valuation为市值数据表名，查询条件有两个，分别是市现率小于0.6，市净率小于0.5。时间为2018年8月1日。

单击工具栏中的 ▶ 运行 按钮，运行结果如图11.16所示。

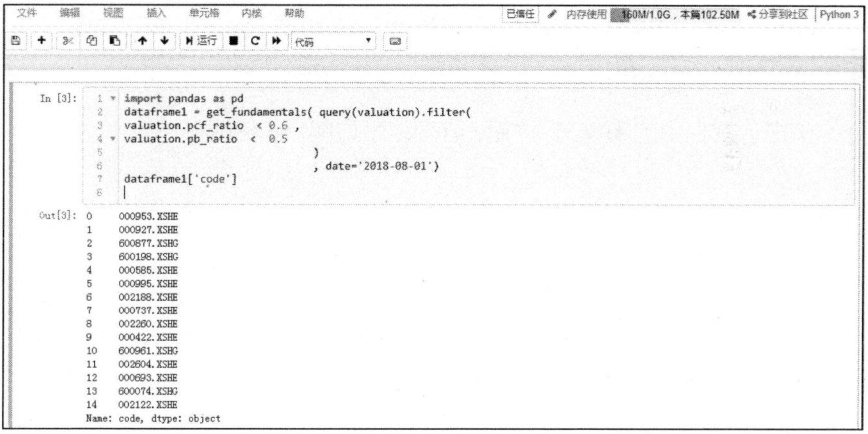

图11.16　市现率选股

11.4.4　动态市盈率选股

动态市盈率（PE）是指还没有真正实现的下一年度的预测利润的市盈率，其计算公式如下。

动态市盈率=股票现价÷未来每股收益的预测值

动态市盈率和市盈率是全球资本市场通用的投资参考指标,用以衡量某一阶段资本市场的投资价值和风险程度,也是资本市场之间用来相互参考与借鉴的重要依据。

动态市盈率选股实例

成功登录聚宽JoinQuant量化交易平台后,单击菜单栏中的"我的策略/投资研究"命令,打开投资研究页面。双击"量化选股"文件夹,然后单击"新建"按钮,在弹出的菜单中单击"Python 3",新建一个Python 3文件,并命名为"动态市盈率选股",然后输入如下代码:

```
import pandas as pd
dataframe1 = get _ fundamentals( query(valuation).filter(
valuation.pe _ ratio  <  6  ,
valuation.pcf _ ratio  < 0.5 ,
valuation.ps _ ratio  <  0.4
                        )
                        , date='2018-08-01')
dataframe1['code']
```

valuation为市值数据表名,查询条件有三个,分别是动态市盈率小于6,市现率小于0.5,市销率小于0.4。时间为2018年8月1日。

单击工具栏中的 ▶ 运行 按钮,运行结果如图11.17所示。

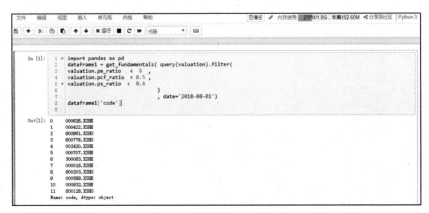

图11.17　动态市盈率选股

11.4.5　静态市盈率选股

静态市盈率，即市场广泛谈及的市盈率，是用当前每股市场价格除以该公司的每股税后利润，其计算公式如下：

市盈率=股票每股市价÷每股税后利润，即市盈率=股价÷每股收益

一般来说，市盈率表示该公司需要累积多少年的盈利才能达到如今的市价水平，所以市盈率指标数值越小越好，越小说明投资回收期越短，风险越小，投资价值一般就越高；倍数大则意味着翻本期长，风险大。

静态市盈率选股实例

成功登录聚宽JoinQuant量化交易平台后，单击菜单栏中的"我的策略/投资研究"命令，打开投资研究页面。双击"量化选股"文件夹，然后单击"新建"按钮，在弹出的菜单中单击"Python 3"，新建一个Python 3文件，并命名为"静态市盈率选股"，然后输入如下代码：

```
import pandas as pd
dataframe1 = get_fundamentals( query(valuation).filter(
valuation.pe_ratio > 4 ,
valuation.pe_ratio < 5 ,
                                     )
                               , date='2018-08-01')
dataframe1['code']
```

valuation为市值数据表名，查询条件是静态市盈率大于4，而小于5，即在4~5之间。时间为2018年8月1日。

单击工具栏中的 ▶ 运行 按钮，运行结果如图11.18所示。

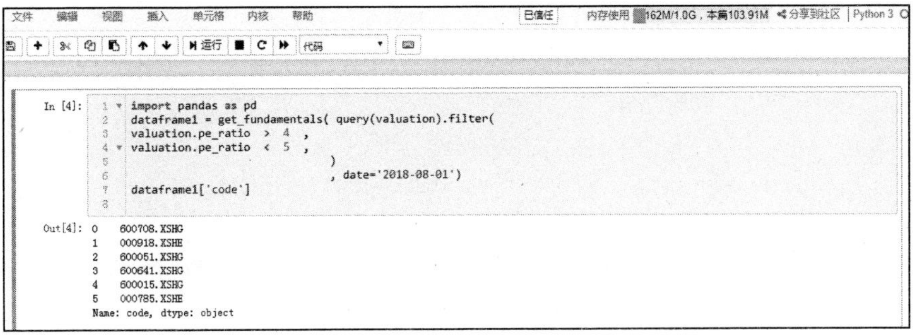

图11.18　静态市盈率选股

11.5 质量类因子选股

在Python量化选股中，质量类因子有两个，分别是净资产收益率、总资产净利率。

11.5.1 净资产收益率选股

净资产是指企业的资产总额减去负债以后的净额。它由两大部分组成：一部分是企业开办当初投入的资本，包括溢价部分；另一部分是企业在经营之中创造的，也包括接受捐赠的资产，属于所有者权益。净资产的计算公式如下：

净资产＝资产－负债

净资产收益率是企业税后利润除以净资产得到的百分比率，该指标反映股东权益的收益水平，用以衡量企业运用自有资本的效率。指标值越高，说明投资带来的收益越高。该指标体现了自有资本获得净收益的能力。净资产收益率的计算公式如下：

净资产收益率＝税后利润÷所有者权益×100%

净资产收益率选股实例

成功登录聚宽JoinQuant量化交易平台后，单击菜单栏中的"我的策略/投资研究"命令，打开投资研究页面。双击"量化选股"文件夹，然后单击"新建"按钮，在弹出的菜单中单击"Python 3"，新建一个Python 3文件，并命名为"净资产收益率选股"，然后输入如下代码：

```
import pandas as pd
dataframe1 = get _ fundamentals( query(indicator).filter(
indicator.roe >20
                              )
                         , date='2018-08-01')
dataframe1['code']
```

indicator为财务指标数据表名，查询条件是净资产收益率大于20，时间为2018年8月1日。

单击工具栏中的 ▶ **运行** 按钮，运行结果如图11.19所示。

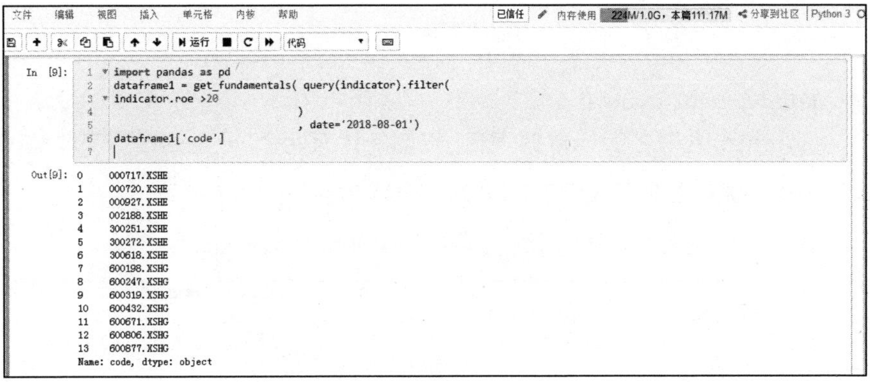

图11.19　净资产收益率选股

11.5.2　总资产净利率选股

总资产是指某一经济实体拥有或控制的、能够带来经济利益的全部资产。一般可以认为，某一会计主体的总资产金额等于其资产负债表的"资产总计"金额。

总资产净利率是指公司净利润与平均资产总额的百分比，其计算公式如下：

总资产净利率=净利润÷平均资产总额×100%

其中，平均资产总额=（期初资产总额+期末资产总额）÷2

总资产净利率反映的是公司运用全部资产所获得利润的水平，即公司每占用1元的资产平均能获得多少元的利润。总资产净利率越高，表明公司投入产出水平越高，资产运营越有效，成本费用的控制水平越高。

总资产净利率选股实例

成功登录聚宽JoinQuant量化交易平台后，单击菜单栏中的"我的策略/投资研究"命令，打开投资研究页面。双击"量化选股"文件夹，然后单击"新建"按钮，在弹出的菜单中单击"Python 3"，新建一个Python 3文件，并命名为"总资产净利率选股"，然后输入如下代码：

```
import pandas as pd
dataframe1 = get _ fundamentals( query(indicator).filter(
indicator.roe > 15   ,
indicator.roa > 8
```

```
                              )
                      , date='2018-08-01')
dataframe1['code']
```

indicator为财务指标数据表名，查询条件有两个，分别是净资产收益率大于15和总资产净利率大于8。时间为2018年8月1日。

单击工具栏中的 ▶ 运行 按钮，运行结果如图11.20所示。

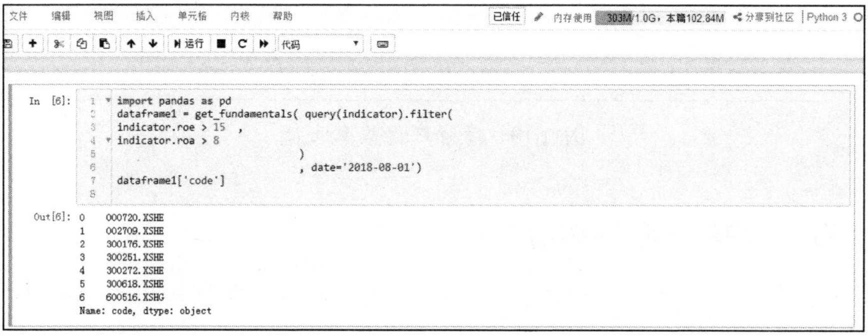

图11.20　总资产净利率选股

11.6　基本面多因子量化选股的注意事项

前面讲解了成长类因子、规模类因子、价值类因子和质量类因子的选股方法与技巧，但这都是从一个表中提出数据，并且选股条件的多个因子也来源于一张表。如果来源于多张表，该如何操作呢？下面具体讲解一下。

基本面因子存在于多张表中，如前面实例中的财务指标数据表（indicator）、市值数据表（valuation），还有资产负债数据表（balance）、现金流数据表（cash_flow）、利润数据表（income）。

假如仍是选出符合条件的股票代码，条件是换手率（该字段在valuation表中）大于15、流动资产合计大于流动负债合计（这两个字段在balance中）、经营活动现金流入小计大于经营活动现金流出小计（这两个字段在cash_flow中）、营业净利润（该字段在income表中）大于10000万元、销售毛利率（该字段在indicator表中）大于20。

来源于多张表的基本面多因子选股实例

成功登录聚宽JoinQuant量化交易平台后,单击菜单栏中的"我的策略/投资研究"命令,打开投资研究页面。双击"量化选股"文件夹,然后单击"新建"按钮,在弹出的菜单中单击"Python 3",新建一个Python 3文件,并命名为"来源于多张表的基本面多因子选股",然后输入如下代码:

```
import pandas as pd
dataframe1 = get _ fundamentals( query(indicator).filter(
valuation.turnover _ ratio > 15  ,
balance.total _ current _ assets > balance.total _ current _
liability  ,
cash _ flow.subtotal _ operate _ cash _ inflow > cash _ flow.
subtotal _ operate _ cash _ outflow ,
income.net _ profit > 10000  ,
indicator.gross _ profit _ margin > 20

                        )
                        , date='2018-08-01')
dataframe1['code']
```

在这里可以看到,查询的表是财务指标数据表(indicator),是一张表,但查询条件来源于五张表,写法是表名.字段名即可。查询时间是2018年8月1日。

单击工具栏中的 ▶ 运行 按钮,运行结果如图11.21所示。

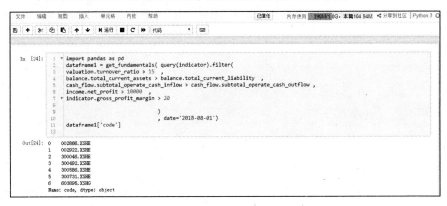

图11.21 来源于多张表的基本面多因子选股

第12章

Python量化择时的技术指标函数

技术指标通过对原始数据（开盘价、收盘价、最低价、最高价、成交量、成交金额、成交笔数）的处理，来反映出市场的某一方面深层的内涵，这些内涵是很难通过原始数据直接看出来的。技术指标能客观地反映某些既成过去的事实，将某些市场的数据形象化、直观化，将某些分析理论数量化和精细化。正因为技术指标可以提供具体量化条件，所以可以实现量化买卖，这也是在量化交易中，技术指标应用最为广泛的原因。

本章主要内容包括：
➤ 初识量化择时
➤ 趋向指标函数
➤ 反趋向指标函数
➤ 压力支撑指标函数
➤ 量价指标函数

12.1 初识量化择时

量化择时是指利用数量化的方法,通过各种技术分析的量化分析,找到自选股中的股票的买点和卖点时机。在各种技术分析中,技术指标是非常重要的量化分析手段,也是最常用的量化分析工具。

目前,应用于股市的技术指标有几百种,按照不同的计算原理和反映状况,可大致分为4类,分别是趋向指标、反趋向指标、压力支撑指标和量价指标,如图12.1所示。

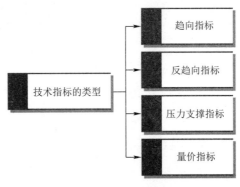

图12.1 技术指标的类型

1. 趋向指标

趋向指标是识别和追踪有趋势的图形类指标,其特点是不试图猜顶和测底,如均线指标、MACD指标等。

2. 反趋向指标

反趋向指标,又称为振荡指标,是识别和追踪趋势运行的转折点的图形类指标,其特点是具有强烈的捕顶和捉底的意图,对市场转折点较敏感,如随机指标KDJ、强弱指标RSI等。

3. 压力支撑指标

压力支撑指标,又称为通道指标,是通过顶部轨道线和底部轨道线,试图捕捉行情的顶部和底部的图形类指标,其特点是具有明显的压力线,也有明显的支撑线,如BOLL指标、XS指标。

4. 量价指标

量价指标就是通过成交量变动来分析捕捉价格未来走势的图形类指标,

其特点是以"成交量是市场元气"为依据,揭示成交量与价格涨跌的关系,如OBV指标、VOL指标等。

12.2 趋向指标函数

趋向指标是投资者最容易在市场中获利的方法,也是股票、期货、外汇市场中最为著名的格言"让利润充分增长,限制损失"的真实反映。

12.2.1 MACD指标函数

MACD指标,即平滑异同平均线。在Python量化交易策略中,平滑异同平均线MACD的语法格式如下:

```
MACD(security_list, check_date, SHORT = 12, LONG = 26, MID = 9)
```

各参数意义如下。

参数security_list: 股票列表,可以是一只股票,也可以是多只股票。

参数check_date: 要查询数据的日期。

参数SHORT: 统计的天数SHORT。

参数LONG: 统计的天数LONG。

参数MID: 统计的天数MID。

返回DIFF、DEA和MACD的值,返回类型为字典(dict): 键(key)为股票代码,值(value)为数据。

平滑异同平均线MACD用法具体如下:

第一, DIFF、DEA均为正, DIFF向上突破DEA,买入信号。

第二, DIFF、DEA均为负, DIFF向下跌破DEA,卖出信号。

第三, DEA线与K线发生背离,行情反转信号。

第四,分析MACD柱状线,由红变绿(正变负),卖出信号;由绿变红,买入信号。

> 提醒: DIFF 线是指收盘价短期、长期指数平滑移动平均线间的差; DEA 线是指 DIFF 线的 M 日指数平滑移动平均线; MACD 线是指 DIFF 线与 DEA 线的差,用彩色柱状线表示。

MACD指标函数实例

成功登录聚宽JoinQuant量化交易平台后，单击菜单栏中的"我的策略/投资研究"命令，打开投资研究页面。单击"新建"按钮，弹出下一级子菜单，然后单击"文件夹"命令，就会新建一个文件夹，然后命名为"量化择时"。

再单击"新建"按钮，在弹出的菜单中单击"Python 3"，新建一个Python 3文件，并命名为"MACD指标函数"，然后输入如下代码：

```
# 导入 technical _ analysis 库
from jqlib.technical _ analysis import *
# 定义股票池列表
security _ list1 = '002797.XSHE'
# 计算并输出 security _ list1 的 MACD 值
macd _ diff, macd _ dea, macd _ macd = MACD(security _
list1,check _ date='2018-08-01', SHORT = 12, LONG = 26, MID = 9)
print(" 第一创业的 MACD 指标的 DIFF 值: ",macd _ diff[security _ list1])
print(" 第一创业的 MACD 指标的 DEA 值: ",macd _ dea[security _ list1])
print(" 第一创业的 MACD 指标的 MACD 值: ",macd _ macd[security _ list1])
```

首先导入technical_analysis库，这样才可以使用函数MACD()。在这里定义计算的股标为第一创业（002797），接着就调用函数MACD()，获得DIFF、DEA和MACD的值，最后利用print()函数显示。

单击工具栏中的 ▶ 运行 按钮，运行结果如图12.2所示。

图12.2　MACD指标函数

利用函数MACD()获得DIFF、DEA和MACD的值后，就可以量化择时，进行股票的买卖操作了。

例如，DIFF、DEA均为正，DIFF向上突破DEA，买入信号，转为了Python代码如下。

```
macd _ diff  >  0
macd _ dea  >  0
macd _ diff  >  macd _ dea
```

DIFF、DEA均为负，DIFF向下跌破DEA，卖出信号，转为了Python代码如下：

```
macd _ diff  <  0
macd _ dea  <  0
macd _ diff  <  macd _ dea
```

12.2.2 EMV指标函数

EMV指标，即简易波动指标。在Python量化交易策略中，简易波动指标EMV的语法格式如下：

```
EMV(security _ list, check _ date, N = 14, M = 9)
```

其中，security_list和check_date参数与MACD指标相同，这里不再多解释。

参数N和M表示统计的天数N和统计的天数M。

返回EMV和MAEMV的值，返回类型也与MACD指标相同，这里不再多解释。

简易波动指标EMV用法具体如下：

第一，EMV由下往上穿越0轴时，视为中期买进信号。

第二，EMV由上往下穿越0轴时，视为中期卖出信号。

第三，EMV的平均线穿越0轴，产生假信号的机会较少。

需要注意的是，须长期使用EMV指标才能获得最佳利润。

EMV指标函数实例

双击"量化择时"文件夹，单击"新建"按钮，在弹出的菜单中单击"Python 3"，新建一个Python 3文件，并命名为"EMV指标函数"，然后输入如下代码：

```
# 导入 technical _ analysis 库
from jqlib.technical _ analysis import *
# 定义股票池列表
security _ list1 = ['000001.XSHE','000002.XSHE','601211.XSHG',
```

```
'603177.XSHG']
    # 计算并输出 security_list1 的 EMV 值
    EMV1,MAEMV1 = EMV(security_list1,check_date='2018-08-01', N =
14, M = 9)
    for stock in security_list1:
        print(EMV1[stock])
        print(MAEMV1[stock])
```

注意，这里显示多只股票的EMV指标的参数值，要使用for循环语句显示。

单击工具栏中的 ▶ 运行 按钮，运行结果如图12.3所示。

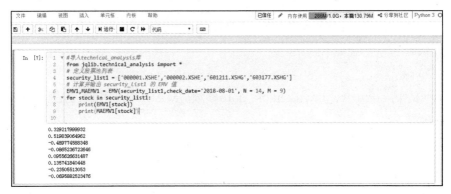

图12.3　EMV指标函数

12.2.3　UOS指标函数

UOS指标，即终极指标。终极指标UOS的语法格式如下：

UOS(security_list, check_date, N1 = 7, N2 = 14, N3 = 28, M = 6)

其中，security_list和check_date参数与MACD指标相同，这里不再多解释。

参数N1、N2、N3和M表示统计的天数N1、N2、N3和统计的天数M。

返回终极指标和MAUOS的值，返回类型也与MACD指标相同，这里不再多解释。

终极指标UOS用法具体如下：

第一，UOS上升至50~70，而后向下跌破其N字曲线低点时，为短线卖点。

第二，UOS上升超过70以上，而后向下跌破70时，为中线卖点。

第三，UOS下跌至45以下，而后向上突破其N字曲线高点时，为短线买点。

第四，UOS下跌至35以下，产生一底比一底高的背离现象时，为底部特征。

需要注意的是，以上各项数据会因个股不同而略有不同，请投资者利用参考线自行修正。

UOS指标函数实例

双击"量化择时"文件夹，单击"新建"按钮，在弹出的菜单中单击"Python 3"，新建一个Python 3文件，并命名为"UOS指标函数"，然后输入如下代码：

```
# 导入technical_analysis库
from jqlib.technical_analysis import *
# 定义股票池列表
security_list1 = '000001.XSHE'
# 计算并输出 security_list1 的UOS值
uos_ultiInc, uos_mauos = UOS(security_list1,check_date='2018-08-01', N1 = 7, N2 = 14, N3 = 28, M = 6)
print("平安银行的终极指标UOS的终极指标值: ",uos_ultiInc[security_list1])
print("平安银行的终极指标UOS的MAUOS的值: ",uos_mauos[security_list1])
```

单击工具栏中的 ▶ 运行 按钮，运行结果如图12.4所示。

图12.4　UOS指标函数

12.2.4　GDX指标函数

GDX指标，即鬼道线。鬼道线指标GDX的语法格式如下。

```
GDX(security _ list, check _ date, N = 30, M = 9)
```

其中, security_list和check_date参数与MACD指标相同, 这里不再多解释。

参数N和M表示统计的天数N和统计的天数M。

返回济安线、压力线和支撑线的值, 返回类型也与MACD指标相同, 这里不再多解释。

鬼道线指标GDX, 是一种用技术手段和经验判断来决定买卖股票的方法。该公式对趋势线做了平滑和修正处理, 更精确地反映了股价运行规律。

当股价上升到压力线时, 投资者就卖出股票;

当股价下跌到支撑线时, 投资者就进行相应的补进。

GDX指标函数实例

双击"量化择时"文件夹, 单击"新建"按钮, 在弹出的菜单中单击"Python 3", 新建一个Python 3文件, 并命名为"GDX指标函数", 然后输入如下代码:

```
# 导入 technical _ analysis 库
from jqlib.technical _ analysis import *
# 定义股票池列表
security _ list1 = '000001.XSHE'
security _ list2 = ['000001.XSHE','000002.XSHE','601211.XSHG']
# 计算并输出 security _ list1 的 GDX 值
gdx _ jax, gdx _ ylx, gdx _ zcx = GDX(security _ list1,check _
date='2017-01-04', N = 30, M = 9)
print(gdx _ jax[security _ list1])
print(gdx _ ylx[security _ list1])
print(gdx _ zcx[security _ list1])
# 输出 security _ list2 的 GDX 值
gdx _ jax, gdx _ ylx, gdx _ zcx = GDX(security _ list2,check _
date='2017-01-04', N = 30, M = 9)
for stock in security _ list2:
    print(gdx _ jax[stock])
    print(gdx _ ylx[stock])
    print(gdx _ zcx[stock])
```

单击工具栏中的 ▶ 运行 按钮, 运行结果如图12.5所示。

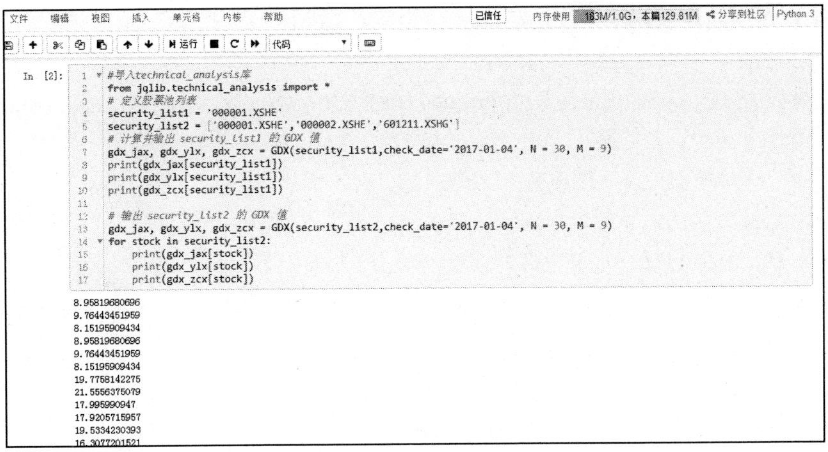

图12.5　GDX指标函数

12.2.5　DMA指标函数

DMA指标, 即平均差指标。平均差指标DMA的语法格式如下:

```
DMA(security _ list, check _ date, N1 = 10, N2 = 50, M = 10)
```

其中, security_list和check_date参数与MACD指标相同, 这里不再多解释。

参数N1、N2和M表示统计的天数。

返回DIF和DIFMA的值, 返回类型也与MACD指标相同, 这里不再多解释。

平均差指标DMA用法具体如下:

第一, DMA向上交叉其平均线时, 买进;

第二, DMA向下交叉其平均线时, 卖出;

第三, DMA的交叉信号比MACD略快;

第四, DMA与股价产生背离时的交叉信号, 可信度较高;

第五, DMA和MACD两者构成一组指标, 互相验证。

DMA指标函数实例

双击"量化择时"文件夹, 单击"新建"按钮, 在弹出的菜单中单击"Python 3", 新建一个Python 3文件, 并命名为"DMA指标函数", 然后输入如下代码:

```
# 导入technical _ analysis库
from jqlib.technical _ analysis import *
```

```
# 定义股票池列表
security_list1 = '000001.XSHE'
security_list2 = ['000001.XSHE','000002.XSHE','601211.XSHG',
'600001.XSHG']
# 计算并输出 security_list1 的 DMA 值
DIF1,DIFMA1 = DMA(security_list1,check_date='2017-01-04',
N1 = 10, N2 = 50, M = 10)
print(DIF1[security_list1])
print(DIFMA1[security_list1])
# 输出 security_list2 的 DMA 值
DIF2,DIFMA2 = DMA(security_list2,check_date='2017-01-04', N1
= 10, N2 = 50, M = 10)
for stock in security_list2:
    print(DIF2[stock])
    print(DIFMA2[stock])
```

单击工具栏中的 ▶ 运行 按钮，运行结果如图12.6所示。

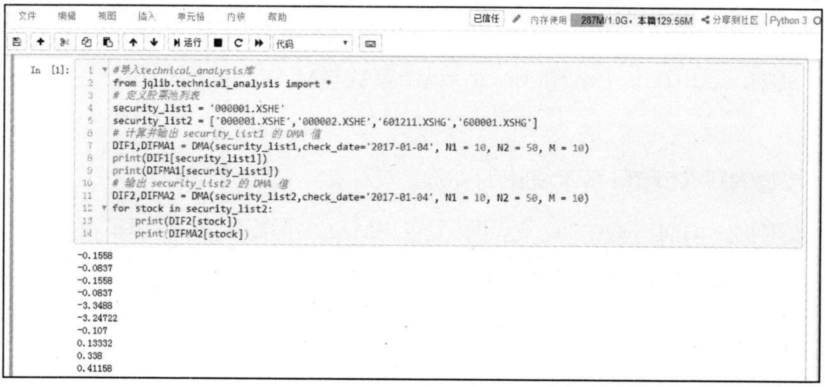

图12.6　DMA指标函数

12.2.6　JS指标函数

JS指标，即加速线。加速线JS指标的语法格式如下：

JS(security_list, check_date, N = 5, M1 = 5, M2 = 10, M3 = 20)

其中，security_list和check_date参数与MACD指标相同，这里不再多解释。

参数N1和M1、M2、M3表示统计的天数。

返回JS、MAJS1、MAJS2和MAJS3 的值，返回类型也与MACD指标相同，这里不再多解释。

加速线指标是衡量股价涨速的工具,加速线指标上升表明股价上升动力增加,加速线指标下降表明股价下降压力增加。

加速线适用于DMI表明趋势明显时(DMI.ADX大于20)使用:

第一,如果加速线在0值附近形成平台,则表明既不是最好的买入时机也不是最好的卖出时机;

第二,在加速线发生金叉后,均线形成底部是买入时机;

第三,在加速线发生死叉后,均线形成顶部是卖出时机。

JS指标函数实例

双击"量化择时"文件夹,单击"新建"按钮,在弹出的菜单中单击"Python 3",新建一个Python 3文件,并命名为"JS指标函数",然后输入如下代码:

```python
# 导入 technical_analysis 库
from jqlib.technical_analysis import *
# 定义股票池列表
security_list1 = ['000001.XSHE','000002.XSHE','601211.XSHG']
# 输出 security_list2 的 JS 值
js_jsx, js_majsx1, js_majsx2, js_majsx3 = JS(security_list1,check_date='2018-08-01', N = 5, M1 = 5, M2 = 10, M3 = 20)
for stock in security_list1:
    print(js_jsx[stock])
    print(js_majsx1[stock])
    print(js_majsx2[stock])
    print(js_majsx3[stock])
```

单击工具栏中的 ▶ 运行 按钮,运行结果如图12.7所示。

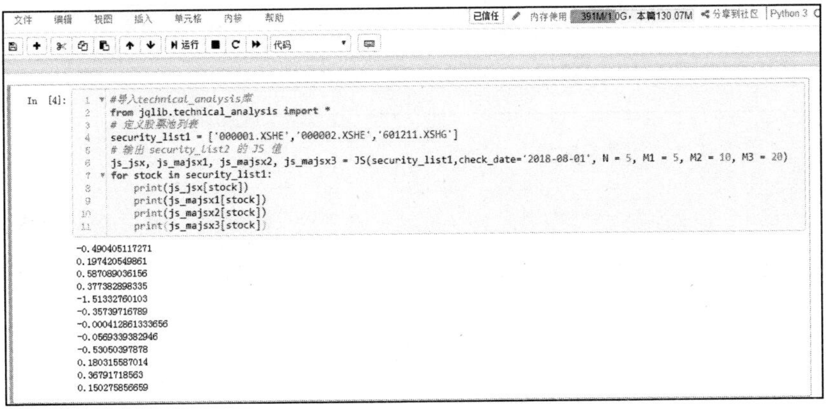

图12.7 JS指标函数

12.2.7　MA指标函数

MA指标，即均线。均线MA指标的语法格式如下：

```
MA(security_list, check_date, timeperiod=5)
```

其中，security_list和check_date参数与MACD指标相同，这里不再多解释。

参数timeperiod表示统计的天数。

返回MA的值，返回类型也与MACD指标相同，这里不再多解释。

均线MA指标用法具体如下：

第一，股价高于平均线，视为强势；股价低于平均线，视为弱势；

第二，平均线向上涨升，具有助涨力道；平均线向下跌降，具有助跌力道；

第三，两条以上平均线向上交叉时，买进；

第四，两条以上平均线向下交叉时，卖出；

第五，移动平均线的信号经常落后股价，若以EXPMA、VMA辅助，则可以改善。

MA指标函数实例

双击"量化择时"文件夹，单击"新建"按钮，在弹出的菜单中单击"Python 3"，新建一个Python 3文件，并命名为"MA指标函数"，然后输入如下代码：

```
# 导入 technical_analysis 库
from jqlib.technical_analysis import *
# 定义股票池列表
security_list1 = '000001.XSHE'
# 计算并输出 security_list1 的 MA 值
MA1 = MA(security_list1, check_date='2018-08-01', timeperiod=5)
print("平安银行的 5 日均线为: ",MA1[security_list1])
```

单击工具栏中的 ▶ 运行 按钮，运行结果如图12.8所示。

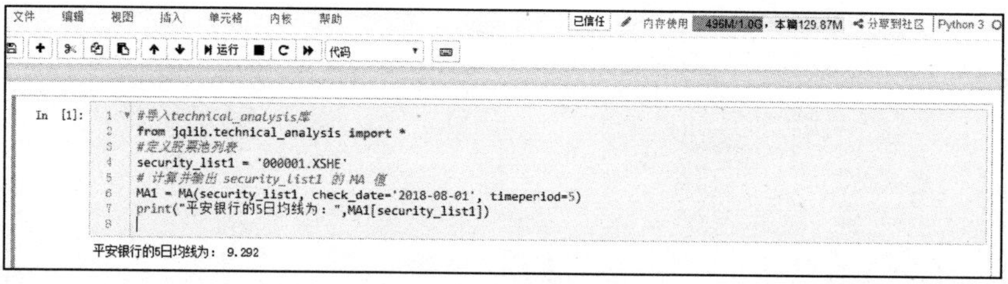

图12.8　MA指标函数

12.2.8　EXPMA指标函数

EXPMA指标，即指数平均线。指数平均线EXPMA指标的语法格式如下：

```
EXPMA(security_list, check_date, timeperiod = 12)
```

其中，security_list和check_date参数与MACD指标相同，这里不再多解释。

参数timeperiod表示统计的天数。

返回EXPMA的值，返回类型也与MACD指标相同，这里不再多解释。

指数平均线EXPMA指标用法具体如下：

第一，EXPMA一般以观察12日和50日两条均线为主；

第二，12日指数平均线向上交叉50日指数平均线时，买进；

第三，12日指数平均线向下交叉50日指数平均线时，卖出。

EXPMA指标函数实例

双击"量化择时"文件夹，单击"新建"按钮，在弹出的菜单中单击"Python 3"，新建一个Python 3文件，并命名为"EXPMA指标函数"，然后输入如下代码：

```
# 导入 technical_analysis 库
from jqlib.technical_analysis import *
security_list1 = ['000001.XSHE','000002.XSHE','601211.XSHG']
# 输出 security_list2 的 EXPMA 值
EXPMA1 = EXPMA(security_list1,check_date='2018-08-01',
timeperiod=12)
for stock in security_list1:
    print(EXPMA1[stock])
```

单击工具栏中的 ▶ 运行 按钮，运行结果如图12.9所示。

图12.9　EXPMA指标函数

12.2.9　VMA指标函数

VMA指标，即变异平均线。变异平均线VMA指标的语法格式如下：

```
VMA(security_list, check_date, timeperiod = 12)
```

其中，security_list和check_date参数与MACD指标相同，这里不再多解释。

参数timeperiod表示统计的天数。

返回VMA的值，返回类型也与MACD指标相同，这里不再多解释。

变异平均线VMA指标用法具体如下：

第一，股价高于平均线，视为强势；股价低于平均线，视为弱势；

第二，平均线向上涨升，具有助涨力道；平均线向下跌降，具有助跌力道；

> 提醒：VMA 比一般平均线的敏感度更高，消除了部分平均线落后的缺陷。

第三，两条以上平均线向上交叉时，买进；

第四，两条以上平均线向下交叉时，卖出。

VMA指标函数实例

双击"量化择时"文件夹，单击"新建"按钮，在弹出的菜单中单击"Python 3"，新建一个Python 3文件，并命名为"VMA指标函数"，然后输入如下代码：

```
# 导入 technical_analysis 库
from jqlib.technical_analysis import *
# 定义股票池列表，调用 get_concept_stocks 函数，获取风力发电概念板块的成分股
security_list1 = get_concept_stocks('GN036')
# 输出 security_list1 的12日变异平均线值
VMA1 = VMA(security_list1,check_date='2018-08-01',
timeperiod=12)
for stock in security_list1:
    print(VMA1[stock])
```

单击工具栏中的 ▶ 运行 按钮，运行结果如图12.10所示。

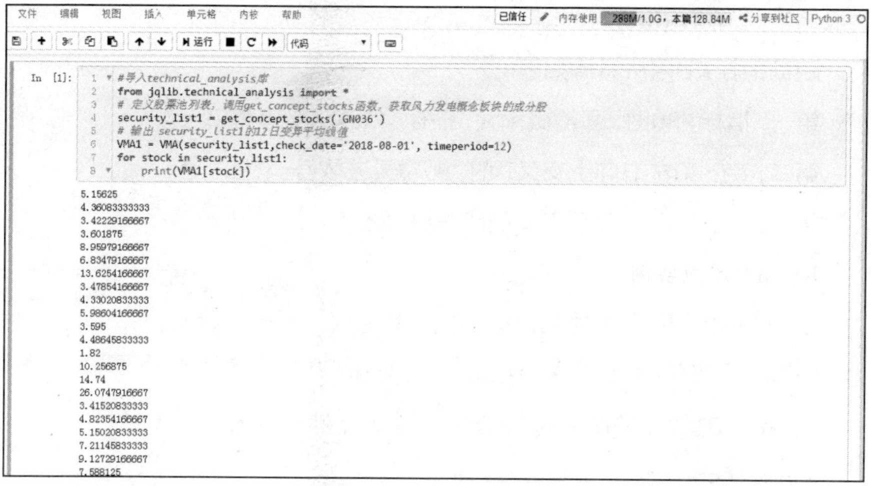

图12.10　VMA指标函数

12.3　反趋向指标函数

反趋向指标，又称为超买超卖型技术指标。对某种股票的过度买入称之为超买，反之，对于某种股票的过度卖出则称之为超卖。反趋向指标属于分析大势的一种技术分析指标，它分析的主要作用是观测行情的涨跌形势使股市潜在的趋势清楚地表现出来。

12.3.1　KD指标函数

KD指标，即随机指标。随机指标KD的语法格式如下：

```
KD(security _ list, check _ date, N =9, M1=3, M2=3)
```

各参数意义如下。

参数security_list：股票列表，可以是一只股票，也可以是多只股票。

参数check_date：要查询数据的日期。

参数N：统计的天数N。

参数M1：统计的天数M1。

参数M2：统计的天数M2。

随机指标KD的返回值是K和D的值，是一个字典(dict)类型，其中键(key)

为股票代码,值(value)为数据。

随机指标KD用法具体如下:

第一,指标>80时,回档概率大;指标<20时,反弹概率大。

第二,K在20左右向上交叉D时,视为买进信号。

第三,K在80左右向下交叉D时,视为卖出信号。

KD指标函数实例

双击"量化择时"文件夹,单击"新建"按钮,在弹出的菜单中单击"Python 3",新建

> 提醒: KD 波动于 50 左右的任何信号,其作用不大。

一个Python 3文件,并命名为"KD指标函数",然后输入如下代码:

```
# 导入 technical_analysis 库
from jqlib.technical_analysis import *
# 定义股票池列表
security_list1 = '000001.XSHE'
# 计算并输出 security_list1 的 KD 值
K1,D1 = KD(security_list1, check_date = '2018-08-01', N = 9, M1 = 3, M2 = 3)
print("KDJ 指标的 K 值: ",K1[security_list1])
print("KDJ 指标的 D 值: ",D1[security_list1])
```

单击工具栏中的 ▶ 运行 按钮,运行结果如图12.11所示。

图12.11　KD指标函数

12.3.2　MFI指标函数

MFI指标,即资金流量指标。在Python量化交易策略中,资金流量指标MFI的语法格式如下:

```
MFI(security_list, check_date, timeperiod=14)
```

各参数意义与MACD指标相同,这里不再多解释。返回值是一个字典

(dict)类型,也与MACD指标相同,这里不再多解释。

资金流量指标MFI用法具体如下:

第一,MFI>80为超买,当其回头向下跌破80时,为短线卖出时机。

第二,MFI<20为超卖,当其回头向上突破20时,为短线买进时机。

第三,MFI>80,而产生背离现象时(价格在上涨,但资金流量指数在下跌),视为卖出信号。

第四,MFI<20,而产生背离现象时(价格在下跌,但资金流量指数在上涨),视为买进信号。

MFI指标函数实例

双击"量化择时"文件夹,单击"新建"按钮,在弹出的菜单中单击"Python 3",新建一个Python 3文件,并命名为"MFI指标函数",然后输入如下代码:

```
# 导入 technical_analysis 库
from jqlib.technical_analysis import *
# 定义股票池列表
security_list1 = ['000001.XSHE','000002.XSHE','000009.XSHG']
# 计算并输出 security_list1 的 MFI 值
MFI1 = MFI(security_list1,check_date='2018-08-01',timeperiod=14)
print("平安银行(000001)、万科A(000002)、中国宝安(000009)的资金流量具体如下: ")
for stock in security_list1:
    print(MFI1[stock])
```

单击工具栏中的 ▶ 运行 按钮,运行结果如图12.12所示。

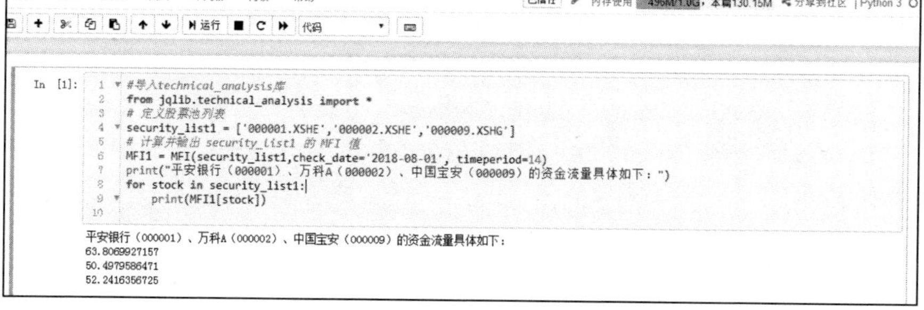

图12.12 资金流量指标MFI

12.3.3　RSI指标函数

RSI指标，即相对强弱指标。在Python量化交易策略中，相对强弱指标RSI的语法格式如下：

```
RSI(security_list, check_date, N1=6)
```

其中，security_list和check_date参数与MACD指标相同，这里不再多解释。

参数N1表示统计的天数。

返回RSI的值，返回类型也与MACD指标相同，这里不再多解释。

相对强弱指标RSI用法具体如下：

第一，RSI>80为超买，RSI<20为超卖。

第二，RSI以50为中界线，大于50视为多头行情，小于50视为空头行情。

第三，RSI在80以上形成M头或头肩顶形态时，视为向下反转信号。

第四，RSI在20以下形成W底或头肩底形态时，视为向上反转信号。

第五，RSI向上突破其高点连线时，买进；RSI向下跌破其低点连线时，卖出。

RSI指标函数实例

双击"量化择时"文件夹，单击"新建"按钮，在弹出的菜单中单击"Python 3"，新建一个Python 3文件，并命名为"RSI指标函数"，然后输入如下代码：

```
# 导入 technical_analysis 库
from jqlib.technical_analysis import *
# 定义股票池列表
security_list1 = ['000001.XSHE','000002.XSHE','000009.XSHG']
# 计算并输出 security_list1 的 RSI 值
RSI1 = RSI(security_list1, check_date='2018-08-01', N1=6)
print("平安银行(000001)、万科A(000002)、中国宝安(000009)的 RSI 值
具体如下: ")
for stock in security_list1:
    print(RSI1[stock])
```

单击工具栏中的 ▶ 运行 按钮，运行结果如图12.13所示。

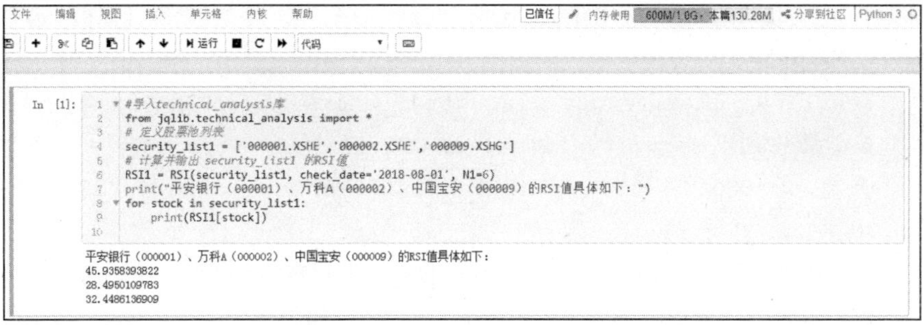

图12.13　相对强弱指标RSI

12.3.4　OSC指标函数

OSC指标，即变动速率线。在Python量化交易策略中，变动速率线OSC的语法格式如下：

```
OSC(security_list, check_date, N = 20, M = 6)
```

其中，security_list和check_date参数与MACD指标相同，这里不再多解释。

参数N和M表示统计的天数N和统计的天数M。

返回OSC和MAOSC的值，返回类型也与MACD指标相同，这里不再多解释。

变动速率线OSC用法具体如下：

第一，OSC以100为中轴线，OSC>100为多头市场；OSC<100为空头市场。

第二，OSC向上交叉其平均线时，买进；OSC向下交叉其平均线时卖出。

第三，OSC在高水平或低水平与股价产生背离时，应注意股价随时有反转的可能。

OSC指标函数实例

双击"量化择时"文件夹，单击"新建"按钮，在弹出的菜单中单击"Python 3"，新建一个Python 3文件，并命名为"OSC指标函数"，然后输入如下代码：

> 提醒：OSC 的超买超卖界限值随个股不同而不同，投资者应自行调整。

```
# 导入technical_analysis库
from jqlib.technical_analysis import *
```

人工智能在量化交易中的应用与实战

定义股票池列表,调用 get _ industry _ stocks 函数,获取计算机 / 互联网行业的成分股

```
security _ list1 = get _ industry _ stocks('I64')
# 计算并输出 security _ list1 的 OSC 值
OSC1, MAOSC1 = OSC(security _ list1, check _ date = '2018-08-
01', N = 20, M = 6)
print(" 计算机 / 互联网行业的成分股的 OSC 值具体如下: ")
for stock in security _ list1:
    print(OSC1[stock]," ",MAOSC1[stock])
```

单击工具栏中的 ▶ 运行 按钮, 运行结果如图12.14所示。

图12.14　OSC指标函数

12.3.5　WR指标函数

WR指标, 即威廉指标。在Python量化交易策略中, 威廉指标WR的语法格式如下:

```
WR(security _ list, check _ date, N = 10, N1 = 6)
```

其中, security_list和check_date参数与MACD指标相同, 这里不再多解释。参数N和N1表示统计的天数N和统计的天数N1。

返回WR和MAWR的值, 返回类型也与MACD指标相同, 这里不再多解释。

威廉指标WR用法具体如下:

第一, 威廉指标WR波动于0~100, 100置于顶部, 0置于底部。

第二，威廉指标WR以50为中轴线，高于50视为股价转强；低于50视为股价转弱。

第三，威廉指标WR高于20后再度向下跌破20，卖出；低于80后再度向上突破80，买进。

第四，威廉指标WR连续触底3~4次，股价向下反转概率大；连续触顶3~4次，股价向上反转概率大。

WR指标函数实例

双击"量化择时"文件夹，单击"新建"按钮，在弹出的菜单中单击"Python 3"，新建一个Python 3文件，并命名为"WR指标函数"，然后输入如下代码：

```
# 导入 technical _ analysis 库
from jqlib.technical _ analysis import *
# 定义股票池列表，调用 get _ industry _ stocks 函数，获取纺织业的成分股
security _ list1 = get _ industry _ stocks('C17')
# 计算并输出 security _ list1 的 OSC 值
WR1, MAWR1 = WR(security _ list1, check _ date = '2018-08-01',
N = 10, N1 = 6)
print(" 纺织业的成分股的 WR 值具体如下: ")
for stock in security _ list1:
    print(WR1[stock]," 　　　 ",MAWR1[stock],)
```

单击工具栏中的 ▶ 运行 按钮，运行结果如图12.15所示。

图12.15　WR指标函数

12.3.6　CCI指标函数

CCI指标，即顺势指标。在Python量化交易策略中，顺势指标CCI的语法格式如下：

```
CCI(security _ list, check _ date, N=14)
```

其中，security_list和check_date参数与MACD指标相同，这里不再多解释。参数N表示统计的天数N。

返回CCI的值，返回类型也与MACD指标相同，这里不再多解释。

顺势指标CCI用法具体如下：

第一，CCI为正值时，视为多头市场；CCI为负值时，视为空头市场。

第二，常态行情时，CCI波动于±100之间；强势行情，CCI会超出±100。

第三，CCI>100时，买进，直到CCI<100时，卖出。

第四，CCI<-100时，先卖出，直到CCI>-100时，再买进。

CCI指标函数实例

双击"量化择时"文件夹，单击"新建"按钮，在弹出的菜单中单击"Python 3"，新建一个Python 3文件，并命名为"CCI指标函数"，然后输入如下代码：

```
# 导入 technical _ analysis 库
from jqlib.technical _ analysis import *
# 定义股票池列表
security _ list1 = '000001.XSHE'
# 计算并输出 security _ list1 的 CCI 值
CCI1 = CCI(security _ list1, check _ date='2018-08-01', N=14)
print(" 平安银行的顺势指标 CCI 的值: ",CCI1[security _ list1])
```

单击工具栏中的 ▶ 运行 按钮，运行结果如图12.16所示。

图12.16　CCI指标函数

12.4 压力支撑指标函数

压力支撑指标的图形区,分为上限带和下限带。上限代表压力,下限代表支撑。其指标图形特点:股价向上触碰上限会回档;股价向下触碰下限会反弹;不同指标有特殊的不同含义。

12.4.1 BOLL指标函数

BOLL指标,即布林通道线指标。在Python量化交易策略中,布林通道线BOLL的语法格式如下:

```
Bollinger _ Bands(security _ list, check _ date, timeperiod=20,
nbdevup=2, nbdevdn=2)
```

其中,security_list和check_date参数与MACD指标相同,这里不再多解释。

参数timeperiod、nbdevup和nbdevdn表示统计的天数timeperiod、nbdevup和nbdevdn。

返回上轨线UB、中轨线MB、下轨线LB的值,返回类型也与MACD指标相同,这里不再多解释。

布林通道线BOLL用法具体如下:

第一,股价上升穿越布林线上限时,回档概率大。

第二,股价下跌穿越布林线下限时,反弹概率大。

第三,布林通道线震动波带变窄时,表示变盘在即。

BOLL指标函数实例

双击"量化择时"文件夹,单击"新建"按钮,在弹出的菜单中单击"Python 3",新建一个Python 3文件,并命名为"BOLL指标函数",然后输入如下代码:

```
# 导入 technical _ analysis 库
from jqlib.technical _ analysis import *
# 定义股票池列表
security _ list1 = '000001.XSHE'
# 计算并输出 security _ list1 的 BOLL 值
```

```
upperband, middleband, lowerband = Bollinger_
Bands(security_list1, check_date='2018-08-01', timeperiod=20,
nbdevup=2, nbdevdn=2)
```

print("平安银行的布林通道线 BOLL 的上轨线 UB 值: ",upperband
[security_list1])

print("平安银行的布林通道线 BOLL 的中轨线 MB 值: ",middleband
[security_list1])

print("平安银行的布林通道线 BOLL 的下轨线 LB 值: ",lowerband
[security_list1])

单击工具栏中的 ▶ 运行 按钮，运行结果如图12.17所示。

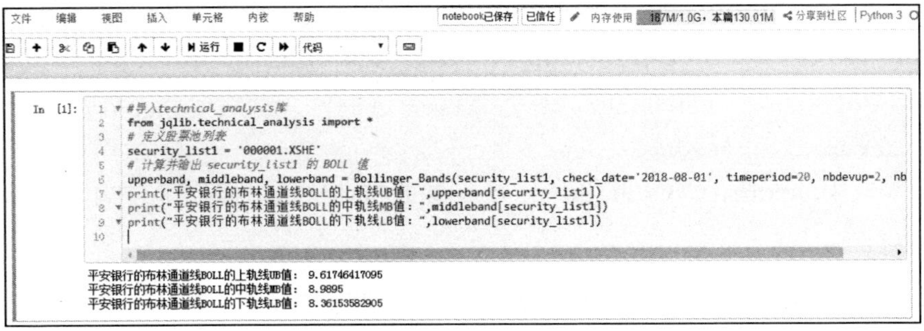

图12.17　BOLL指标函数

12.4.2　MIKE指标函数

MIKE指标，即麦克支撑压力线。在Python量化交易策略中，麦克支撑压力线MIKE的语法格式如下：

```
MIKE(security_list, check_date, timeperiod = 10)
```
各参数意义与MACD指标相同，这里不再多解释。

返回STOR、MIDR、WEKR、WEKS、MIDS、STOS的值，返回类型也与MACD指标相同，这里不再多解释。

麦克支撑压力线MIKE用法具体如下：

第一，MIKE指标共有6条曲线，上方3条压力线，下方3条支撑线。

第二，当股价往压力线方向涨升时，其下方支撑线不具参考价值。

第三，当股价往支撑线方向下跌时，其上方压力线不具参考价值。

MIKE指标函数实例

双击"量化择时"文件夹，单击"新建"按钮，在弹出的菜单中单击

"Python 3"，新建一个Python 3文件，并命名为"MIKE指标函数"，然后输入如下代码：

```
# 导入 technical_analysis 库
from jqlib.technical_analysis import *
# 定义股票池列表
security_list1 = '000001.XSHE'
# 计算并输出 security_list1 的 MIKE 值
stor1, midr1, wekr1, weks1, mids1, stos1 = MIKE(security_list1,check_date='2018-08-01',timeperiod = 10)
print(stor1[security_list1])
print(midr1[security_list1])
print(wekr1[security_list1])
print(weks1[security_list1])
print(mids1[security_list1])
print(stos1[security_list1])
```

单击工具栏中的 ▶ 运行 按钮，运行结果如图12.18所示。

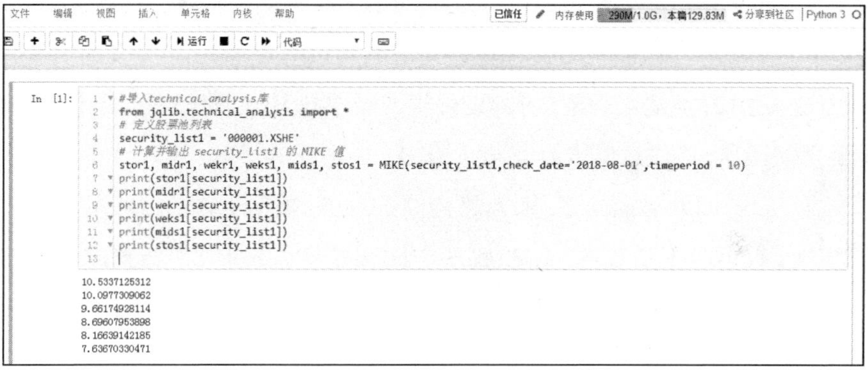

图12.18　MIKE指标函数

12.4.3　XS指标函数

XS指标，即薛斯通道线。在Python量化交易策略中，薛斯通道线XS的语法格式如下：

```
XS(security_list, check_date, timeperiod = 13)
```

各参数意义与MACD指标相同，这里不再多解释。

返回SUP、SDN、LUP、LDN的值，返回类型也与MACD指标相同，这里不再多解释。

在薛斯通道中,股价实际上是被短期小通道包容着在长期大通道中上下运行,基本买卖策略是当短期小通道接近长期大通道时,预示着趋势的近期反转。在上沿接近时趋势向下反转,可捕捉短期卖点。在下沿接近时趋势向上反转,可捕捉短期买点。研究这个方法可以在每一波行情中成功地逃顶捉底,寻求最大限度的赢利。薛斯通道线XS的用法具体如下:

第一,长期大通道反映该股票的长期趋势状态,趋势有一定惯性,延伸时间较长,反映股票大周期,可以反握股票整体趋势,适于中长线投资。

第二,短期小通道反映该股票的短期走势状态,包容股票的涨跌起伏,有效地滤除股票走势中的频繁振动,但保留了股票价格在大通道内的上下波动,反映股票小周期,适于中短线炒作。

第三,长期大通道向上,即大趋势总体向上,此时短期小通道触及或接近长期大通道底部,即买压增大,有反弹的可能。而短期小通道触及长期大通道顶部,即卖压增大,形态出现回调或盘整,有向长期大通道靠近的趋势。如果K线走势与短期小通道走势亦吻合得很好,那么更为有效。

第四,长期大通道向上,而短期小通道触及长期大通道顶部,此时该股为强力拉长阶段,可适当观望,待短期转平或转头向下时,为较好出货点,但穿透区为风险区,应注意反转信号,随时出货。

第五,长期大通道向下,即大趋势向下,此时短期小通道或股价触顶卖压增加,有再次下跌趋势。而触底形态即买压增大,有缓跌调整或止跌要求,同时价格运动将趋向靠近长期大通道上沿。回调宜慎重对待,待确认反转信号后方可买入。

第六,长期大通道向下,而短期小通道向下穿透长期大通道线,此时多为暴跌过程,有反弹要求,但下跌过程会持续,不宜立即建仓,应慎重,待长期大通道走平且有上趋势,短期小通道回头向上穿回时,是较好的低位仓机会。

第七,当长期大通道长期横向走平时,为盘整行情,价格沿通道上下震荡,此时为调整、建仓、洗盘阶段,预示着下一轮行情的出现,短线炒家可逢高抛出,逢低买入。以短期小通道强力上穿长期大通道,且长期大通道向上转向,则表明强劲上涨行情开始。若以短期小通道向下穿透长期大通道,且长期大通道向下转向,则表明下跌将继续。

XS指标函数实例

双击"量化择时"文件夹，单击"新建"按钮，在弹出的菜单中单击"Python 3"，新建一个Python 3文件，并命名为"XS指标函数"，然后输入如下代码：

```python
# 导入 technical _ analysis 库
from jqlib.technical _ analysis import *
# 定义股票池列表
security _ list1 = '000001.XSHE'
# 计算并输出 security _ list1 的 XS 值
sup1, sdn1, lup1, ldn1 = XS(security _ list1,check _ date='2018-08-01',timeperiod = 13)
print(sup1[security _ list1])
print(sdn1[security _ list1])
print(lup1[security _ list1])
print(ldn1[security _ list1])
```

单击工具栏中的 ▶ 运行 按钮，运行结果如图12.19所示。

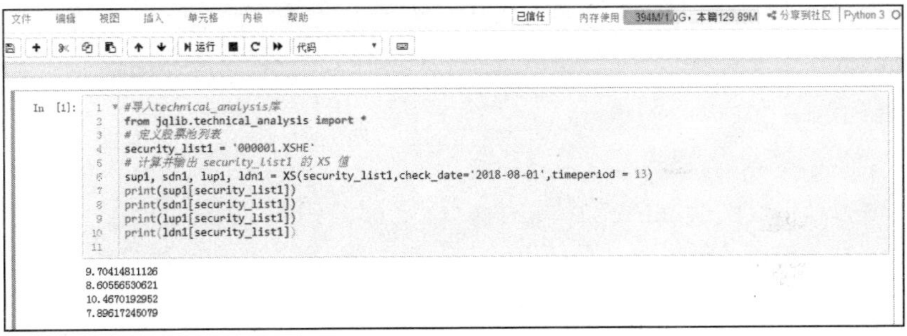

图12.19　XS指标函数

12.5　量价指标函数

量价指标是将市场中公众对股票追涨的热情进行量化。股市若形成一波多头行情，必须要有相应的活跃程度，也就是必须要有一定的成交量，而这些成交量又必须要有散户公众大量参与，否则，没有散户帮助庄家接下股价上涨过程中的解套盘及获利盘，大多数庄家是不可能顺利拉高股价的。而且股价拉高后没有散户接盘，主力也就无法兑现炒作利润，它的炒作也就毫无意义了。

12.5.1　OBV指标函数

OBV指标，即累积能量线。在Python量化交易策略中，累积能量线OBV的语法格式如下：

```
OBV(security _ list, check _ date, timeperiod=30)
```

各参数意义与MACD指标相同，这里不再多解释。

返回OBV的值，是一个字典(dict)类型，也与MACD指标相同，这里不再多解释。

累积能量线OBV用法具体如下：

第一，股价一顶比一顶高，而OBV一顶比一顶低，暗示头部即将形成。

第二，股价一底比一底低，而OBV一底比一底高，暗示底部即将形成。

第三，OBV突破其N字形波动的高点次数达5次时，为短线卖点。

第四，OBV跌破其N字形波动的低点次数达5次时，为短线买点。

OBV指标函数实例

双击"量化择时"文件夹，单击"新建"按钮，在弹出的菜单中单击"Python 3"，新建一个Python 3文件，并命名为"OBV指标函数"，然后输入如下代码：

```
# 导入 technical _ analysis 库
from jqlib.technical _ analysis import *
# 定义股票池列表
security _ list1 = '000001.XSHE'
# 计算并输出 security _ list1 的 OBV 值
OBV1 = OBV(security _ list1,check _ date='2017-03-03',
timeperiod=30)
print(" 平安银行的累积能量线 OBV 的 OBV 值: ",OBV1[security _ list1])
```

单击工具栏中的 ▶ 运行 按钮，运行结果如图12.20所示。

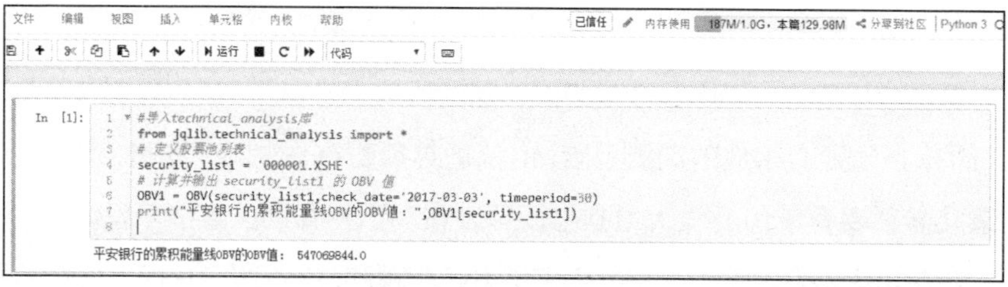

图12.20　OBV指标函数

12.5.2　VOL指标函数

VOL指标，即成交量指标。在Python量化交易策略中，成交量指标VOL的语法格式如下：

```
VOL(security_list, check_date, M1=5, M2=10)
```

各参数意义与MACD指标相同，这里不再多解释。

返回VOL和MAVOL的值，返回类型也与MACD指标相同，这里不再多解释。

成交量指标VOL用法如下：

第一，成交量大，代表交投比较热，可界定为热门股。

第二，底部起涨点出现大成交量(成交手数)，代表攻击量。

第三，头部地区出现大成交量(成交手数)，代表出货量。

第四，观察成交金额的变化，比观察成交手数更具意义，因为成交手数并未反映股价的涨跌后所应支出的实际金额。

VOL指标函数实例

双击"量化择时"文件夹，单击"新建"按钮，在弹出的菜单中单击"Python 3"，新建一个Python 3文件，并命名为"VOL指标函数"，然后输入如下代码：

```python
# 导入technical_analysis库
from jqlib.technical_analysis import *
# 定义股票池列表
security_list1 = ['000001.XSHE','000002.XSHE','601211.XSHG']
# 输出 security_list1 的 VOL 值
VOL1,MAVOL11,MAVOL12 = VOL(security_list1, check_date='2018-08-01', M1=5, M2=10)
for stock in security_list1:
    print(VOL1[stock])
    print(MAVOL11[stock])
    print(MAVOL12[stock])
```

其中，VOL1表示2018年8月1日的成交量，MAVOL11表示成交量的5日均线，MAVOL12表示成交量的10日均线。

单击工具栏中的 ▶ 运行 按钮，运行结果如图12.21所示。

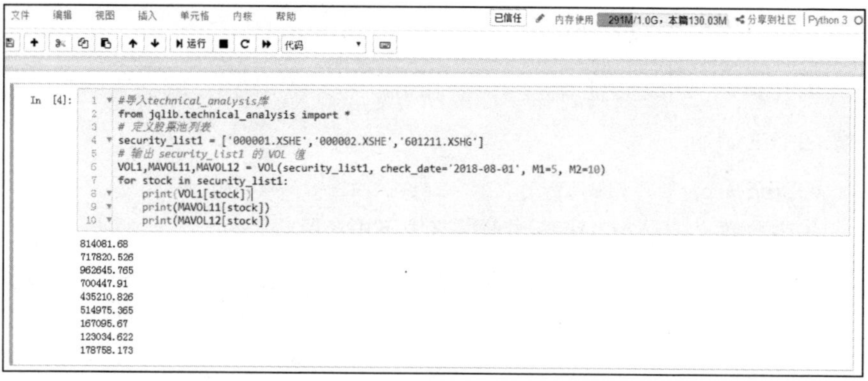

图12.21　VOL指标函数

12.5.3　VR指标函数

VR指标，即成交量变异率。在Python量化交易策略中，成交量变异率VR的语法格式如下：

```
VR(security_list, check_date, N=26, M=6)
```

其中，security_list和check_date参数与MACD指标相同，这里不再多解释。

参数N和M表示统计的天数N和M。

返回VR和MAVR的值，返回类型也与MACD指标相同，这里不再多解释。

成交量变异率VR用法具体如下：

第一，VR>450，市场成交过热，应反向卖出。

第二，VR<40，市场成交低迷，人心看淡之际，应反向买进。

第三，VR由低档直接上升至250，股价仍为遭受阻力，此为大行情的前兆。

VR指标函数实例

双击"量化择时"文件夹，单击"新建"按钮，在弹出的菜单中单击"Python 3"，新建一个Python 3文件，并命名为"VR指标函数"，然后输入如下代码：

```
# 导入 technical_analysis 库
from jqlib.technical_analysis import *
# 定义股票池列表
security_list1 = '000001.XSHE'
```

```
# 计算并输出 security_list1 的 VR 值
VR1,MAVR1 = VR(security_list1, check_date='2017-01-04', N=26, M=6)
print("平安银行的成交量变异率VR的VR值: ",VR1[security_list1])
print("平安银行的成交量变异率VR的MAVR值: ",MAVR1[security_list1])
```

单击工具栏中的 ▶ 运行 按钮,运行结果如图12.22所示。

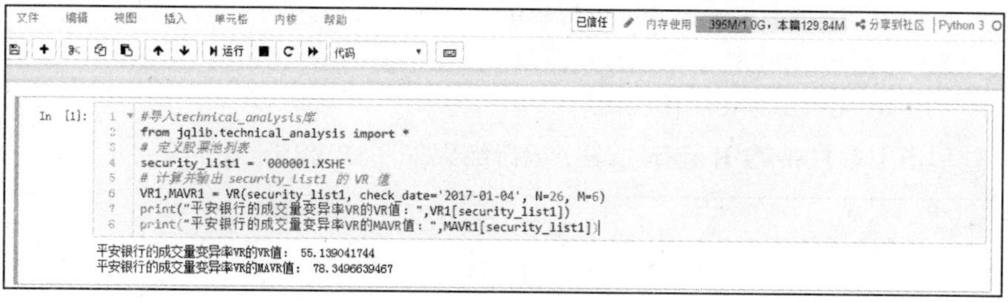

图12.22　VR指标函数

12.5.4　MASS指标函数

MASS指标,即梅斯线。在Python量化交易策略中,梅斯线MASS的语法格式如下:

```
MASS(security_list, check_date, N1=9, N2=25, M=6)
```

其中,security_list和check_date参数与MACD指标相同,这里不再多解释。

参数N1、N2和M表示统计的天数N1、N2和统计的天数M。

返回MASS和MAMASS的值,返回类型也与MACD指标相同,这里不再多解释。

梅斯线MASS用法具体如下:

第一,MASS>27,随后又跌破26.5,此时股价若呈上涨状态,则卖出。

第二,MASS>27,随后又跌破26.5,此时股价若呈下跌状态,则买进。

第三,MASS<20的行情,不宜进行投资。

MASS指标函数实例

双击"量化择时"文件夹,单击"新建"按钮,在弹出的菜单中单击"Python 3",新建一个Python 3文件,并命名为"MASS指标函数",然后输入如下代码:

```
# 导入 technical_analysis 库
```

```
from jqlib.technical_analysis import *
# 定义股票池列表
security_list1 = ['000001.XSHE','000002.XSHE','601211.XSHG']
# 输出 security_list1 的 MASS 值
MASS1,MAMASS1 = MASS(security_list1, check_date='2018-08-
01', N1=9, N2=25, M=6)
for stock in security_list1:
    print(MASS1[stock])
    print(MAMASS1[stock])
```

单击工具栏中的 ▶ 运行 按钮,运行结果如图12.23所示。

图12.23　MASS指标函数

第13章

Python量化交易策略的回测技巧

投资者可以采用丰富的历史数据对策略的过去表现进行衡量，从而为策略可以用于实盘中提供可靠的证据。因此，量化策略回测的的意义主要在于证实策略的有效性，从而帮助我们筛选策略并最优化参数。

本章主要内容包括：

➤ 量化交易策略回测的流程

➤ 利用Python编写MACD指标量化策略

➤ 设置MACD指标量化策略的回测参数

➤ MACD指标量化策略的回测详情

➤ MACD指标量化策略的风险指标

13.1　量化交易策略回测的流程

量化交易策略回测的流程具体如下：

第一，利用Python编写好量化交易策略，选择要操作的股票池，实现handle_data函数。handle_data函数每个单位时间会调用一次，如果按天回测，则每天调用一次；如果按分钟，则每分钟调用一次。

第二，选定一个回测开始日期和结束日期，再选择初始资金、调仓间隔(是每天还是每分钟)，然后就可以开始回测了。

第三，通过选择的股票池和日期，取得股票数据，然后每一天或者每一分钟调用一次handle_data函数。同时告诉你现金、持仓情况和股票在上一天或者上一分钟的数据。在handle_data函数中，还可以调用其他函数获取任何多天的历史数据，然后做出调仓决定。

> 提醒：一个量化交易策略一般情况下包括四个函数，分别是初始化函数（initialize）、开盘前运行函数（before_market_open）、开盘时运行函数（market_open）、收盘后运行函数（after_market_close）。为了简化编写，一个简单的量化交易策略，只须有两个函数即可，一个初始化函数，一个handle_data 函数。

第四，下单后，会根据接下来时间的实际交易情况，处理你的订单。

第五，下单后，可以调用get_open_orders取得所有未完成的订单，调用cancel_order取消订单。

第六，可以在handle_data里面调用record()函数记录某些数据，这样会以图表的方式显示在回测结果页面中。

第七，可以在任何时候调用log.info/debug/warn/error函数来打印一些日志。

第八，回测结束后，会画出收益和基准收益的曲线，列出每日持仓、每日交易和一系列风险数据。

13.2　利用Python编写MACD指标量化策略

下面来编写MACD指标量化策略，然后进行回测。

MACD指标量化策略，实现DIFF、DEA均为正，DIFF向上突破DEA，买入股票；DIFF、DEA均为负，DIFF向下跌破DEA，卖出股票。

13.2.1　量化交易策略的编辑页面

在浏览器的地址栏中输入"https://www.joinquant.com"，然后回车，就进入聚宽JoinQuant量化交易平台的首页页面。然后单击菜单栏中的"我的策略/策略列表"命令，打开"我的策略"页面，如图13.1所示。

图13.1　"我的策略"页面

单击"新建策略"按钮，在弹出的菜单中单击"股票策略"命令，就会新建一个股票策略，然后双击策略名称，重新命名为"MACD指标量化策略"，如图13.2所示。

在左侧列表框中，可以看到Python代码，这里的代码编写方法很简单，直接在列表框中输入即可。如果出现编写错语，修改方法与Word文档相同。

为了编写代码方便，这里还提供了一些常用快捷键。单击列表框上方的▦按钮，弹出"快捷键"面板，如图13.3所示。

为了方便代码的修改，还提供了查找功能。单击列表框上方的🔍按钮，弹出"查找"面板，如图13.4所示。

图13.2　量化策略的编辑页面

快捷键（按 Esc 退出）	
F2	折叠当前
Alt-0	折叠其他
Alt-Shift-0	展开所有
Ctrl-/	注释
Ctrl-[	块反缩进
Ctrl-]	块缩进
Ctrl-A	选择全部
Ctrl-L	跳转到
Ctrl-F	查找
Ctrl-Alt-K	查找全部
Alt-K	选择并查找下一个
Alt-Shift-K	选择并查找上一个
Ctrl-D	删除当前行
Ctrl-Shift-D	复制并粘贴当前行
Ctrl-H	替换
Alt-Up	上移行
Alt-Down	下移行
Ctrl-Shift-Left	选择左侧单词
Ctrl-Shift-Right	选择右侧单词
Alt-Shift-Left	选择到行起始
Alt-Shift-Right	选择到行结束
Ctrl-Home	跳转到开始

图13.3　"快捷键"面板

图13.4　"查找"面板

在这里还可以设置查找模式：正则匹配，即选中 .* 按钮；区分大小写，即选中 Aa 按钮；整词查找，即选中 \b 按钮。

另外，还可以设置代码的字体大小、背景颜色等。单击列表框上方的 ⚙ ▼ 按钮，弹出下拉菜单，可以看到相对应的子菜单命令，如图13.5所示。

图13.5　设置代码的字体大小、背景颜色

13.2.2　编写初始化函数

为了更好地利用Python编辑量化交易策略，下面删除文本框中的所有代码，然后重新编写代码。

首先要导入函数库，这样再利用前面讲解的各类函数和MACD指标，具体代码如下：

```
import jqdata
from jqlib.technical _ analysis import *
```

接下来就可以编写初始化函数了。为了便于学习，这里的初始化函数相对简单，具体代码如下：

```
# 定义一个全局变量，保存要操作的股票
def initialize(context):
    # 000001(股票：平安银行)
    g.security = '000001.XSHE'
    # 设定沪深 300 作为基准
    set _ benchmark('000300.XSHG')
    # 开启动态复权模式（真实价格）
```

```
set_option('use_real_price', True)
```

13.2.3　编写单位时间调用的函数

单位时间调用的函数，即每个单位时间（如果按天回测，则每天调用一次；如果按分钟，则每分钟调用一次）调用一次的函数，具体代码如下：

```
def handle_data(context, data):
    # 获取初始化中要操作的股票
    security = g.security
    # 调用 MACD 函数，并获取股票的 MACD 指标的 DIFF、DEA 和 MACD 的值
    macd_diff, macd_dea, macd_macd = MACD(security,
check_date=context.current_dt, SHORT = 12, LONG = 26, MID = 9)
    # 取得当前的现金
    cash = context.portfolio.cash
    # 如果当前有余额，并且 DIFF、DEA 均为正，DIFF 向上突破 DEA
    if macd_diff > 0 and macd_dea >0 and macd_diff >
macd_dea :
        # 用所有 cash 买入股票
        order_value(security, cash)
        # 记录这次买入
        log.info(" 买入股票 %s" % (security))
    # 如果 DIFF、DEA 均为负，DIFF 向下跌破 DEA，并且目前有头寸
    elif macd_diff < 0 and macd_dea < 0 and macd_diff <
macd_dea  and context.portfolio.positions[security].closeable_
amount> 0:
        # 全部卖出
        order_target(security, 0)
        # 记录这次卖出
        log.info(" 卖出股票 %s" % (security))
```

注意这里调用MACD函数，从而获得股票的MACD指标的DIFF、DEA和MACD的值，还需要注意这里的参数check_date=context.current_dt，表示获取当前回测日期。

在这里买入股票的条件是，当前有余额，并且DIFF、DEA均为正，DIFF向上突破DEA，具体代码如下：

```
if macd_diff > 0 and macd_dea >0 and macd_diff > macd_dea :
```

卖出股票的条件是: DIFF、DEA均为负, DIFF向下跌破DEA, 并且目前有头寸, 具体代码如下:

```
elif macd_diff < 0 and macd_dea < 0 and macd_diff <
macd_dea  and context.portfolio.positions[security].closeable_
amount> 0:
```

13.3 设置MACD指标量化策略的回测参数

MACD指标量化策略编写完成后, 就可以进行回测了。但在回测之前, 还可以进一步设置回测参数。

设置回测的开始时间和结束时间。单击右侧列表框上的文本框, 就会弹出 "设置开始时间" 面板, 如图13.6所示。

图13.6 设置回测的开始时间

同理, 可以设置回测的结束时间, 在这里设置开始时间为2015年9月18日, 结束时间为2018年9月18日, 这样可以测试最近三年来该策略的交易效果。

接下来可以设置回测资金, 在结束时间文本框右侧的文本框中直接修改即可, 在这里也采用默认, 即10万元。

最后可以设置回测的运行频率, 即按天运行, 还是按分钟运行, 如图13.7所示。在这里采用默认, 即每天。

图13.7　回测的运行频率

下面来详细讲解一下运行频率。

1. Bar 的概念

在一定时间段内的时间序列就构成了一根 K 线，单根K线被称为Bar。如果是一分钟内的Tick序列，即构成一根分钟K线，又称分钟Bar，如图13.8所示。

图13.8　分钟Bar

如果是一天内的分钟序列，即构成一根日线K线，又称日线Bar，如图13.9所示。

2. 频率详解

当选择"每天"频率时，算法在每根日线Bar都会运行一次，即每天运行一次。

当选择"分钟"频率时，算法在每根分钟Bar都会运行一次，即每分钟运行一次。

图13.9　日线Bar

13.4　MACD指标量化策略的回测详情

单击"运行回测"按钮，就可以回测
MACD指标量化策略，回测运行结束后，就会
进入"回测详情"页面，看到MACD指标量化
策略的收益概述图表，如图13.10所示。

> 提醒：Bar 就是时间维度上，价格
> 在空间维度上变化构成的数据单
> 元。

图13.10　MACD指标量化策略的收益概述图表

默认状态下，看到的是设置时间（最近三年）内的策略收益情况。还可以查看最近1个月的收益概述图表或最近1年的收益概述图表。单击"1个月"，就可以看到MACD指标量化策略最近一个月的收益概述图表，如图13.11所示。

图13.11　MACD指标量化策略最近一个月的收益概述图表

在这里，上方的线表示策略收益，而下方的线表示基准收益。从最近一个月来看，策略收益远远好过基准收益，这表明该策略是很不错的。

单击左侧列表框中的"交易详情"，就可以看到MACD指标量化策略的交易详情，即交易类型、下单类型、成交数量、成交价、成交额等信息，如图13.12所示。

图13.12　MACD指标量化策略的交易详情

单击左侧列表框中的"每日持仓&收益",就可以看到MACD指标量化策略的持仓和收益信息,即数量、收盘价/结算价、盈亏/逐笔浮盈、开仓均价等信息,如图13.13所示。

图13.13　MACD指标量化策略的持仓和收益信息

单击左侧列表框中的"日志输出",就可以看到MACD指标量化策略的日志输出信息,如图13.14所示。

图13.14　MACD指标量化策略的日志输出信息

单击左侧列表框中的"策略收益",就可以看到MACD指标量化策略的策略收益信息,如图13.15所示。

单击左侧列表框中的"基准收益",就可以看到MACD指标量化策略的基准收益信息，如图13.16所示。

图13.15　MACD指标量化策略的策略收益信息

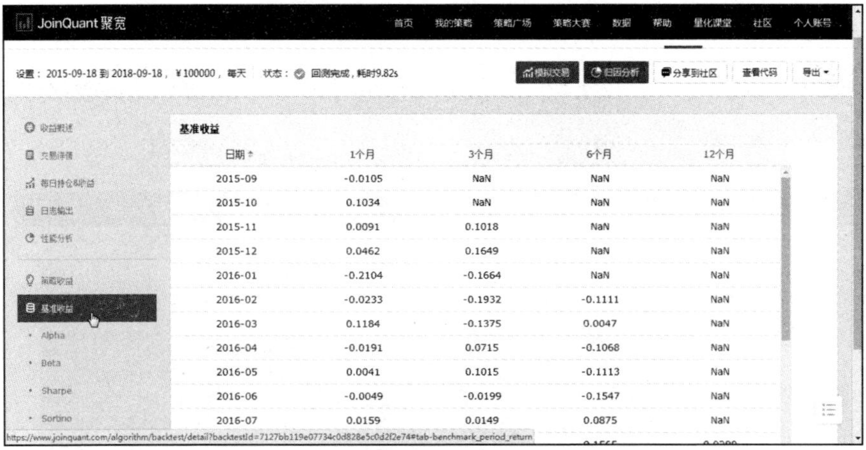

图13.16　MACD指标量化策略的基准收益信息

13.5　MACD指标量化策略的风险指标

风险指标有利于投资者对策略进行一个客观的评价。需要注意的是，无论是回测还是模拟，所有风险指标都只会根据每天收盘后的收益计算每天更新一次，并不考虑每天盘中的收益情况。

13.5.1　Alpha（阿尔法）

投资中面临着系统性风险（Beta）和非系统性风险（Alpha），Alpha是投资者获得与市场波动无关的回报。比如投资者获得了15%的回报，其基准获得了10%的回报，那么Alpha或者价值增值的部分就是5%。

Alpha的计算公式如下：

$$Alpha=\alpha=R_p-[R_f+\beta_p(R_m-R_f)]$$

各参数意义如下：

R_p=策略年化收益率

R_m=基准年化收益率

R_f=无风险利率（默认0.04）

β_p=策略beta值

在回测详情页面中，单击左侧列表框中的"Alpha"，就可以看到MACD指标量化策略的Alpha信息，如图13.17所示。

图13.17　MACD指标量化策略的Alpha信息

13.5.2　Beta（贝塔）

Beta表示投资的系统性风险，反映了策略对大盘变化的敏感性。例如一个策略的

提醒：如果$\alpha>0$，策略相对于风险，获得了超额收益；$\alpha=0$，策略相对于风险，获得了适当收益；$\alpha<0$，策略相对于风险，获得了较少收益。

Beta为1.5，则大盘涨1%的时候，策略可能涨1.5%，反之亦然；如果一个策略的Beta为−1.5，则大盘涨1%的时候，策略可能跌1.5%，反之亦然。

Beta的计算公式如下:

$$Beta=\beta_p=\frac{Cov(D_p,D_m)}{Var(D_m)}$$

各参数和意义如下:

D_p=策略每日收益

D_m=基准每日收益

$Cov(D_p,D_m)$=策略每日收益与基准每日收益的协方差

$Var(D_m)$=基准每日收益的方差

如果$\beta<0$，则投资组合和基准的走向通常反方向，如空头头寸类。如果$\beta=0$，则投资组合和基准的走向没有相关性，如固定收益类。如果$0<\beta<1$，则投资组合和基准的走向相同，但是比基准的移动幅度更小。如果$\beta=1$，则投资组合和基准的走向相同，并且和基准的移动幅度贴近。如果$\beta>1$，则投资组合和基准的走向相同，但是比基准的移动幅度更大。

在回测详情页面中，单击左侧列表框中的“Beta”，就可以看到MACD指标量化策略的Beta信息，如图13.18所示。

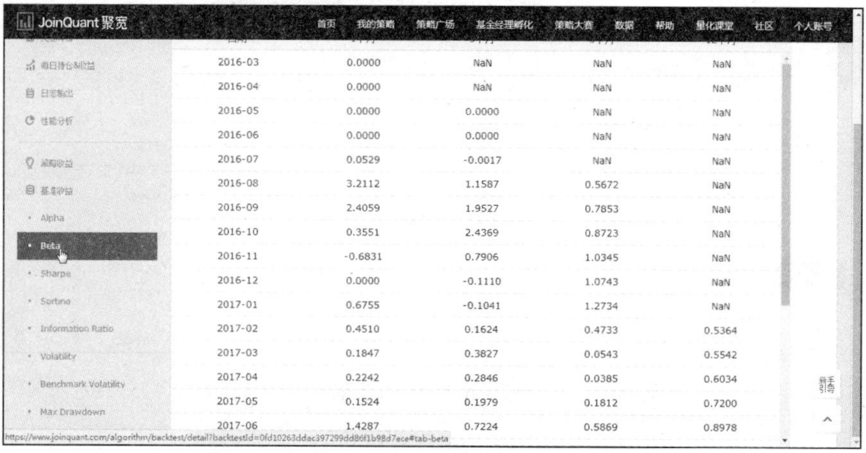

2016-03	0.0000	NaN	NaN	NaN
2016-04	0.0000	NaN	NaN	NaN
2016-05	0.0000	0.0000	NaN	NaN
2016-06	0.0000	0.0000	NaN	NaN
2016-07	0.0529	-0.0017	NaN	NaN
2016-08	3.2112	1.1587	0.5672	NaN
2016-09	2.4059	1.9527	0.7853	NaN
2016-10	0.3551	2.4369	0.8723	NaN
2016-11	-0.6831	0.7906	1.0345	NaN
2016-12	0.0000	-0.1110	1.0743	NaN
2017-01	0.6755	-0.1041	1.2734	NaN
2017-02	0.4510	0.1624	0.4733	0.5364
2017-03	0.1847	0.3827	0.0543	0.5542
2017-04	0.2242	0.2846	0.0385	0.6034
2017-05	0.1524	0.1979	0.1812	0.7200
2017-06	1.4287	0.7224	0.5869	0.8978

图13.18　MACD指标量化策略的Beta信息

13.5.3　Sharpe（夏普比率）

Sharpe表示每承受一单位总风险，会产生多少的超额报酬，可以同时对策略的收益与风险进行综合考虑。

Sharpe的计算公式如下：

$$Sharpe\ Ratio=\frac{R_p-R_f}{\sigma_p}$$

各参数和意义如下：

R_p=策略年化收益率

R_f=无风险利率（默认0.04）

σ_p=策略收益波动率

在回测详情页面中，单击左侧列表框中的“Sharpe”，就可以看到MACD指标量化策略的Sharpe信息，如图13.19所示。

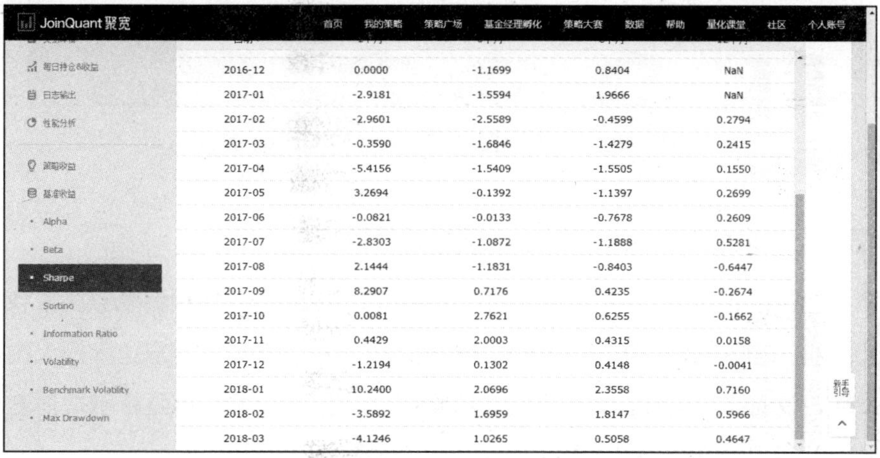

2016-12	0.0000	-1.1699	0.8404	NaN
2017-01	-2.9181	-1.5594	1.9666	NaN
2017-02	-2.9601	-2.5589	-0.4599	0.2794
2017-03	-0.3590	-1.6846	-1.4279	0.2415
2017-04	-5.4156	-1.5409	-1.5505	0.1550
2017-05	3.2694	-0.1392	-1.1397	0.2699
2017-06	-0.0821	-0.0133	-0.7678	0.2609
2017-07	-2.8303	-1.0872	-1.1888	0.5281
2017-08	2.1444	-1.1831	-0.8403	-0.6447
2017-09	8.2907	0.7176	0.4235	-0.2674
2017-10	0.0081	2.7621	0.6255	-0.1662
2017-11	0.4429	2.0003	0.4315	0.0158
2017-12	-1.2194	0.1302	0.4148	-0.0041
2018-01	10.2400	2.0696	2.3558	0.7160
2018-02	-3.5892	1.6959	1.8147	0.5966
2018-03	-4.1246	1.0265	0.5058	0.4647

图13.19　MACD指标量化策略的Sharpe信息

13.5.4　Sortino（索提诺比率）

Sortino表示每承担一单位的下行风险，将会获得多少超额回报。

Sortino的计算公式如下：

$$Sortino\ Ratio=\frac{R_p-R_f}{\sigma_{pd}}$$

各参数和意义如下：

R_p=策略年化收益率

R_f=无风险利率（默认0.04）

σ_{pd}=策略下行波动率

在回测详情页面中，单击左侧列表框中的“Sortino”，就可以看到MACD指标量化策略的Sortino信息，如图13.20所示。

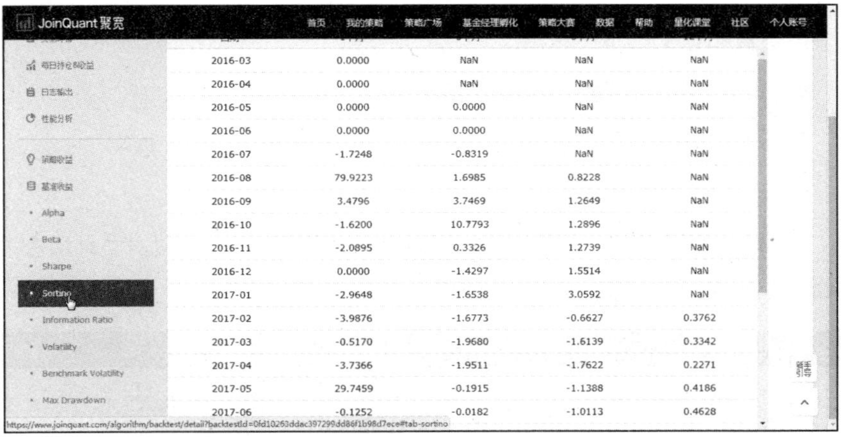

2016-03	0.0000	NaN	NaN	NaN
2016-04	0.0000	NaN	NaN	NaN
2016-05	0.0000	0.0000	NaN	NaN
2016-06	0.0000	0.0000	NaN	NaN
2016-07	-1.7248	-0.8319	NaN	NaN
2016-08	79.9223	1.6985	0.8228	NaN
2016-09	3.4796	3.7469	1.2649	NaN
2016-10	-1.6200	10.7793	1.2896	NaN
2016-11	-2.0895	0.3326	1.2739	NaN
2016-12	0.0000	-1.4297	1.5514	NaN
2017-01	-2.9648	-1.6538	3.0592	NaN
2017-02	-3.9876	-1.6773	-0.6627	0.3762
2017-03	-0.5170	-1.9680	-1.6139	0.3342
2017-04	-3.7366	-1.9511	-1.7622	0.2271
2017-05	29.7459	-0.1915	-1.1388	0.4186
2017-06	-0.1252	-0.0182	-1.0113	0.4628

图13.20　MACD指标量化策略的Sortino信息

13.5.5　Information Ratio（信息比率）

Information Ratio用来衡量单位超额风险带来的超额收益。信息比率越大，说明该策略单位跟踪误差所获得的超额收益越高，因此，信息比率较大的策略的表现要优于信息比率较低的基准。合理的投资目标应该是在承担适度风险下，尽可能追求高信息比率。

Information Ratio的计算公式如下：

$$Information\ Ratio=\frac{R_p-R_m}{\sigma_t}$$

各参数和意义如下：

R_p=策略年化收益率

R_m=基准年化收益率

σ_t=策略与基准每日收益差值的年化标准差

在回测详情页面中，单击左侧列表框中的“Information Ratio”，就可以看到MACD指标量化策略的Information Ratio信息，如图13.21所示。

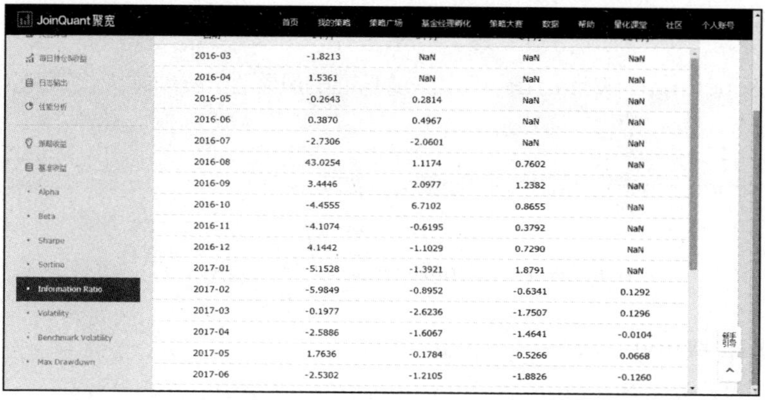

2016-03	-1.8213	NaN	NaN	NaN
2016-04	1.5361	NaN	NaN	NaN
2016-05	-0.2643	0.2814	NaN	NaN
2016-06	0.3870	0.4967	NaN	NaN
2016-07	-2.7306	-2.0601	NaN	NaN
2016-08	43.0254	1.1174	0.7602	NaN
2016-09	3.4446	2.0977	1.2382	NaN
2016-10	-4.4555	6.7102	0.8655	NaN
2016-11	-4.1074	-0.6195	0.3792	NaN
2016-12	4.1442	-1.1029	0.7290	NaN
2017-01	-5.1528	-1.3921	1.8791	NaN
2017-02	-5.9849	-0.8952	-0.6341	0.1292
2017-03	-0.1977	-2.6236	-1.7507	0.1296
2017-04	-2.5886	-1.6067	-1.4641	-0.0104
2017-05	1.7636	-0.1784	-0.5266	0.0668
2017-06	-2.5302	-1.2105	-1.8826	-0.1260

图13.21 MACD指标量化策略的Information Ratio信息

13.5.6 Volatility（策略波动率）

策略波动率用来测量策略的风险性，波动越大代表策略风险越高。

Volatility的计算公式如下：

$$Volatility=\sigma_p=\sqrt{\frac{250}{n-1}\sum(r_p-\overline{r_p})^2}$$

各参数和意义如下：

r_p=策略每日收益率

$\overline{r_p}$=策略每日收益率的平均值=1$n\sum i$=1nrp

n=策略执行天数

在回测详情页面中，单击左侧列表框中的“Volatility”，就可以看到MACD指标量化策略的Volatility信息，如图13.22所示。

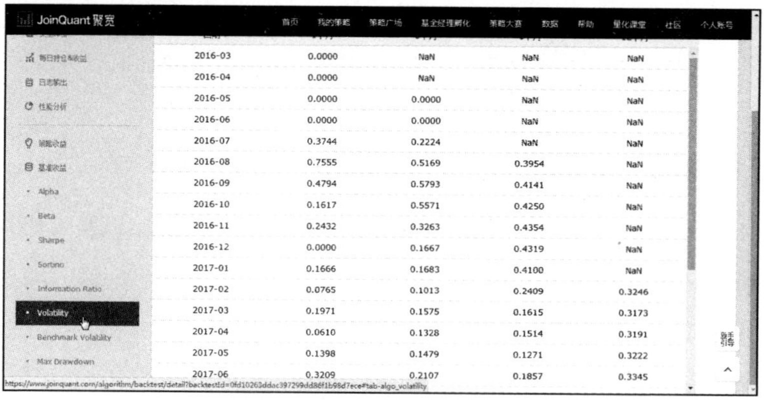

2016-03	0.0000	NaN	NaN	NaN
2016-04	0.0000	NaN	NaN	NaN
2016-05	0.0000	0.0000	NaN	NaN
2016-06	0.0000	0.0000	NaN	NaN
2016-07	0.3744	0.2224	NaN	NaN
2016-08	0.7555	0.5169	0.3954	NaN
2016-09	0.4794	0.5793	0.4141	NaN
2016-10	0.1617	0.5571	0.4250	NaN
2016-11	0.2432	0.3263	0.4354	NaN
2016-12	0.0000	0.1667	0.4319	NaN
2017-01	0.1666	0.1683	0.4100	NaN
2017-02	0.0765	0.1013	0.2409	0.3246
2017-03	0.1971	0.1575	0.1615	0.3173
2017-04	0.0610	0.1328	0.1514	0.3191
2017-05	0.1398	0.1479	0.1271	0.3222
2017-06	0.3209	0.2107	0.1857	0.3345

图13.22 MACD指标量化策略的Volatility信息

13.5.7 Benchmark Volatility（基准波动率）

Benchmark Volatility用来测量基准的风险性，波动越大代表基准风险越高。

Benchmark Volatility的计算公式如下：

$$Benchmark\ Volatility=\sigma_m=\sqrt{\frac{250}{n-1}\sum(r_m-\bar{r}_m)^2}$$

各参数和意义如下：

r_m=基准每日收益率

$\bar{r}_m$=基准每日收益率的平均值=1$n\sum i$=1nrm

n=基准执行天数

在回测详情页面中，单击左侧列表框中的“Benchmark Volatility”，就可以看到MACD指标量化策略的Benchmark Volatility信息，如图13.23所示。

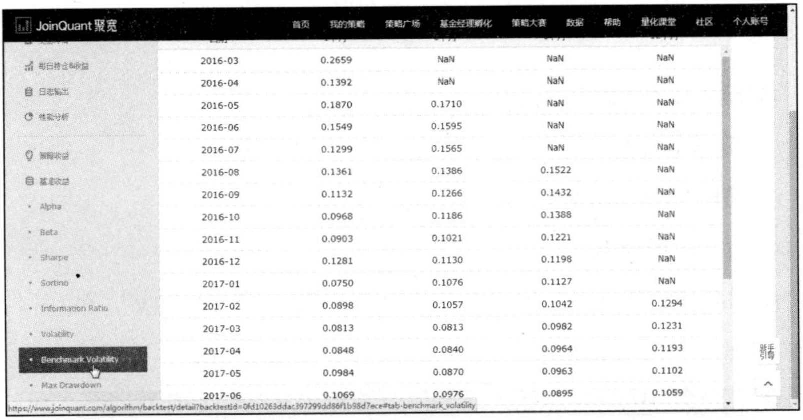

2016-03	0.2659	NaN	NaN	NaN
2016-04	0.1392	NaN	NaN	NaN
2016-05	0.1870	0.1710	NaN	NaN
2016-06	0.1549	0.1595	NaN	NaN
2016-07	0.1299	0.1565	NaN	NaN
2016-08	0.1361	0.1386	0.1522	NaN
2016-09	0.1132	0.1266	0.1432	NaN
2016-10	0.0968	0.1186	0.1388	NaN
2016-11	0.0903	0.1021	0.1221	NaN
2016-12	0.1281	0.1130	0.1198	NaN
2017-01	0.0750	0.1076	0.1127	NaN
2017-02	0.0898	0.1057	0.1042	0.1294
2017-03	0.0813	0.0813	0.0982	0.1231
2017-04	0.0848	0.0840	0.0964	0.1193
2017-05	0.0984	0.0870	0.0963	0.1102
2017-06	0.1069	0.0976	0.0895	0.1059

图13.23　MACD指标量化策略的Benchmark Volatility信息

13.5.8 Max Drawdown（最大回撤）

Max Drawdown描述策略可能出现的最糟糕的情况，以及最极端可能的亏损情况。

Max Drawdown的计算公式如下：

$$Max\ Drawdown=\mathrm{Max}(P_x-P_y)/P_x$$

其中, P_x, P_y=策略某日股票和现金的总价值。

在回测详情页面中, 单击左侧列表框中的 "Max Drawdown", 就可以看到MACD指标量化策略的Max Drawdown信息, 如图13.24所示。

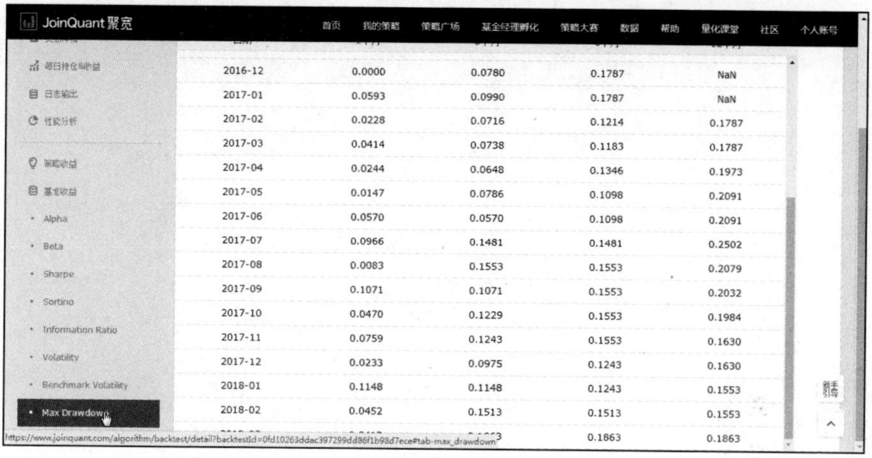

图13.24　MACD指标量化策略的Max Drawdown信息

第14章

Python量化交易策略的机器学习方法应用

把机器学习应用到量化投资领域，不同于一般的量化策略。机器学习算法是一类从数据中自动分析获得规律，并利用规律对未知数据进行预测的算法。

本章主要内容包括：

➤ 随机森林在量化交易中的应用

➤ 支持向量机(SVM)在量化交易中的应用

➤ 朴素贝叶斯在量化交易中的应用

➤ 神经网络在量化交易中的应用

14.1　随机森林在量化交易中的应用

随机森林是一种基于统计学习理论的机器算法。它可以将投资者自选的各个因子，以机器训练的方式自动分析，从而给投资者提供良好的投资建议。

下面举例说明，利用随机森林训练某只股票的均线指标、相对强弱指标、动量线指标后，来预测该股票下一个交易日是涨是跌，即为投资者提供买进或卖出投资建议。

成功登录聚宽JoinQuant量化交易平台后，单击菜单栏中的"我的策略/投资研究"命令，打开投资研究页面。单击"新建"按钮，弹出下一级子菜单，然后单击"文件夹"命令，就会新建一个文件夹，然后命名为"Python量化交易策略的机器学习方法应用"。

再单击"新建"按钮，在弹出的菜单中单击"Python 3"，新建一个Python 3文件，并命名为"随机森林在量化交易中的应用"。

首先导入需要的数据包，具体代码如下：

```
import talib        # 导入 talib 库
from jqdata import *      # 导入聚宽函数库
```

接下来设置要操作的股票，即利用随机森林训练的股票。还要设置训练股票的开始时间和结束时间，具体代码如下：

```
test_stock = '600600.XSHG'      # 设置测试标的为青岛啤酒
start_date = datetime.date(2012, 1, 4)      # 设置开始时间
end_date = datetime.date(2019, 1, 2)       # 设置结束时间
```

接下来，利用get_all_trade_days()函数获取所有交易日，再定义两个变量，分别赋值为随机森林训练开始时间和结束时间，具体代码如下：

```
trading_days = list(get_all_trade_days())    # 获取所有交易日
start_date_index = trading_days.index(start_date) # 获取
开始时间
```

```
end_date_index = trading_days.index(end_date)      # 获取
```
结束时间

然后再定义两个列表变量，接着利用for循环语句计算三个指标，即均线指标、相对强弱指标、动量线指标的数据，并添加到列表变量中，具体代码如下：

```
x_all = []          #定义两个列表变量
y_all = []
for index in range(start_date_index, end_date_index):
    # 得到计算指标的所有数据
    start_day = trading_days[index - 30]
    end_day = trading_days[index]
    # 利用get_price()函数获得股票数据
    stock_data = get_price(test_stock, start_date=start_
day, end_date=end_day, frequency='daily', fields=['close'])
    # 变义变量并赋值为收盘价
    close_prices = stock_data['close'].values
    # 通过数据计算指标
    # -2是保证获取的数据是昨天的, -1 就是通过今天的数据计算出来的指标
    ma_data = talib.MA(close_prices)[-2]    # 均线指标
    rsi_data = talib.RSI(close_prices)[-2]   # 相对强弱指标
    mom_data = talib.MOM(close_prices)[-2]   # 动量线指标
    features = []
    features.append(ma_data)        # 向列表变量中添加均线指标、相
对强弱指标和动量线指标
    features.append(rsi_data)
    features.append(mom_data)
    label = False                   #设置变量label为布尔变量,
并赋值为 False
    if close_prices[-1] > close_prices[-2]:
        label = True                #如果今天收盘价大于昨天收
盘价, 则变量 label 为 True
    x_all.append(features)
    y_all.append(label)
```

最后准备随机森林算法需要用到的数据，并显示提示信息，具体代码如下。

```
x _ train = x _ all[: -1]
y _ train = y _ all[: -1]
x _ test = x _ all[-1]
y _ test = y _ all[-1]
print(' 数据已准备好了！ ')
```

单击工具栏中的 ▶ 运行 按钮，运行结果如图14.1所示。

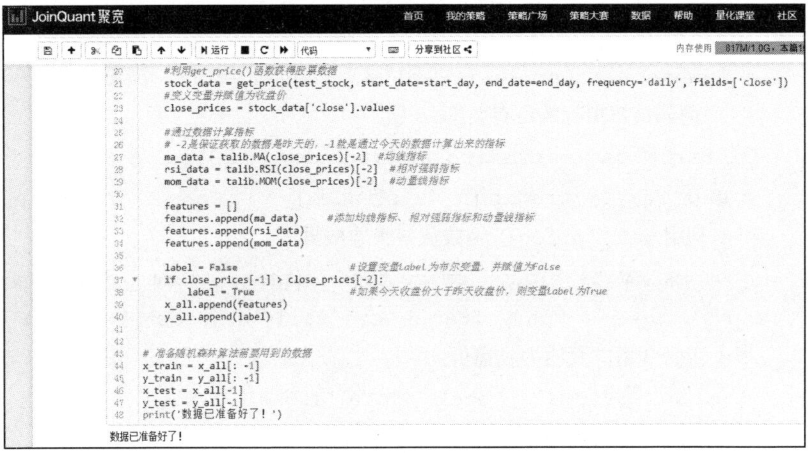

图14.1　准备随机森林算法需要用到的数据

接下来导入随机森林分类器，然后训练样本的特征是从2012年1月4日到2019年1月2日每一天的之前的交易日的收盘价计算的均线指标、相对强弱指标和动量线指标，训练样本的标类别是2012年1月4日到2019年1月2日每一天的涨跌情况，涨了就是True，跌了就是False，测试样本是2019年1月3日的三个指标以及涨跌情况，具体代码如下：

```
from sklearn.ensemble import RandomForestClassifier     # 导入
随机森林分类器
# 调用随机森林分类器
clf = RandomForestClassifier()
# 训练的代码
clf.fit(x _ train, y _ train)
# 得到测试结果
prediction = clf.predict(x _ test)
# 利用 if 语句判断是否预测正确
if prediction == y _ test :
    print(" 预测正确！ ")
```

```
else:
    print(" 预测错误! ")
```

单击工具栏中的 ▶ 运行 按钮,运行结果如图14.2所示。

图14.2 显示预测结果

14.2 支持向量机(SVM)在量化交易中的应用

下面利用支持向量机(SVM)机器算法,预测一下招商银行(600036) 2019年1月4日的涨跌行情(如果预测为涨,则可以买进该股票;如果预测 为跌,则可以短线卖出该股票),然后再与实际情况对比一下,看预测是对 是错。

双击"Python量化交易策略的机器学习方法应用"文件夹,然后单击"新 建"按钮,在弹出的菜单中单击"Python 3",新建一个Python 3文件,并命 名为"支持向量机(SVM)在量化交易中的应用"。

首先导入需要的数据包,具体代码如下:

```
import talib        # 导入talib库
from jqdata import *     # 导入聚宽函数库
```

接下来设置要操作的股票,即利用支持向量机(SVM)训练的股票。还要 设置训练股票的开始时间和结束时间,具体代码如下。

```
test _ stock = '600036.XSHG'        # 设置测试标的为招商银行
start _ date = datetime.date(2016, 3, 2)      # 设置开始时间
end _ date = datetime.date(2019, 1, 3)          # 设置结束时间
```

接下来，利用get_all_trade_days()函数获取所有交易日，再定义两个变量，分别赋值为支持向量机(SVM)训练开始时间和结束时间，具体代码如下：

```
trading _ days = list(get _ all _ trade _ days())       # 获取所有交
易日
start _ date _ index = trading _ days.index(start _ date)   # 获
取开始时间
end _ date _ index = trading _ days.index(end _ date)       # 获
取结束时间
```

然后再定义两个列表变量，接着利用for循环语句计算两个指标，即指数移动平均线指标和RSI指标的数据，并添加到列表变量中，具体代码如下：

```
x _ all = []        # 定义两个列表变量
y _ all = []
for index in range(start _ date _ index, end _ date _ index):
    # 得到计算指标的所有数据
    start _ day = trading _ days[index - 30]
    end _ day = trading _ days[index]
    # 利用 get _ price() 函数获得股票数据
    stock _ data = get _ price(test _ stock, start _ date=start _
day, end _ date=end _ day, frequency='daily', fields=['close'])
    # 变义变量并赋值为收盘价
    close _ prices = stock _ data['close'].values
    # 通过数据计算指标
    # -2 是保证获取的数据是昨天的，-1 就是通过今天的数据计算出来的指标
    ema _ data = talib.EMA(close _ prices)[-2]  # 指数移动平均线指标
    rsi _ data = talib.RSI(close _ prices)[-2]   #RSI 指标
    features = []
    features.append(ema _ data)          # 向列表变量中添加指数移动平
均线指标和 RSI 指标
    features.append(rsi _ data)
    label = False                        # 设置变量label为布尔变量，
并赋值为 False
    if close _ prices[-1] > close _ prices[-2]:
        label = True                        # 如果今天收盘价大于昨天收
```

盘价,则变量label为True

```
x_all.append(features)
y_all.append(label)
```

最后准备支持向量机(SVM)算法需要用到的数据,并显示提示信息,具
代码如下:

```
x_train = x_all[: -1]
y_train = y_all[: -1]
x_test = x_all[-1]
y_test = y_all[-1]
print(' 支持向量机 (SVM) 数据已准备好了! ')
```

单击工具栏中的 ▶ 运行 按钮,运行结果如图14.3所示。

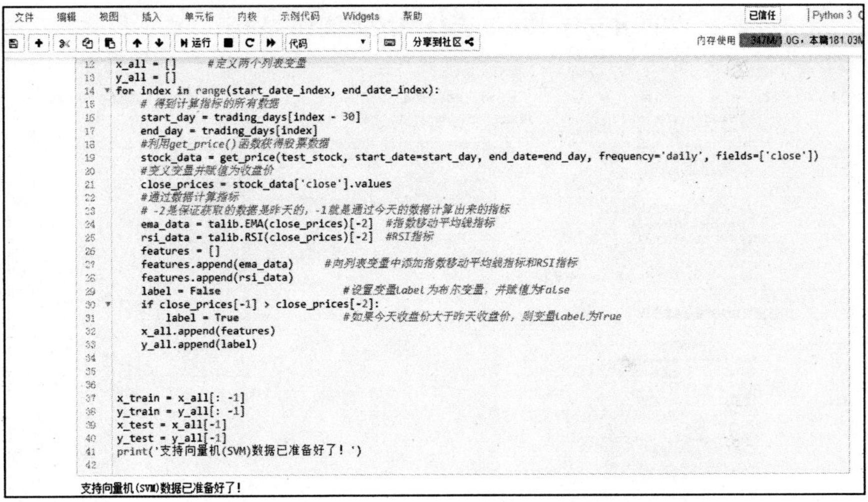

图14.3　准备支持向量机(SVM)算法需要用到的数据

接下来导入支持向量机(SVM)分类器,特征是通过收盘价数据计算的指
数移动平均线指标和RSI指标,训练样本的特征是从2016年3月2日到2019年
1月4日每一天的之前的交易日的收盘价计算的EMA、RSI指标,训练样本的标
签就是2016年3月2日到2019年1月3日每一天的涨跌情况,涨了就是True,跌了
就是False,测试样本是2019年1月4日的两个指标以及涨跌情况。

我们可以在判定之后,判断预测结果是正确还是错误,如果通过支持向
量机(SVM)判断的结果和当天的涨跌情况相符,则显示"预测正确! ",如果
判断结果和当天的涨跌情况不符,则显示"预测错语! "。具体代码如下:

```
# 导入支持向量机 (SVM)
```

```
from sklearn import svm
# 开始利用支持向量机 (SVM) 机器学习算法计算
clf = svm.SVC()
# 训练的代码
clf.fit(x_train, y_train)
# 得到测试结果
prediction = clf.predict(x_test)
# 利用 if 语句判断是否预测正确
if prediction == y_test :
    print(" 预测正确! ")
else:
    print(" 预测错误! ")
```

单击工具栏中的 ▶ 运行 按钮, 运行结果如图14.4所示。

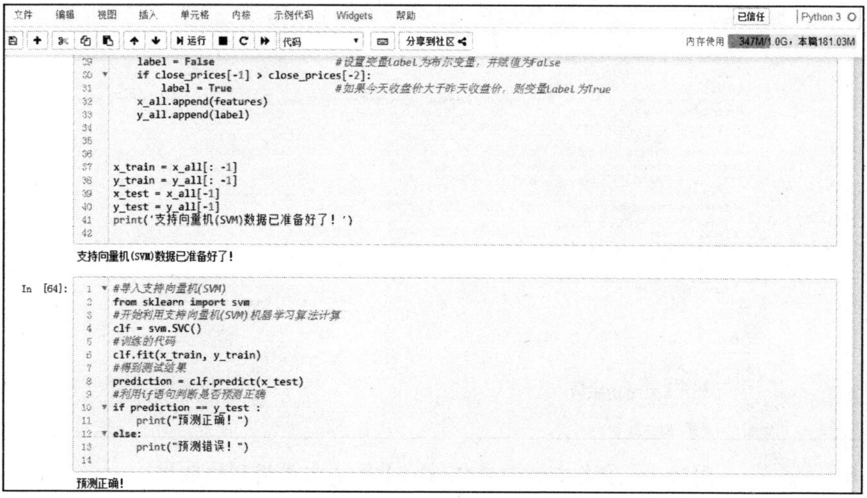

图14.4　显示预测结果

14.3　朴素贝叶斯在量化交易中的应用

下面利用朴素贝叶斯机器算法, 预测一下山东黄金 (600547) 2018年11月29日的涨跌行情, 然后再与实际情况对比一下, 看预测是对是错。

双击 "Python量化交易策略的机器学习方法应用" 文件夹, 然后单击 "新建" 按钮, 在弹出的菜单中单击 "Python 3", 新建一个Python 3文件, 并命名为"朴素贝叶斯在量化交易中的应用"。

首先导入需要的数据包,具体代码如下:

```
import talib          # 导入talib库
from jqdata import *       # 导入聚宽函数库
```

接下来设置要操作的股票,即利用朴素贝叶斯训练的股票。还要设置训练股票的开始时间和结束时间,具体代码如下:

```
test_stock = '600547.XSHG'       # 设置测试标的为山东黄金
start_date = datetime.date(2011, 6, 2)    # 设置开始时间
end_date = datetime.date(2018, 11, 28)      # 设置结束时间
```

接下来,利用get_all_trade_days()函数获取所有交易日,再定义两个变量,分别赋值为朴素贝叶斯训练开始时间和结束时间,具体代码如下:

```
trading_days = list(get_all_trade_days())   # 获取所有交易日
start_date_index = trading_days.index(start_date) # 获取
开始时间
end_date_index = trading_days.index(end_date)      # 获取
结束时间
```

然后再定义两个列表变量,接着利用for循环语句计算三个指标,即加权均线指标、变动率指标和随机相对强弱指标的数据,并添加到列表变量中,具体代码如下:

```
x_all = []        # 定义两个列表变量
y_all = []
for index in range(start_date_index, end_date_index):
    # 得到计算指标的所有数据
    start_day = trading_days[index - 30]
    end_day = trading_days[index]
    # 利用get_price()函数获得股票数据
    stock_data = get_price(test_stock, start_date=start_day, end_date=end_day, frequency='daily', fields=['close'])
    # 变义变量并赋值为收盘价
    close_prices = stock_data['close'].values
    # 通过数据计算指标
    # -2是保证获取的数据是昨天的, -1就是通过今天的数据计算出来的指标
    wma_data = talib.WMA(close_prices)[-2]   # 加权均线指标
    roc_data = talib.ROC(close_prices)[-2]   # 变动率指标
```

```
features = []
features.append(wma_data)          # 添加加权均线指标和变动率指标
features.append(roc_data)
label = False                                   # 设置变量label为布尔变量,
并赋值为 False
if close_prices[-1] > close_prices[-2]:
    label = True                                # 如果今天收盘价大于昨天收
盘价, 则变量 label 为 True
x_all.append(features)
y_all.append(label)
```

最后准备朴素贝叶斯算法需要用到的数据,并显示提示信息,具代码如下:

```
x_train = x_all[: -1]
y_train = y_all[: -1]
x_test = x_all[-1]
y_test = y_all[-1]
print('朴素贝叶斯数据已准备好了! ')
```

单击工具栏中的 ▶ 运行 按钮, 运行结果如图14.5所示。

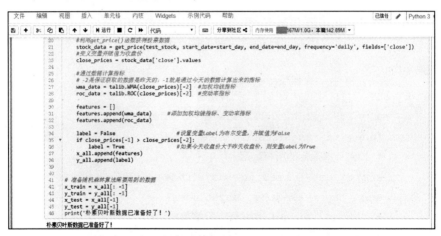

图14.5 准备朴素贝叶斯算法需要用到的数据

接下来导入朴素贝叶斯分类器,特征是通过收盘价数据计算的加权均线指标和变动率指标,训练样本的特征是从2011年6月2日到2018年11月28日每一天的之前的交易日的收盘价计算的WMA、ROC指标,训练样本的标签就是2011年6月2日到2018年11月28日每一天的涨跌情况,涨了就是True,跌了就是False,测试样本是2018年11月29日的两个指标以及涨跌情况。

我们可以在判定之后,判断预测结果是正确还是错误,如果通过朴素贝叶斯判断的结果和当天的涨跌情况相符，则显示"预测正确！"，如果判断结果和当天的涨跌情况不符，则显示"预测错语！"。具体代码如下：

```
from sklearn.naive_bayes import GaussianNB    # 导入朴素贝叶斯分类器
# 调用朴素贝叶斯分类器
clf = GaussianNB()
# 训练的代码
clf.fit(x_train, y_train)
# 得到测试结果的代码
prediction = clf.predict(x_test)
if prediction == y_test :
    print("预测正确！")
else:
    print("预测错误！")
```

单击工具栏中的 ▶ 运行 按钮，运行结果如图14.6所示。

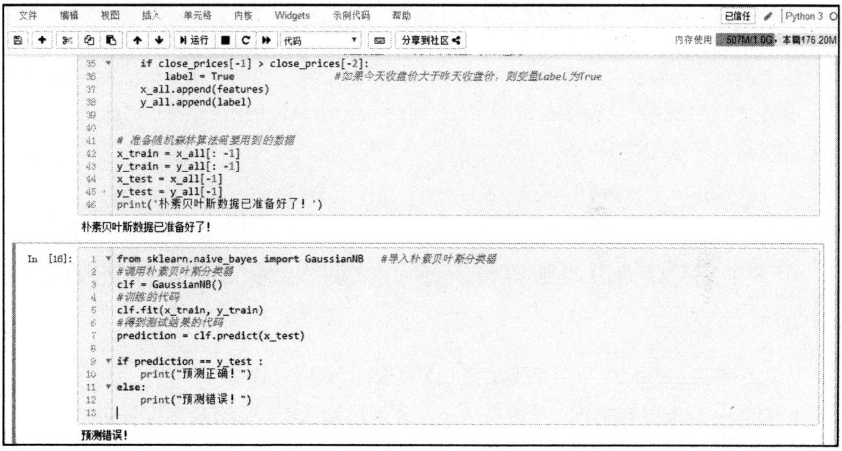

图14.6 显示预测结果

14.4 神经网络在量化交易中的应用

提醒：股票的未来涨跌是无法精准预测的，有时预测正确，有时预测错误。同理，机器算法预测也是一样，无法保证每次都预测正确。

下面利用神经网络机器算法，预测一下中国石化（600028）2018年8月28日的涨跌行情，然后再与实际情况对比一下，看预测是对是错。

　　双击"Python量化交易策略的机器学习方法应用"文件夹，然后单击"新建"按钮，在弹出的菜单中单击"Python 3"，新建一个Python 3文件，并命名为"神经网络在量化交易中的应用"。

　　首先导入需要的数据包，具体代码如下：

```
import talib        # 导入talib 库
from jqdata import *      # 导入聚宽函数库
from pybrain.datasets import ClassificationDataSet    # 从
```
pybrain 的数据集中导入分类数据集

　　接下来设置要操作的股票，即利用神经网络训练的股票。还要设置训练股票的开始时间和结束时间，具体代码如下：

```
test _ stock = '600028.XSHG'      # 设置测试标的为中国石化
start _ date = datetime.date(2013, 9, 6)     # 设置开始时间
end _ date = datetime.date(2018, 8, 28)       # 设置结束时间
```

　　接下来，利用get_all_trade_days()函数获取所有交易日，再定义两个变量，分别赋值为神经网络训练开始时间和结束时间，具体代码如下：

```
trading _ days = list(get _ all _ trade _ days()) # 获取所有交易日
start _ date _ index = trading _ days.index(start _ date)   # 获
```
取开始时间
```
end _ date _ index = trading _ days.index(end _ date)       # 获取
```
结束时间

　　接下来定义两个分类数据集，分别用来训练数据和测试预测数据，具体代码如下：

```
# 训练数据，8 月 28 日之前所有的日期的数据都用来训练
# 这是一个分类数据集，参数有 3 个，分别是输入的特征的数目、输出的结果的数目、类别的数目
# 输入的特征的数目有 3 个，输出的结果只有一个，其中的类别是涨或者跌，所以参数是 3，1，2
trndata = ClassificationDataSet(3, 1, nb _ classes=3)
# 测试数据，8 月 28 日的数据用来测试预测
tstdata = ClassificationDataSet(3, 1, nb _ classes=3)
```

　　接着利用for循环语句计算三个指标，即加权均线指标、变动率指标和随机相对强弱指标的数据，并添加到列表变量中，具体代码如下：

```
for index in range(start _ date _ index, end _ date _ index):
    # 得到计算指标的所有数据
```

```
start_day = trading_days[index - 30]
end_day = trading_days[index]
# 利用 get_price() 函数获得股票数据
stock_data = get_price(test_stock, start_date=start_
day, end_date=end_day, frequency='daily', fields=['close'])
# 变义变量并赋值为收盘价
close_prices = stock_data['close'].values
# 通过数据计算指标
# -2 是保证获取的数据是昨天的，-1 就是通过今天的数据计算出来的指标
sma_data = talib.SMA(close_prices)[-2]       # 简单移动平均
线指标
wma_data = talib.WMA(close_prices)[-2]       # 加权移动平均
数指标
mom_data = talib.MOM(close_prices)[-2]       # 动量线指标
# 训练数据或者测试数据的输入特征
features = []
features.append(sma_data)
features.append(wma_data)
features.append(mom_data)
# 训练数据或者测试的标签数据，就是涨或者跌，涨用 1 表示，平或者跌用 0 表示
label = 0
if close_prices[-1] > close_prices[-2]:
    label = 1
elif close_prices[-1] < close_prices[-2]:
    label = -1
# 8 月 28 日之前的数据，都用作训练数据；8 月 28 日的数据，用作测试预测
if index < end_date_index - 1:
    trndata.addSample(features, [label])
else:
    tstdata.addSample(features, [label])
```

最后采用独热编码将离散标称值转换为数值变量，并显示提示信息，具
代码如下：

```
# 采用独热编码将离散标称值转换为数值变量
trndata._convertToOneOfMany( )
tstdata._convertToOneOfMany( )
print(' 神经网络数据已准备好了! ')
```

需要注意的是，pybrain自带独热编码函数datasets.Classification-DataSet_convertToOneOfMany()。

单击工具栏中的 ▶ 运行 按钮，运行结果如图14.7所示。

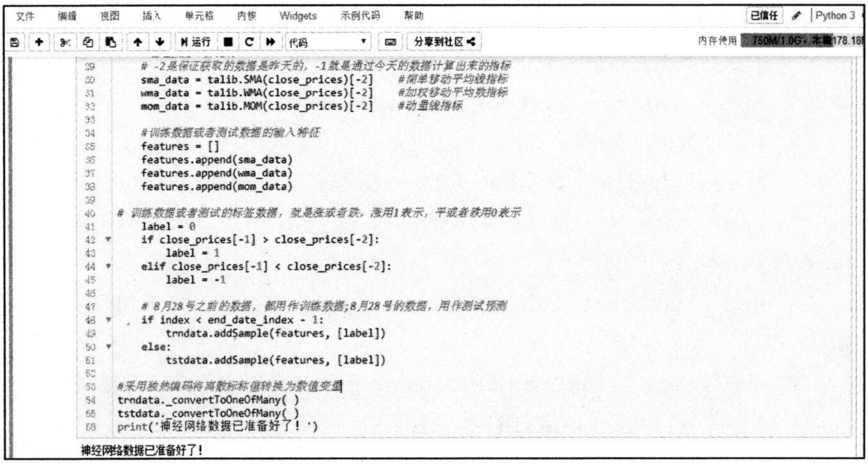

图14.7　神经网络数据已准备好

接下来导入需要的数据包，再创建和训练神经网络，特征是通过收盘价数据计算的简单移动平均线指标、加权移动平均数指标和动量线指标，训练样本的特征是从2013年9月6日到2018年8月27日每一天的之前的交易日的收盘价计算的SMA、WMA、MOM指标，训练样本的标签就是2013年9月6日到2018年8月27日每一天的涨跌情况，涨了就是True，跌了就是False，测试样本是2018年8月28日的三个指标以及涨跌情况。

最后输出的是测试样本中的判断误差，由于只有一个测试样本，如果神经网络的判断结果和真实涨跌情况相同，则输出0%；如果神经网络的判断结果和真实涨跌情况不相同，则输出是100%。具体代码如下：

```python
# 导入需要的数据包
from pybrain.tools.shortcuts import buildNetwork
from pybrain.supervised.trainers import BackpropTrainer
from pybrain.structure.modules    import SoftmaxLayer
from pybrain.utilities            import percentError
# 创建神经网络
fnn = buildNetwork( trndata.indim, 5, trndata.outdim,
outclass=SoftmaxLayer)
```

```
# 训练神经网络
trainer = BackpropTrainer( fnn, dataset=trndata, momentum=
0.1, verbose=True, weightdecay=0.01)
# 训练一次, 可以通过括号里面的数字调节训练的次数
trainer.trainEpochs( 1 )
# 计算预测误差, 这个是误差, 不是预测准确率, 0 表示预测对了, 100% 表示预测错了
tstresult = percentError( trainer.testOnClassData(
            dataset=tstdata ), tstdata['class'] )
print(" 预测误差 :",tstresult)
if tstresult==0 :
    print(" 预测正确! ")
else :
    print(" 预测错误! ")
```

单击工具栏中的 ▶ 运行 按钮, 运行结果如图14.8所示。

图14.8　显示预测结果

第15章

Python量化交易策略的因子分析技巧

在量化交易中，因子就是量化选股或量化择时的标准。例如，如果认为净利润同比增长率高的公司就是好公司，那就把净利润同比增长率大于50%的股票选出来。这个净利润同比增长率大于50%就是因子。

本章主要内容包括：

➤ 因子的分类和因子分析的作用

➤ 因子分析中变量的含义

➤ 因子分析中可以使用的基础因子

➤ calc的参数及返回值

➤ 新建因子

➤ 收益分析、IC分析和换手分析

➤ 因子在研究和回测中的使用

➤ 基本面因子应用实例

15.1　因子分析概述

下面先来讲解一下因子的类型，然后讲解因子分析的作用。

15.1.1　因子的类型

因子在量化交易中可以分为两类，分别是量化选股因子（好股票的标准）和量化择时因子（好股票买卖的标准）。量化选股因子，大多为财务指数，如营业利润率、销售净利率、营业收入环比增长率等；量化择时因子，大多为技术指标，如均线、换手率、波动率等。

15.1.2　因子分析的作用

JoinQuant（聚宽）量化交易平台提供了因子分析功能，这样就方便投资者测试自己的量化因子，相比之前只能在回测模块中一个一个测试每个指标来说，因子分析系统规避了回测的噪声、复杂的资产配置和交易系统产生的导致指标失真的问题。

15.2　因子分析的实现代码

在量化交易中，要实现因子分析功能，需要自定义因子的类，继承Factor类，并实现calc方法，代码如下：

```
class MA10(Factor):
    name = 'ma10'
    max _ window =10
    dependencies = ['close']
    def calc(self, data):
        return data['close'][-10:].mean()
```

15.2.1　因子分析中变量的含义

在自定义类中,有三个变量,分别是name、max_window和dependencies。

1. name

name是因子的名称。在给因子命名时,必须符合Python中变量的命名规则,即名称只能由字母、数字和下画线组成,并且第一个字符不能是数字,另外不能与Python中的关键字相同,也不能与基础因子冲突。

2. max_window

max_window是用来获取数据的最长时间窗口,需要注意的是,返回的是日线级别的数据。

3. dependencies

dependencies是用来设置依赖的基础因子名称。

15.2.2　因子分析中可以使用的基础因子

在因子分析中,可以使用的基础因子很多,如价量因子、财务数据因子、行业因子、概念因子、指数因子、资金流因子,如图15.1所示。

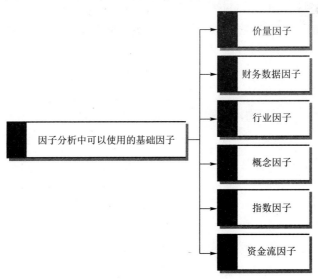

图15.1　因子分析中可以使用的基础因子

1. 价量因子

价量因子，是指利用get_price()函数可以取到的价量信息，如open（开盘价）、close（收盘价）、high（最高价）、low（最低价）、volume（成交量）、money（成交金额）。

2. 财务数据因子

财务数据因子，是指当日可以看到的最新单季财务指标，如pe_ratio（动态市盈率）、turnover_ratio（换手率）、pb_ratio（市净率）、market_cap（股票的总市值）、circulating_market_cap（股票的流通市值）等。

3. 行业因子

行业因子包含证监会行业分类，聚宽一、二级行业分类以及申万一、二、三级行业分类。例如A01（农业）、A02（林业）、B06（煤炭开采和洗选业）、B07（石油和天然气开采业）、C36（汽车制造业）等。

返回值是一个哑变量，如果某股票属于某行业，则返回1；否则，返回0。

> 提醒：哑变量，又称虚设变量、名义变量，是量化了的质变量，通常取值为0或1。

4. 概念因子

概念因子，即概念板块代码，如GN028（智能电网）、GN030（物联网）、GN092（高端装备制造）、GN181（一带一路）等。

返回值是一个哑变量，如果某股票属于某个概念，则返回1；否则，返回0。

5. 指数因子

指数因子，即指数代码，如000001.XSHG（上证指数）、000002.XSHG（A股指数）、000003.XSHG（B股指数）、000006.XSHG（地产指数）等。

返回值是一个哑变量，如果某股票属于某个指数，则返回1；否则，返回0。

6. 资金流因子

资金流因子，即get_money_flow()函数查询的数据。可以使用的字段包括：change_pct（涨跌幅）、net_amount_main（主力净额）、net_pct_main（主力净占比）、net_amount_xl（超大单净额）、net_pct_xl（超大

单净占比）、net_amount_l（大单净额）、net_pct_l（大单净占比）、net_amount_m（中单净额）、net_pct_m（中单净占比）、net_amount_s（小单净额）、net_pct_s（小单净占比）。

15.2.3　calc的参数及返回值

在calc中，可以通过data参数获取通过max_window和dependencies定义的数据。参数data 是一个dict对象，其key属性是dependencies 中的因子名称，value属性是pandas.DataFrame。

DataFrame的column 是股票代码，可以选择沪深300作为股票池。

DataFrame的index是一个时间序列，结束时间是当前时间，长度是max_window。

calc保证返回一个pandas.Series，其中index属性是股票代码，value属性是因子值。

15.3　因子分析的结果

前面讲解了因子分析的基础知识及实现代码，下面来利用聚宽JoinQuant量化交易平台新建因子，并查看因子分析的结果。

15.3.1　新建因子

在浏览器的地址栏中输入"https://www.joinquant.com"，然后回车，就进入聚宽JoinQuant量化交易平台的首页页面。

单击菜单栏中的"我的策略/单因子分析"命令，进入"我的因子"页面，如图15.2所示。

在"我的因子"页面中，单击"新建因子"按钮，就可以新建一个因子，然后编写Python代码，具体如下：

```
from jqfactor import Factor
class MONEY(Factor):
```

```
# 设置因子名称
name = 'ma'
# 设置获取数据的时间窗口长度
max _ window = 1
# 设置依赖的数据
dependencies = ['money']
```

计算因子的函数, 需要返回一个 pandas.Series, index 是股票代码,value 是因子值

```
    def calc(self, data):
        ma = data['money'].mean()
        return zscore(ma)
# 标准化函数
def zscore(series):
    std = series.std()
    mean = series.mean()
    return (series - mean)/std
```

图15.2 "我的因子"页面

第一行代码:from jqfactor import Factor, 是指从jqfactor模块中导入Factor类。其他代码与前面讲过的代码基本相同, 这里不再多解释。

下面来设置因子分析的开始时间和结束时间, 在这里都采用默认, 即开始时间是2017年10月1日, 结束时间是2018年4月1日。还要设置股票池, 在这里股票池要么是沪深300, 要么是中证500, 如图15.3所示。

接下来就可以编译运行代码, 单击"编译运行"按钮即可。在编译运行过程中, 可以查看"日志", 即单击 ⌃ 按钮。在"日志"中可以看到因子分析过程

中的提示信息，如图15.4所示。

图15.3　设置因子分析的开始时间、结束时间和股票池

图15.4　查看日志

编译运行完成后，单击 ⇓ 按钮，就可以看到分位数累积收益图表信息，如图15.5所示。

需要注意的是，为了达到测试因子是否有效的结果，我们往往会分层测试：将样本排序后划分为5类，每一类成为一个分位数，同时构建一个策略组合，分别测试其收益。

这里测试了股市中"热钱效应"的因子（money），会发现该效应短时间内的预测效应较强，即单日成交额较大的股票在未来短时间内上涨可能性更大。

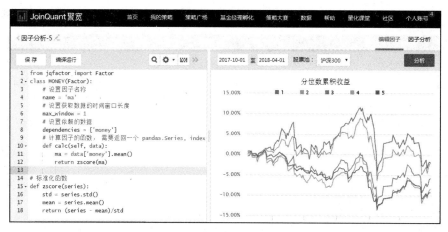

图15.5　分位数累积收益图表信息

15.3.2　收益分析

单击分位数累积收益图表信息的上方的"分析"按钮,就开始进行因子分析,因子分析完成后,首先看到的就是收益分析,如图15.6所示。

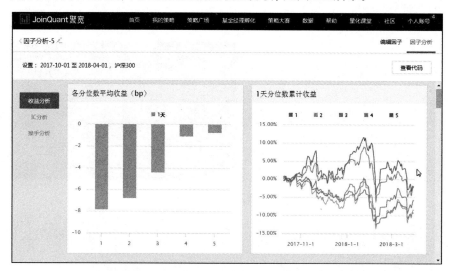

图15.6　收益分析

收益分析包括18种,分别是各分位数平均收益、1天分位数累计收益、1天多空组合收益、5天分位数累计收益、5天多空组合收益、10天分位数累计收益、10天多空组合收益、房地产指数平均收益、日常消费指数平均收益、能源指数平均收益、金融指数平均收益、信息技术指数平均收益、医疗保健指数平均收益、公用事业指数平均收益、材料指数平均收益、电信服务指数平均收益、工业指数平均收益、可选消费指数平均收益。

（1）各分位数平均收益：表示持仓1天后，各分位数可以获得的平均收益。

（2）1天分位数累计收益：表示持仓1天后，各分位数持仓收益的累计值。

（3）1天多空组合收益：表示持仓1天后，做多一分位、做空五分位的投资组合的收益。

（4）5天分位数累计收益：表示持仓5天后，各分位数持仓收益的累计值。

1天多空组合收益和5天分位数累计收益如图15.7所示。

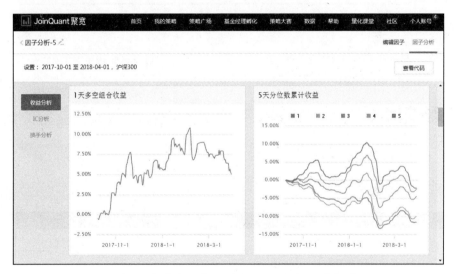

图15.7　1天多空组合收益和5天分位数累计收益

（5）5天多空组合收益：表示持仓5天后，做多一分位、做空五分位的投资组合的收益。

（6）10天分位数累计收益：表示持仓10天后，各分位数持仓收益的累计值。

5天多空组合收益和10天分位数累计收益如图15.8所示。

（7）10天多空组合收益：表示持仓10天后，做多一分位，做空五分位的投资组合的收益。

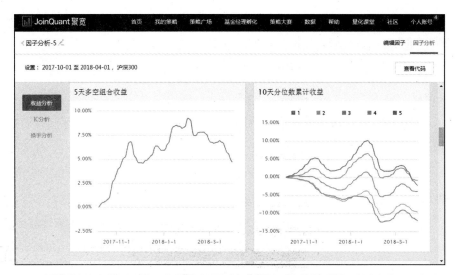

图15.8　5天多空组合收益和10天分位数累计收益

（8）房地产指数平均收益：表示持仓1、5、10天后，房地产指数可以获得的平均收益。

10天多空组合收益和房地产指数平均收益，如图15.9所示。

（9）日常消费指数平均收益：表示持仓

> 提醒· 在收益分析中，分位数的平均收益，各分位数的累计收益，以及分位数的多空组合收益三方面观察因子的表现。第一分位数的因子值最大，第五分位数的因子值最小。

1、5、10天后，日常消费指数可以获得的平均收益。

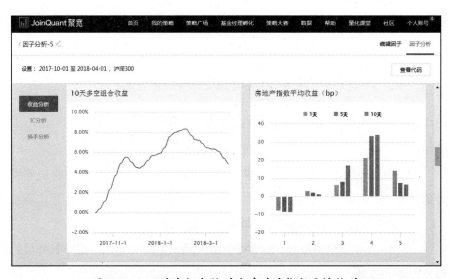

图15.9　10天多空组合收益和房地产指数平均收益

（10）能源指数平均收益：表示持仓1、5、10天后，能源指数可以获得的平均收益。

日常消费指数平均收益和能源指数平均收益，如图15.10所示。

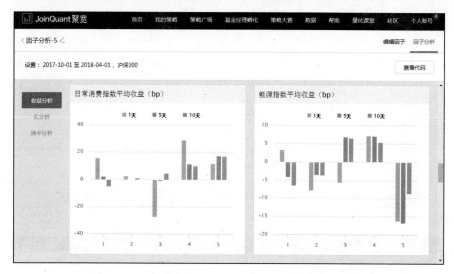

图15.10　日常消费指数平均收益和能源指数平均收益

通过向下拖动垂直滚动条，还可以查看持仓1、5、10天后，金融指数、信息技术指数、医疗保健指数、公用事业指数、材料指数、电信服务指数、工业指数、可选消费指数可以获得的平均收益。

15.3.3　IC分析

IC是information coefficient的首字母缩写，IC代表了预测值和实现值之间的相关性，通常用以评价预测能力。取值在−1到1之间，值越大，表示预测能力越好。

IC的计算，一般有两种方法，分别是normal IC和rank IC。normal IC是因子载荷与因子收益之间的相关系数。rank IC是因子载荷的排序值与收益的排序值之间的相关系数。JoinQuant（聚宽）量化交易平台计算的是rank IC。

由于单日IC的波动较大，这里还提供了IC的月度移动平均线作为参考，即22日移动平均线。

单击左侧的"IC分析"，就可以看到1天IC和5天IC，如图15.11所示。

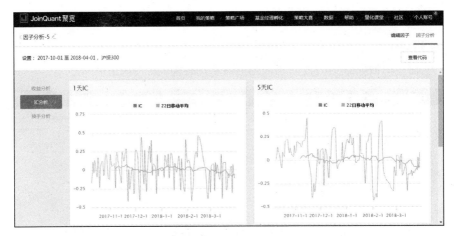

图15.11   1天IC和5天IC

向下拖动垂直滚动条，还可以查看到10天IC和行业IC的图表信息，如图15.12所示。

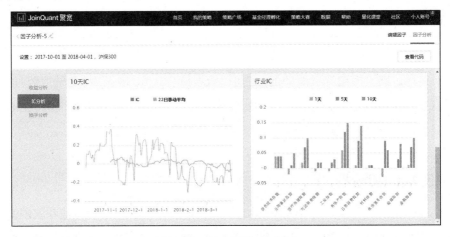

图15.12   10天IC和行业IC

15.3.4   换手分析

换手分析，即换手率分析。因子的换手率是在不同的时间周期下，观察因子个分位中个股的进出情况。例如，某因子第一分位持有的股票数量为30只，一天后有一只发生变动，换手率为：$1 \div 30 \times 100\% = 3.33\%$。

因子分位数换手率的价值体现在两个方面，分别是因子稳定性的体现和衡量交易成本。

1. 因子稳定性的体现

换手率低的因子,因子值在时间序列层面的持续性更好。

2. 衡量交易成本

在实际的交易过程中,假设我们要维护投资组合的因子表现恒定,对于高换手率因子,则需要进行更多的交易,交易中的税费和滑点,也会吞噬掉我们的部分利润。

单击左侧的"换手分析",就可以看到1天换手率和5天换手率,如图15.14所示。

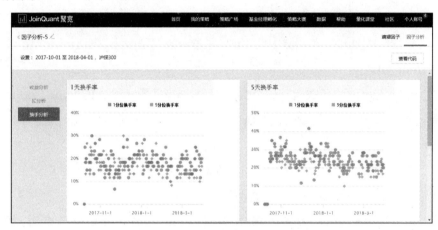

图15.14   1天换手率和5天换手率

向下拖动垂直滚动条,还可以查看到10天换手率图表信息,如图15.15所示。

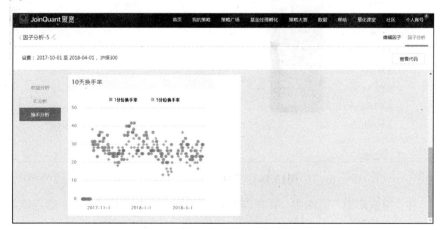

图15.15   10天换手率图表信息

15.4　因子在研究和回测中的使用

在研究以及回测中,可以通过调用calc_factors()函数来计算单因子分析中定义的因子值。calc_factors()函数的语法格式如下:

calc_factors(securities, factors, start_date, end_date)
各参数意义如下。

参数securities: 用来设置股票代码列表。

参数factors: 用来设置因子列表。

参数start_date: 用来设置开始日期。

参数end_date: 在回测中使用时, 注意应该保证截止日期小于context.current_dt。

calc_factors()函数返回一个dict 对象, key是各factors的name, value是一个pandas.DataFrame。DataFrame的index是日期, column是股票代码。

在浏览器的地址栏中输入"https://www.joinquant.com", 然后回车, 就进入JoinQuant(聚宽)量化交易平台的首页页面。

单击菜单栏中的"我的策略/投资研究"命令, 进入投资研究页面, 如图15.16所示。

图15.16　"投资研究"页面

在"投资研究"页面中, 单击"新建"按钮, 弹出下一级子菜单, 然后单击"Python 3"命令, 创建一个Python 3文件, 然后输入如下代码。

```
# 从jqfactor模块中导入Factor类
from jqfactor import Factor
# 自定义myalpha类，继续Factor类
class myalpha(Factor):
        name = 'myalpha1'
        max_window = 1
# 设置依赖的数据
        dependencies = ['high','low','volume','money']
# 计算因子的函数，需要返回一个 pandas.Series，index 是股票代码，
value 是因子值
        def calc(self, data):
            high = data['high']
            low = data['low']
            vwap = data['money']/data['volume']
# 返回因子值，这里求平均值是为了把只有一行的 dataframe 转成 series
            return (np.power(high*low,0.5) - vwap).mean()
securities = ['000001.XSHG','000002.XSHG','000009.XSHG']
# 调用calc_factors()函数来计算单因子分析中定义的因子值
factors = calc_factors(securities, [myalpha()], start_
date='2018-04-01', end_date='2018-04-13')
factors['myalpha1'].head()
```

单击 ▶ 运行按钮，运行代码，显示结果如图15.17所示。

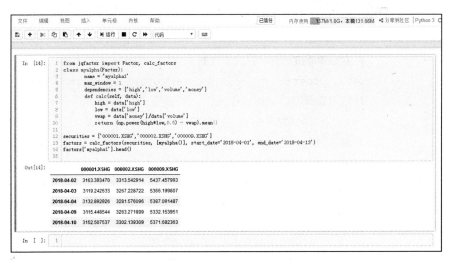

图15.17　因子在研究中的使用

15.5 基本面因子应用实例

在浏览器的地址栏中输入"https://www.joinquant.com"，然后回车，就进入JoinQuant（聚宽）量化交易平台的首页页面。

单击菜单栏中的"我的策略/单因子分析"命令，进入"我的因子"页面。再单击"新建因子"按钮，就可以新建一个因子，然后编写Python代码，具体如下：

```
from jqfactor import Factor
class mygross(Factor):
    # 设置因子名称
    name = ' mygross 1'
    # 设置获取数据的时间窗口长度
    max _ window = 1
    # 设置依赖的数据
    dependencies = ['total _ operating _ revenue','total _
operating _ cost','total _ assets']
    # 计算因子的函数,需要返回一个 pandas.Series,index 是股票代码,
value 是因子值
    def calc(self, data):
        # 获取单季度的营业总收入数据, index 是日期, column 是股票
代码, value 是营业总收入
        total _ operating _ revenue = data['total _ operating _
revenue']
        # 获取单季度的营业总成本数据
        total _ operating _ cost = data['total _ operating _ cost']
        # 获取总资产
        total _ assets = data['total _ assets']
        # 计算 gross _ profitability
        gross _ profitability = (total _ operating _ revenue -
total _ operating _ cost)/total _ assets
        # 由于 gross _ profitability 是一个一行 n 列的 dataframe,
可以直接求 mean 转成 series
        return gross _ profitability.mean()
```

下面来设置因子分析的开始时间和结束时间，在这里都采用默认，即开

始时间是2017年12月1日，结束时间是2018年4月1日。还要设置股票池，在这里股票池要么是沪深300，要么是中证500。在这里设置中证500，然后单击"编译运行"按钮，进行编译运行，如图15.18所示。

图15.18　编译运行

编译运行完成后，就可以看到分位数累计收益图表信息，如图15.19所示。

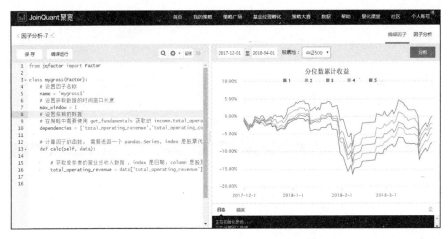

图15.19　分位数累计收益图表信息

单击分位数累计收益图表信息的上方的"分析"按钮，就开始进行因子分析，因子分析完成后，首先看到的就是收益分析，如图15.20所示。

单击左侧的"IC分析"，就可以看到基本面因子的IC分析，如图15.21所示。

单击左侧的"换手分析"，就可以看到基本面因子的换手率分析，如图15.22所示。

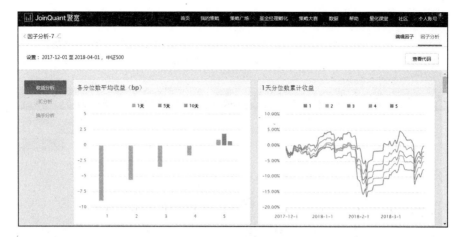

图15.20　收益分析

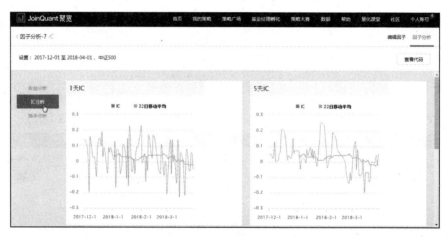

图15.21　基本面因子的IC分析

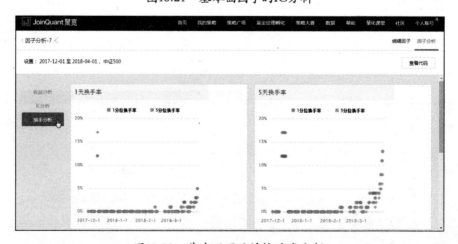

图15.22　基本面因子的换手率分析

第16章

Python量化交易策略实例

通过编写Python量化交易策略实例，可以提高投资者对量化交易策略的综合认识，并真正掌握量化交易技巧，从而学以致用。

本章主要内容包括：

➤ MA均线量化交易策略

➤ 多均线量化交易策略

➤ MACD指标量化交易策略

➤ KD指标量化交易策略

➤ BOLL指标量化交易策略

➤ 多股票持仓量化交易策略

➤ 医药股轮动量化交易策略

➤ 小市值股票量化交易策略

➤ 人工智能多因子量化交易策略

16.1　MA均线量化交易策略

　　MA指标是反映价格运行趋势的重要指标，其运行趋势一旦形成，将在一段时间内继续保持，趋势运行所形成的高点或低点又分别具有阻挡或支撑作用，因此均线指标所在的点位往往是十分重要的支撑或阻力位，这就提供了买进或卖出的有利时机，均线系统的价值也正在于此。下面利用MA均线指标来编写一个量化交易策略，实现当价格高于5日均线平均价格1.1时买入，当价格低于5日均线平均价格0.9时卖出。

16.1.1　编写初始化函数

　　成功登录聚宽JoinQuan量化交易平台后，单击菜单栏中的"我的策略/策略列表"命令，打开"策略列表"页面，如图16.1所示。

图16.1　"策略列表"页面

　　单击"新建文件夹"按钮，就会新建一个文件夹，在这里命名为"量化交易策略实例"，如图16.2所示。

　　单击"新建策略"按钮，在弹出的菜单中单击"股票策略"命令，就会新建一个股票策略，然后双击策略名称，重新命名为"MA均线量化交易策略"，如图16.3所示。

图16.2　新建文件夹并命名

图16.3　新建股票策略并命名为MA均线量化交易策略

为了更好地利用Python编辑量化交易策略,下面删除文本框中的所有代码,然后重新编写代码。

首先要导入函数包,这样再利用前面讲解的各类函数和MA均线指标,具体代码如下:

```
import jqdata
from jqlib.technical _ analysis import *
```

接下来就可以编写初始化函数了。为了便于学习,这里的初始化函数相对简单,具体代码如下:

```
# 初始化函数,设定要操作的股票、基准等
```

```
def initialize(context):
    # 定义一个全局变量,保存要操作的股票
    # 000002( 股票 : 万科 A)
    g.security = '000002.XSHE'
    # 设定沪深 300 作为基准
    set _ benchmark('000300.XSHG')
    # 开启动态复权模式 ( 真实价格 )
    set _ option('use _ real _ price', True)
```

16.1.2 编写单位时间调用的函数

单位时间调用的函数,即每个单位时间(如果按天回测,则每天调用一次;如果按分钟,则每分钟调用一次)调用一次的函数,具体代码如下:

```
def handle _ data(context, data):
    security = g.security
    # 获取股票的收盘价
    close _ data = attribute _ history(security, 5, '1d', ['close'])
    # 取得过去 5 天的平均价格
    MA5 = close _ data['close'].mean()
    # 取得上一时间点价格
    current _ price = close _ data['close'][-1]
    # 取得当前的现金
    cash = context.portfolio.cash
    # 如果上一时间点价格高出 5 天平均价的 10%, 则全仓买入
    if current _ price > 1.1*MA5:
        # 用所有 cash 买入股票
        order _ value(security, cash)
        # 记录这次买入
        log.info("Buying %s" % (security))
    # 如果上一时间点价格低于 5 天平均价, 则空仓卖出
    elif current _ price < 0.9*MA5 and context.portfolio.positions
[security].closeable _ amount > 0:
        # 卖出所有股票, 使这只股票的最终持有量为 0
        order _ target(security, 0)
        # 记录这次卖出
        log.info("Selling %s" % (security))
```

这时调用attribute_history()函数获得最近5天的股票收盘价,利用mean()函数,取得最近5天的平均价,再取得上一时间点价格。

在这里买入股票的条件是当前有余额,并且上一时间点价格高出5天平均价的10%。具体代码如下:

```
if current_price > 1.1*MA5 and context.portfolio.cash >0
```

卖出股票的条件:上一时间点价格低出5天平均价的90%,并且目前有头寸。具体代码如下:

```
elif current_price < 0.9*MA5 and context.portfolio.
positions[security].closeable_amount > 0:
```

16.1.3　MA均线量化交易策略的回测

在回测之前,设置开始时间为2016年6月1日,结束时间为2018年6月1日。设置账户交易资金为10万元,交易频率为每天,如图16.4所示。

图16.4　设置回测时间和频率

设置好各项参数后,单击"编译运行"按钮,就可以编译运行MA均线量化交易策略,运行完毕后,就可以看到策略收益和基准收益对比图表,如图16.5所示。

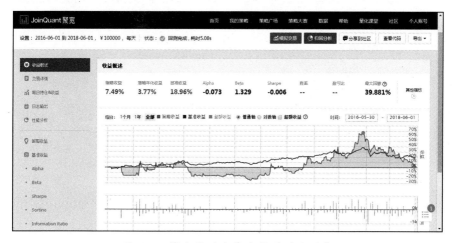

图16.5　策略收益和基准收益对比图表

在这里可以看到基准收益为18.96%，而策略收益为7.49%，策略年化收益为3.77%，这表明MA均线量化交易策略对基准，即沪深300来说，是一个不错的策略，但对万科A（000002）来说，策略收益不高，策略年化收益也不高，不是一个好的策略。

16.2　多均线量化交易策略

在炒股实战中，往往多条均线一起使用，如5日、10日和30日均线。下面利用多均线来编写一个量化交易策略，实现功能如下：

当5日均线大于10日均线，10日均线大于30日均线，同时，收盘价格高于5日均线价格的1.01倍，买入股票；当5日均线小于10日均线，10日均线小于30日均线，同时，收盘价格低于5日均线价格的0.99倍，卖出股票。

16.2.1　编写初始化函数

双击"量化交易策略实例"文件夹，然后单击"新建策略"按钮，在弹出的菜单中单击"股票策略"命令，就会新建一个股票策略，然后双击策略名称，重新命名为"多均线量化交易策略"。

删除文本框中所有代码，重新编写代码。首先导入函数，然后编写初始化函数，具体代码如下：

```
# 导入函数库
import jqdata
from jqlib.technical_analysis import *
def initialize(context):
    # 定义一个全局变量,保存要操作的股票
    # 000538(股票:云南白药)
    g.security = '000538.XSHE'
    # 设定沪深300作为基准
    set_benchmark('000300.XSHG')
    # True为开启动态复权模式,使用真实价格交易
    set_option('use_real_price', True)
```

```
# 设定成交量比例
set_option('order_volume_ratio', 1)
```

股票类交易手续费是：买入时佣金万分之三，卖出时佣金万分之三加千分之一印花税，每笔交易佣金最低扣 5 块钱

```
set_order_cost(OrderCost(open_tax=0, close_tax=0.001, \
                         open_commission=0.0003,
close_commission=0.0003,\
                         close_today_commission=0,
 min_commission=5), type='stock')
# 运行函数
run_daily(trade, 'every_bar')
```

注意在初始化函数中，加入了股票每笔交易时的手续费，即买入时佣金万分之三，卖出时佣金万分之三加千分之一印花税，每笔交易佣金最低扣5块钱。

16.2.2　编写交易程序函数

在定时函数run_daily中，调用了交易程序函数trade，该函数的具体代码如下：

```
def trade(context):
    security = g.security
    # 设定均线
    n1 = 5
    n2 = 10
    n3 = 30
    # 获取股票的收盘价
    close_data = attribute_history(security, n3+2, '1d',
['close'],df=False)
    # 取得过去 ma_n1 天的平均价格
    ma_n1 = close_data['close'][-n1:].mean()
    # 取得过去 ma_n2 天的平均价格
    ma_n2 = close_data['close'][-n2:].mean()
    # 取得过去 ma_n3 天的平均价格
    ma_n3 = close_data['close'][-n3:].mean()
    # 取得上一时间点价格
    current_price = close_data['close'][-1]
```

```
# 取得当前的现金
cash = context.portfolio.cash
```

如果当前有余额, 并且 n1 日均线大于 n2 日均线, n2 日均线大于 n3 日均线, 上一时间点价格高出 5 天平均价的 1%, 则全仓买入

```
if ma_n1 > ma_n2 and ma_n2 > ma_n3 and current_price>
1.01*ma_n1:
        # 用所有 cash 买入股票
        order_value(security, cash)
        # 记录这次买入
        log.info("Buying %s" % (security))
```

如果 n1 日均线小于 n2 日均线, n2 日均线小于 n3 日均线, 上一时间点价格低于 5 天平均价的 1%, 并且目前有头寸

```
elif ma_n1 < ma_n2 and ma_n2 < ma_n3 and current_
price< 0.99*ma_n1 and context.portfolio.positions[security].
closeable_amount > 0:
        # 全部卖出
        order_target(security, 0)
        # 记录这次卖出
        log.info("Selling %s" % (security))
```

利用attribute_history()函数获取股票数据, 然后获利5日、10日、30日均线的值及上一时间点价格。

如果当前有余额, 并且n1日均线大于n2日均线, n2日均线大于n3日均线, 上一时间点价格高出5天平均价的1%, 则全仓买入, 代码如下:

```
if ma_n1 > ma_n2 and ma_n2 > ma_n3 and current_price>
1.01*ma_n1:
```

如果n1日均线小于n2日均线, n2日均线小于n3日均线, 上一时间点价格低于5天平均价的1%, 并且目前有头寸, 代码如下:

```
elif ma_n1 < ma_n2 and ma_n2 < ma_n3 and current_
price< 0.99*ma_n1 and context.portfolio.positions[security].
closeable_amount > 0:
```

16.2.3 多均线量化交易策略的回测

在回测之前, 设置开始时间为2016年6月1日, 结束时间为2018年6月1日。设置账户交易资金为10万元, 交易频率为每天, 如图16.6所示。

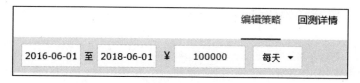

图16.6　设置回测时间和频率

设置好各项参数后，单击"编译运行"按钮，就可以编译运行多均线量化交易策略，运行完毕后，就可以看到策略收益和基准收益对比图表，如图16.7所示。

图16.7　策略收益和基准收益对比图表

在这里可以看到基准收益为18.96%，而策略收益为31.85%，策略年化收益为15.22%，这表明多均线量化交易策略对基准，即沪深300来说，是一个不错的策略，对云南白药（000538）来说，策略收益较高，策略年化收益也较高，是一个很不错的策略。

16.3　MACD指标量化交易策略

MACD指标是股市中最经典、最常用的技术指标。下面利用MACD指标来编写一个简单的量化交易策略，实现DIFF、DEA均为正，DIFF向上突破DEA，买入股票；DIFF、DEA均为负，DIFF向下跌破DEA，卖出股票。

16.3.1 编写初始化函数

双击"量化交易策略实例"文件夹，然后单击"新建策略"按钮，在弹出的菜单中单击"股票策略"命令，就会新建一个股票策略，然后双击策略名称，重新命名为"MACD指标量化交易策略"。

删除文本框中所有代码，重新编写代码。首先导入函数，然后编写初始化函数，具体代码如下：

```python
import jqdata
from jqlib.technical_analysis import *
def initialize(context):
    # 定义一个全局变量,保存要操作的股票
    # 000001(股票:平安银行)
    g.security = '000001.XSHE'
    # 设定沪深 300 作为基准
    set_benchmark('000300.XSHG')
    # 开启动态复权模式(真实价格)
    set_option('use_real_price', True)
```

16.3.2 编写单位时间调用的函数

单位时间调用的函数，即每个单位时间（如果按天回测，则每天调用一次；如果按分钟，则每分钟调用一次）调用一次的函数，具体代码如下：

```python
def handle_data(context, data):
    # 获取初始化中要操作的股票
    security = g.security
    # 调用MACD函数,并获取股票的MACD指标的DIFF、DEA和MACD的值
    macd_diff, macd_dea, macd_macd = MACD(security,check_date=context.current_dt, SHORT = 12, LONG = 26, MID = 9)
    # 取得当前的现金
    cash = context.portfolio.cash
    # 如果当前有余额,并且DIFF、DEA均为正,DIFF向上突破DEA
    if macd_diff > 0 and macd_dea >0 and macd_diff > macd_dea :
        # 用所有 cash 买入股票
        order_value(security, cash)
        # 记录这次买入
```

```
        log.info(" 买入股票 %s" % (security))
    # 如果 DIFF、DEA 均为负, DIFF 向下跌破 DEA, 并且目前有头寸
    elif macd _ diff < 0 and macd _ dea < 0 and macd _ diff <
macd _ dea  and context.portfolio.positions[security].closeable _
amount> 0:
        # 全部卖出
        order _ target(security, 0)
        # 记录这次卖出
        log.info(" 卖出股票 %s" % (security))
```

注意这里调用MACD函数,从而获得股票的MACD指标的DIFF、DEA和MACD的值,还需要注意这里的参数check_date=context.current_dt,表示获取当前回测日期。

在这里买入股票的条件是当前有余额,并且DIFF、DEA均为正,DIFF向上突破DEA。具体代码如下:

```
if macd _ diff > 0 and macd _ dea >0 and macd _ diff > macd _ dea :
```

卖出股票的条件是DIFF、DEA均为负,DIFF向下跌破DEA,并且目前有头寸。具体代码如下:

```
    elif macd _ diff < 0 and macd _ dea < 0 and macd _ diff < macd _
dea and context.portfolio.positions[security].closeable _ amount> 0:
```

16.3.3 MACD指标量化交易策略的回测

在回测之前,设置开始时间为2017年6月1日,结束时间为2018年5月4日。设置账户交易资金为10万元,交易频率为每天,如图16.8所示。

图16.8 设置回测时间和频率

设置好各项参数后,单击“编译运行”按钮,就可以编译运行MACD指标量化交易策略,运行完毕后,就可以看到策略收益和基准收益对比图表,如图16.9所示。

在这里可以看到基准收益为8.07%,而策略收益为17.19%,这表明MACD指标量化交易策略是一个不错的策略。

图16.9　策略收益和基准收益对比图表

16.4　KD指标量化交易策略

下面利用超买超卖型技术指标,即随机指标KD,编写一个超买超卖型技术指标量化交易策略。实现K在20左右向上交叉D时,买入股票;K在80左右向下交叉D时,卖出股票。

16.4.1　编写初始化函数

双击"量化交易策略实例"文件夹,然后单击"新建策略"按钮,在弹出的菜单中单击"股票策略"命令,就会新建一个股票策略,然后双击策略名称,重新命名为"多均线量化交易策略"。

删除文本框中所有代码,重新编写代码。首先导入函数,然后编写初始化函数,具体代码如下:

```
# 导入函数库
import jqdata
from jqlib.technical _ analysis import *
# 初始化函数,设定基准等
def initialize(context):
    # 设定沪深 300 作为基准
    set _ benchmark('000300.XSHG')
```

```
    # 开启动态复权模式（真实价格）
set _ option('use _ real _ price', True)
    # 输出内容到日志 log.info()
log.info(' 初始函数开始运行且全局只运行一次 ')
    ### 股票相关设定 ###
    # 股票类每笔交易时的手续费是买入时佣金万分之三，卖出时佣金万分之三
加千分之一印花税，每笔交易佣金最低扣 5 块钱
    set _ order _ cost(OrderCost(close _ tax=0.001, open _
commission=0.0003, close _ commission=0.0003, min _ commission=5),
type='stock')
    ## 运行函数（reference _ security 为运行时间的参考标的；传入的标
的只做种类区分，因此传入'000300.XSHG' 或 '510300.XSHG' 是一样的）
    # 开盘前运行
    run _ daily(before _ market _ open, time='before _ open',
reference _ security='000300.XSHG')
    # 开盘时运行
    run _ daily(market _ open, time='open', reference _
security='000300.XSHG')
    # 收盘后运行
    run _ daily(after _ market _ close, time='after _ close',
reference _ security='000300.XSHG')
```

16.4.2　编写开盘前运行函数

开盘前运行函数实现代码具体如下：

```
def before _ market _ open(context):
    # 输出运行时间
    log.info('函数运行时间(before _ market _ open):'+str(context.
current _ dt.time()))
    # 给微信发送消息
    send _ message(' 美好的一天，祝您交易顺利！')
    # 要操作的股票：云南白药（g. 为全局变量）
    g.security = '000538.XSHE'
```

16.4.3　编写开盘时运行函数

开盘时运行函数实现代码具体如下。

```
def market_open(context):
    log.info('函数运行时间(market_open):'+str(context.current_
dt.time()))
    security = g.security
    # 调用 KD 函数,获取该函数的 K 值和 D 值
    K1,D1= KD(security, check_date = context.current_dt, N
= 9, M1 = 3, M2 = 3)
    # 取得当前的现金
    cash = context.portfolio.available_cash
    # 如果 K 在 20 左右向上交叉 D 时,则全仓买入
    if K1>=20 and K1>D1 :
        # 记录这次买入
        log.info("买入股票 %s" % (security))
        # 用所有 cash 买入股票
        order_value(security, cash)
    # 如果 K 在 80 左右向下交叉 D,并且目前有头寸,则全仓卖出
    elif K1<=80 and K1<D1 and context.portfolio.
positions[security].closeable_amount > 0:
        # 记录这次卖出
        log.info("卖出股票 %s" % (security))
        # 卖出所有股票,使这只股票的最终持有量为 0
        order_target(security, 0)
```

注意这里调用KD函数,从而获得KD指标的不同参数值,即D值和K值,还需要注意这里的参数check_date=context.current_dt,表示获取当前回测日期。

在这里买入股票的条件是如果当前有余额,并且K在20左右向上交叉D。具体代码如下:

```
    if K1>=20 and K1>D1 :
```

卖出股票的条件是K在80左右向下交叉D,并且目前有头寸。具体代码如下:

```
    elif K1<=80 and K1<D1 and context.portfolio.positions[security].
closeable_amount > 0:
```

16.4.4 编写收盘后运行函数

收盘后运行函数实现代码如下。

```
def after_market_close(context):
    log.info(str('函数运行时间(after_market_close):'+str(context.
current_dt.time())))
    # 得到当天所有成交记录
    trades = get_trades()
    for _trade in trades.values():
        log.info('成交记录:'+str(_trade))
    log.info('一天的交易结束, 祝你心情愉快! ')
```

16.4.5　KD指标量化交易策略的回测

在回测之前, 设置开始时间为2016年6月1日, 结束时间为2018年5月1日。设置账户交易资金为10万元, 交易频率为每天, 如图16.10所示。

图16.10　设置回测时间和频率

设置好各项参数后, 单击"编译运行"按钮, 就可以编译运行KD指标量化交易策略, 运行完毕后, 就可以看到策略收益和基准收益对比图表, 如图16.11所示。

图16.11　策略收益和基准收益对比图表

在这里可以看到基准收益为18.96%, 而策略收益为78.08%, 策略年化收益为34.40%, 这表明KD指标量化交易策略是一个很好的策略。

16.5　BOLL指标量化交易策略

　　BOLL指标是股市技术分析的常用工具之一，通过计算股价的"标准差"，再求股价的"信赖区间"，下面利用BOLL指标编写一个量化交易策略，实现功能如下：

　　当5日均线大于10日均线，10日均线大于30日均线，同时，收盘价格高于BOLL的中轨，买入股票；当5日均线小于10日均线，10日均线小于30日均线，同时，收盘价格高于BOLL的上轨，卖出股票。

16.5.1　编写初始化函数

　　双击"量化交易策略实例"文件夹，然后单击"新建策略"按钮，在弹出的菜单中单击"股票策略"命令，就会新建一个股票策略，然后双击策略名称，重新命名为"BOLL指标量化交易策略"。

　　删除文本框中所有代码，重新编写代码。首先导入函数，然后编写初始化函数，具体代码如下：

```
# 导入函数库
import jqdata
from jqlib.technical _ analysis import *
# 初始化函数，设定基准等
def initialize(context):
    # 设定沪深 300 作为基准
    set _ benchmark('000300.XSHG')
    # 开启动态复权模式（真实价格）
    set _ option('use _ real _ price', True)
    # 输出内容到日志 log.info()
    log.info(' 初始函数开始运行且全局只运行一次 ')
    # 过滤掉 order 系列 API 产生的比 error 级别低的 log
    log.set _ level('order', 'error')
    ### 股票相关设定 ###
    # 股票类每笔交易时的手续费是买入时佣金万分之三，卖出时佣金万分之三
加千分之一印花税，每笔交易佣金最低扣 5 块钱
    set _ order _ cost(OrderCost(close _ tax=0.001, open _
```

```
commission=0.0003, close _ commission=0.0003, min _ commission=5),
type='stock')
```

 # 运行函数(reference _ security 为运行时间的参考标的; 传入的标的只做种类区分, 因此传入 '000300.XSHG' 或 '510300.XSHG' 是一样的)

```
        # 开盘前运行
        run _ daily(before _ market _ open, time='before _ open',
reference _ security='000300.XSHG')
        # 开盘时运行
        run _ daily(market _ open, time='open', reference _
security='000300.XSHG')
        # 收盘后运行
        run _ daily(after _ market _ close, time='after _ close',
reference _ security='000300.XSHG')
```

16.5.2　编写开盘前运行函数

开盘前运行函数实现代码具体如下:

```
## 开盘前运行函数
def before _ market _ open(context):
        # 输出运行时间
        log.info(' 函数运行时间 (before _ market _ open):'+str(context.
current _ dt.time()))
        # 给微信发送消息(添加模拟交易, 并绑定微信生效)
        send _ message(' 美好的一天 ~')
        # 要操作的股票: 云南白药(g. 为全局变量)
        g.security = '000538.XSHE'
```

16.5.3　编写开盘时运行函数

开盘时运行函数实现代码具体如下:

```
## 开盘时运行函数
def market _ open(context):
        log.info(' 函数运行时间 (market _ open):'+str(context.current _
dt.time()))
        security = g.security
        # 获取股票的收盘价
        # 设定均线
```

```
n1 = 5
n2 = 10
n3 = 30
# 获取股票的收盘价
close_data = attribute_history(security, n3+2, '1d',
['close'],df=False)
# 取得过去 ma_n1 天的平均价格
ma_n1 = close_data['close'][-n1:].mean()
# 取得过去 ma_n2 天的平均价格
ma_n2 = close_data['close'][-n2:].mean()
# 取得过去 ma_n3 天的平均价格
ma_n3 = close_data['close'][-n3:].mean()
# 取得上一时间点价格
current_price = close_data['close'][-1]
# 获得 BOLL 指标的上轨值、中轨值和下轨值
upperband, middleband, lowerband = Bollinger_Bands
(security, check_date=context.current_dt, timeperiod=20,
nbdevup=2, nbdevdn=2)
# 取得当前的现金
cash = context.portfolio.available_cash
# 如果上一时间点价格高出中轨值, 则全仓买入
  if ma_n1 > ma_n2 and ma_n2> ma_n3 and current_
price > middleband :
        # 记录这次买入
        log.info(" 收盘价站上 BOLL 指标中轨, 买入 %s" % (security))
        # 用所有 cash 买入股票
        order_value(security, cash)
    # 如果上一时间点价格低于 5 天平均价, 则空仓卖出
  elif ma_n1 > ma_n2 and ma_n2> ma_n3 and current_
price > upperband and context.portfolio.positions[security].
closeable_amount > 0:
        # 记录这次卖出
        log.info(" 收盘价站上 BOLL 指标上轨 , 卖出 %s" % (security))
        # 卖出所有股票, 使这只股票的最终持有量为 0
        order_target(security, 0)
```

在这里买入股票的条件是当5日均线大于10日均线, 10日均线大于30日均线, 同时, 收盘价格高于BOLL的中轨。具体代码如下。

```
if ma_n1 > ma_n2 and ma_n2> ma_n3 and current_price >
middleband :
```

卖出股票的条件是当5日均线小于10日均线,10日均线小于30日均线,同时,收盘价格高于BOLL的上轨,并且有头寸。具体代码如下:

```
elif ma_n1 > ma_n2 and ma_n2> ma_n3 and current_
price > upperband and context.portfolio.positions[security].
closeable_amount > 0:
```

16.5.4　编写收盘后运行函数

收盘后运行函数实现代码如下:

```
## 收盘后运行函数
def after_market_close(context):
    log.info(str('函数运行时间(after_market_
close):'+str(context.current_dt.time())))
    # 得到当天所有成交记录
    trades = get_trades()
    for _trade in trades.values():
        log.info('成交记录:'+str(_trade))
    log.info('一天结束')
log.info('###################################################
##########')
```

16.5.5　BOLL指标量化交易策略的回测

在回测之前,设置开始时间为2016年6月1日,结束时间为2018年6月1日。设置账户交易资金为10万元,交易频率为每天,如图16.12所示。

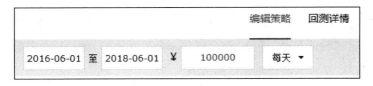

图16.12　设置回测时间和频率

设置好各项参数后,单击"编译运行"按钮,就可以编译运行BOLL指标量化交易策略,运行完毕后,就可以看到策略收益和基准收益对比图表,如图16.13所示。

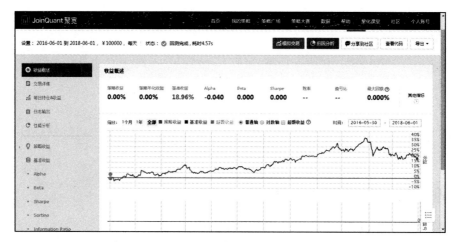

图16.13　策略收益和基准收益对比图表

在这里可以看到基准收益为18.96%，而策略收益为0.00%，策略年化收益为0.00%，这表明BOLL指标量化交易策略不是一个好的策略。

16.6　多股票持仓量化交易策略

前面讲解的量化交易策略都只是针对单只股票，如果同时对多个股票进入操作，该如何编写量化交易策略呢？下面编写一个多股票持仓量化交易策略，实现价格大于5天平均价×1.008则买入500股，当价格小于5天平均价×0.996则卖出。

16.6.1　编写初始化函数

双击"量化交易策略实例"文件夹，然后单击"新建策略"按钮，在弹出的菜单中单击"股票策略"命令，就会新建一个股票策略，然后双击策略名称，重新命名为"多股票持仓量化交易策略"。

删除文本框中所有代码，重新编写代码。首先导入函数，然后编写初始化函数，具体代码如下：

```
# 导入函数库
import jqdata
```

```
from jqlib.technical _ analysis import *
def initialize(context):
    # 设置我们要操作的股票池
    g.stocks = ['000001.XSHE','000002.XSHE','000004.XSHE',
'000005.XSHE']
    # 设定沪深 300 作为基准
    set _ benchmark('000300.XSHG')
    # 开启动态复权模式 ( 真实价格 )
    set _ option('use _ real _ price', True)
```

16.6.2　编写单位时间调用的函数

单位时间调用的函数的具体代码如下：

```
def handle _ data(context, data):
    # 循环每只股票
    for security in g.stocks:
        # 得到股票之前 5 天的平均价
        vwap = data[security].vwap(5)
        # 得到上一时间点股票平均价
        price = data[security].close
        # 得到当前资金余额
        cash = context.portfolio.cash
        # 如果上一时间点价格小于 5 天平均价 ×0.996，并且持有该股票，则卖出
        if price < vwap * 0.996 and context.portfolio.positions
[security].closeable _ amount > 0:
            # 下入卖出单
            order(security,-500)
            # 记录这次卖出
            log.info(" 卖出股票 %s" % (security))
        # 如果上一时间点价格大于 5 天平均价 ×1.008，并且有现金余额，则买入
        elif price > vwap * 1.008 and cash > 0:
            # 下入买入单
            order(security,500)
            # 记录这次买入
            log.info(" 买入股票 %s" % (security))
```

需要注意，由于这里操作的是多只股票，所以这里使用了for循环语句。

在这里买入股票的条件是，上一时间点价格大于5天平均价×1.008，并且有现

金余额，具体代码如下：

```
elif price > vwap * 1.008 and cash > 0:
```

卖出股票的条件是，上一时间点价格小于5天平均价×0.996，并且持有该
股票，具体代码如下：

```
if price < vwap * 0.996 and context.portfolio.positions
[security].closeable_amount > 0:
```

16.6.3　多股票持仓量化交易策略的回测

在回测之前，设置开始时间为2016年6月1日，结束时间为2018年5月4
日。设置账户交易资金为10万元，交易频率为每天，如图16.14所示。

图16.14　设置回测时间和频率

设置好各项参数后，单击"编译运行"按钮，就可以编译运行多股票持仓
量化交易策略，运行完毕后，就可以看到策略收益和基准收益对比图表，如
图16.15所示。

图16.15　策略收益和基准收益对比图表

在这里可以看到基准收益为18.96%，而策略收益为21.33%，策略年化收
益为10.41%，这表明多股票持仓量化交易策略是一个不错的策略。

16.7　医药股轮动量化交易策略

医药股轮动量化交易策略，即始终持有沪深300医药指数成分股中市净率最低的股份制银行，每周检查一次，如果发现有新的医药股的市净率低于原有的股票，则予以换仓。

16.7.1　编写初始化函数

双击"量化交易策略实例"文件夹，然后单击"新建策略"按钮，在弹出的菜单中单击"股票策略"命令，就会新建一个股票策略，然后双击策略名称，重新命名为"医药股轮动量化交易策略"。

删除文本框中所有代码，重新编写代码。首先导入函数，然后编写初始化函数，具体代码如下：

```
# 导入函数库
import jqdata
## 初始化函数, 设定要操作的股票、基准等
def initialize(context):
    # 设定沪深 300 医药指数作为基准
    set_benchmark('000931.XSHG')
    # True 为开启动态复权模式, 使用真实价格交易
    set_option('use_real_price', True)
    # 设定成交量比例
    set_option('order_volume_ratio', 1)
    # 股票类交易手续费是买入时佣金万分之三, 卖出时佣金万分之三加千分之一印花税, 每笔交易佣金最低扣 5 块钱
    set_order_cost(OrderCost(open_tax=0, close_tax=0.001, \
                             open_commission=0.0003, close_commission=0.0003,\
                             close_today_commission=0, min_commission=5), type='stock')
    # 运行函数, 按周运行, 在每周第一个交易日运行
    run_weekly(chenk_stocks, weekday=1, time='before_open')
    # 选股
    run_weekly(trade, weekday=1, time='open') # 交易
```

16.7.2 编写选股函数

选股函数，即选出沪深300医药指数成分股中市净率最低的医药股，具体代码如下：

```
def check_stocks(context):
    # 得到沪深 300 医药指数成分股
    g.stocks = get_index_stocks('000931.XSHG')
    # 查询股票的市净率，并按照市净率升序排序
    if len(g.stocks) > 0:
        g.df = get_fundamentals(
            query(
                valuation.code,
                valuation.pb_ratio
            ).filter(
                valuation.code.in_(g.stocks)
            ).order_by(
                valuation.pb_ratio.asc()
            )
        )
        # 找出市净率最低的一只股票
        g.code = g.df['code'][0]
```

16.7.3 编写交易函数

交易函数，即每周检查一次，如果发现有新的医药股的市净率低于原有的股票，则予以换仓，具体代码如下：

```
def trade(context):
    if len(g.stocks) > 0:
        code = g.code
        # 如持仓股票不是最低市净率的股票，则卖出
        for stock in context.portfolio.positions.keys():
            if stock != code:
                order_target(stock,0)
        # 持仓该股票
        if len(context.portfolio.positions) > 0:
            return
        else:
```

```
order _ value(code, context.portfolio.cash)
```

16.7.4　医药股轮动量化交易策略的回测

在回测之前，设置开始时间为2016年4月8日，结束时间为2018年4月8日。设置账户交易资金为10万元，交易频率为每天，如图16.16所示。

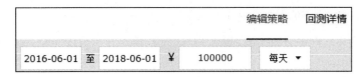

图16.16　设置回测时间和频率

设置好各项参数后，单击"编译运行"按钮，就可以编译运行医药股轮动量化交易策略，运行完毕后，就可以看到策略收益和基准收益对比图表，如图16.17所示。

图16.17　策略收益和基准收益对比图表

在这里可以看到基准收益为13.81%，而策略收益为17.23%，策略年化收益为8.49%，这表明医药股轮动量化交易策略是一个不错的策略。

16.8　小市值股票量化交易策略

小市值股票量化交易策略，即筛选出市值介于20亿－30亿元的股票，选取其中市值最小的三只股票，然后每天开盘买入，持有5个交易日，然后调仓。

16.8.1 编写初始化函数

双击"量化交易策略实例"文件夹，然后单击"新建策略"按钮，在弹出的菜单中单击"股票策略"命令，就会新建一个股票策略，然后双击策略名称，重新命名为"小市值股票量化交易策略"。

删除文本框中所有代码，重新编写代码。首先导入函数，然后编写初始化函数，具体代码如下：

```python
# 导入函数库
import jqdata
## 初始化函数，设定要操作的股票、基准等
def initialize(context):
    # 设定沪深 300 作为基准
    set_benchmark('000300.XSHG')
    # True 为开启动态复权模式，使用真实价格交易
    set_option('use_real_price', True)
    # 设定成交量比例
    set_option('order_volume_ratio', 1)
    # 股票类交易手续费是买入时佣金万分之三，卖出时佣金万分之三加千分之一印花税，每笔交易佣金最低扣 5 块钱
    set_order_cost(OrderCost(open_tax=0, close_tax=0.001, \
                             open_commission=0.0003, close_commission=0.0003,\
                             close_today_commission=0, min_commission=5), type='stock')
    # 持仓数量
    g.stocknum = 3
    # 交易日计时器
    g.days = 0
    # 调仓频率
    g.refresh_rate = 5
    # 运行函数
    run_daily(trade, 'every_bar')
```

16.8.2　编写选股函数

选股函数, 即筛选出市值介于20亿-30亿元的股票, 选取其中市值最小的三只股票, 具体代码如下:

```
def check_stocks(context):
    # 设定查询条件
    q = query(
            valuation.code,
            valuation.market_cap
        ).filter(
            valuation.market_cap.between(20,30)
        ).order_by(
            valuation.market_cap.asc()
        )
    # 选出低市值的股票, 构成buylist
    df = get_fundamentals(q)
    buylist =list(df['code'])
    # 过滤停牌股票
    buylist = filter_paused_stock(buylist)
    return buylist[:g.stocknum]
```

16.8.3　编写过滤停牌股票函数

过滤停牌股票函数, 具体代码如下:

```
def filter_paused_stock(stock_list):
    current_data = get_current_data()
    return [stock for stock in stock_list if not current_data[stock].paused]
```

16.8.4　编写交易函数

交易函数, 即每天开盘买入, 持有5个交易日, 然后调仓, 具体代码如下:

```
def trade(context):
    if g.days%g.refresh_rate == 0:
        ## 获取持仓列表
        sell_list = list(context.portfolio.positions.keys())
```

```
# 如果有持仓,则卖出
if len(sell_list) > 0 :
    for stock in sell_list:
        order_target_value(stock, 0)
## 分配资金
if len(context.portfolio.positions) < g.stocknum :
    Num = g.stocknum - len(context.portfolio.positions)
    Cash = context.portfolio.cash/Num
else:
    Cash = 0
## 选股
stock_list = check_stocks(context)
## 买入股票
for stock in stock_list:
        if len(context.portfolio.positions.keys()) < g.stocknum:
            order_value(stock, Cash)
# 天计数加一
g.days = 1
    else:
        g.days += 1
```

16.8.5 小市值股票量化交易策略的回测

在回测之前,设置开始时间为2016年4月8日,结束时间为2018年4月8日。设置账户交易资金为10万元,交易频率为每天,如图16.18所示。

图16.18 设置回测时间和频率

设置好各项参数后,单击"编译运行"按钮,就可以编译运行小市值股票量化交易策略,运行完毕后,就可以看到策略收益和基准收益对比图表,如图16.19所示。

在这里可以看到基准收益为20.12%,而策略收益为8.17%,这表明小市值股票量化交易策略是一个不错的策略。

图16.19　策略收益和基准收益对比图表

16.9　人工智能多因子量化交易策略

在证券交易的量化策略中，多因子策略称得上是最早被创造但同时也是变化最多的投资策略之一，好的因子意味着长期稳定的收入，因此能够发现一个好的因子是每位量化交易者的一致愿望。

16.9.1　编写初始化函数

双击"量化交易策略实例"文件夹，然后单击"新建策略"按钮，在弹出的菜单中单击"股票策略"命令，就会新建一个股票策略，然后双击策略名称，重新命名为"人工智能多因子量化交易策略"。

删除文本框中所有代码，重新编写代码。首先导入数据包，然后编写初始化函数，具体代码如下：

```
# 导入数据包
import pandas as pd
import numpy as np
import math
from sklearn.svm import SVR
from sklearn.model_selection import GridSearchCV
```

```
from sklearn.model_selection import learning_curve
from sklearn.linear_model import LinearRegression
from sklearn.ensemble import RandomForestRegressor
import jqdata
# 编写初始化函数
def initialize(context):
    # 为全局变量赋值
    g.days = 0
    g.refresh_rate = 6    # 股票交易的频率为 6 天, 即每 6 个交易日进
行一次机器学习算法 ( 每 6 个交易日进行一次调仓, 将不在机器学习算法中选出的股
票卖出 )
    g.stocknum = 5        # 持有股票个数为 5
    # 设定沪深 300 作为基准
    set_benchmark('000300.XSHG')
    # 开启动态复权模式 ( 真实价格 )
    set_option('use_real_price', True)
    # 过滤掉 order 系列 API 产生的比 error 级别低的 log
    log.set_level('order', 'error')
    # 指定周期性交易函数
    run_daily(trade, 'every_bar')
```

在初始化函数中, 首先定义了三个全局变量, 第一个变量为天数, 第二个变量为股票交易的频率, 第三个参数为持有股票个数; 然后设定沪深300作为基准、开启动态复权模式(真实价格)、过滤掉order系列API产生的比error级别低的log, 最后指定周期性交易函数。

16.9.2 编写自定义的交易函数

自定义的交易函数整体是一个大的IF语句, 如果g.days能整除6, 就运行if下面的代码, 否则直接运行最后一句, 即g.days = g.days + 1。

如果g.days能整除6, 首先利用get_index_stocks ()函数可以获取一个指数给定日期在平台可交易的成分股列表。在这里获得的是沪深300成本股, 日期为默认日期, 具体代码如下:

```
# 自定义交易函数
def trade(context):
```

如果 g.days 能整除 6, 就运行 if 下面的代码, 否则直接运行最后一句, 即 g.days = g.days + 1

```
if g.days % 6 == 0:
```

利用 get _ index _ stocks () 函数可以获取一个指数给定日期在平台可交易的成分股列表, 在这里获得的是沪深 300 成本股, 日期为默认日期

```
sample = get _ index _ stocks('000300.XSHG', date = None)
```

接下来, 定义查询语句, 即从沪深300成本股中选出股票代码、总市值、(资产总计−负债合计)、(资产总计÷负债合计)、净利润、净利润+1、营业收入同比增长率、开发支出, 具体代码如下:

```
q = query(valuation.code, valuation.market _ cap, balance.
total _ assets - balance.total _ liability,
                    balance.total _ assets / balance.total _
liability, income.net _ profit, income.net _ profit + 1,
                    indicator.inc _ revenue _ year _ on _ year,
balance.development _ expenditure).filter(valuation.code.in _ (sample))
```

接下来, 利用get_fundamentals ()函数查询沪深300成本股的财务数据, 然后利用表格来显示, 具体代码如下:

```
df = get _ fundamentals(q, date = None)
# 列表的列头名
df.columns = ['code', 'log _ mcap', 'log _ NC', 'LEV',
'NI _ p', 'NI _ n', 'g', 'log _ RD']
# 调用 numpy 中的 log 函数和 abs 函数, 为列表各列赋值
df['log _ mcap'] = np.log(df['log _ mcap'])
df['log _ NC'] = np.log(df['log _ NC'])
df['NI _ p'] = np.log(np.abs(df['NI _ p']))
df['NI _ n'] = np.log(np.abs(df['NI _ n'][df['NI _ n']<0]))
df['log _ RD'] = np.log(df['log _ RD'])
df.index = df.code.values          # 设置表的索引为股票代码值
del df['code']                     # 删除股票代码列
# 调用 fillna 函数将其 Nan 全部填充为 0
df = df.fillna(0)
# 如果表中的数据大于 10000, 则修改期值为 10000
df[df>10000] = 10000
# 如果表中的数据小于 −10000, 则修改期值为 −10000
df[df<-10000] = -10000
```

需要注意的是，在这里设置表的索引为股票代码值，并调用fillna函数将其Nan全部填充为0。另外，如果表中的数据大于10000，则修改期值为10000，如果表中的数据小于-10000，则修改期值为-10000。

接下来，定义变量并赋值，各值分别是不同行业代码，具体程序代码如下：

```
#定义变量并赋值，各值分别是不同行业代码，如801010为农林牧渔行业代码\
801020为采掘行业代码\801890为机械设备行业代码
        industry _ set = ['801010', '801020', '801030', '801040',
'801050', '801080', '801110', '801120', '801130',
                '801140', '801150', '801160', '801170', '801180',
'801200', '801210', '801230', '801710',
                '801720', '801730', '801740', '801750', '801760',
'801770', '801780', '801790', '801880','801890']
```

行业代码与行业名称如表16.1所示。

表16.1 行业代码与行业名称

行业代码	行业名称	行业代码	行业名称
801010	农林牧渔	801200	商业贸易
801020	采掘	801210	休闲服务
801030	化工	801230	综合
801040	钢铁	801710	建筑材料
801050	有色金属	801720	建筑装饰
801080	电子	801730	电气设备
801110	家用电器	801740	国防军工
801120	食品饮料	801750	计算机
801130	纺织服装	801760	传媒
801140	轻工制造	801770	通信
801150	医药生物	801780	银行
801160	公用事业	801790	非银金融
801170	交通运输	801880	汽车
801180	房地产	801890	机械设备

接下来，利用for循环获取所有行业的股票代码，再设置机器训练的X标签数据和Y标签数据，具体代码如下：

```
for i in range(len(industry_set)):
    # 利用 get_industry_stocks() 函数获取在给定日期一个
行业的所有股票代码
    industry = get_industry_stocks(industry_set[i],
date = None)
    s = pd.Series([0]*len(df), index=df.index)
    s[set(industry) & set(df.index)]=1
    df[industry_set[i]] = s
# 机器训练的 X 标签数据
X = df[['log_NC', 'LEV', 'NI_p', 'NI_n', 'g', 'log_
RD','801010', '801020', '801030', '801040', '801050',
                '801080', '801110', '801120', '801130', '801140',
'801150', '801160', '801170', '801180', '801200',
                '801210', '801230', '801710', '801720', '801730',
'801740', '801750', '801760', '801770', '801780',
                '801790', '801880', '801890']]
# 机器训练的 Y 标签数据
Y = df[['log_mcap']]
# 调用 fillna 函数将其 Nan 全部填充为 0
X = X.fillna(0)
Y = Y.fillna(0)
```

接下来，开始利用SVR机器学习算法计算，并训练数据，具体代码如下：

```
# 开始利用 SVR 机器学习算法计算
svr = SVR(kernel='rbf', gamma=0.1)
# 训练的代码
model = svr.fit(X, Y)
```

将机器学习算法运算得到的结果用到当日的股票上，计算预测值与真实值之间的差距，并按照差距从小到大的顺序对股票进行排序，具体代码如下：

```
# 将机器学习算法运算得到的结果用到当日的股票上，计算预测值与真实值之间
的差距
factor = Y - pd.DataFrame(svr.predict(X), index =
Y.index, columns = ['log_mcap'])
# 按照差距从小到大的顺序对股票进行排序
factor = factor.sort_index(by = 'log_mcap')
```

接下来，取前5只股票及客户当前账户持仓股票的代码，具体程序代码如下：

```
# 取前 5 只股票
        stockset = list(factor.index[:5])
        # 客户当前账户持仓股票的代码
        sell_list = list(context.portfolio.positions.keys())
```

接下来，利用for循环和IF条件语句，判断股票代码是否在stockset[:g.stocknum]中，如果不在，就调用order_target_value函数卖出股票，具体代码如下：

```
for stock in sell_list:
        if stock not in stockset[:g.stocknum]:
            stock_sell = stock
            # 如果股票代码不在 stockset[:g.stocknum] 中, 就调用 order_
target_value 函数卖出股票
            order_target_value(stock_sell, 0)
```

接下来，判断持仓股票个数是否小于g.stocknum，具体代码如下：

```
# 如果持仓股票个数小于 g.stocknum
        if len(context.portfolio.positions) < g.stocknum:
            #num 为 g.stocknum 减去持仓股票个数
            num = g.stocknum - len(context.portfolio.positions)
            #cash 为客户当前账户现金除以 num
            cash = context.portfolio.cash/num
        else:
            # 如果持仓股票个数大于 g.stocknum, 则 cash 和 num 都为 0
            cash = 0
            num = 0
```

如果持仓股票个数小于5，这时就会从stockset[:g.stocknum]中买进股票，即调用order_target_value函数买进股票，具体代码如下：

```
for stock in stockset[:g.stocknum]:
        if stock in sell_list:
            pass
        else:
            stock_buy = stock
            # 如果持仓股票个数小于 5, 这时就会从 stockset[:g.stocknum]
中买进股票，即调用 order_target_value 函数买进股票
```

```
order _ target _ value(stock _ buy, cash)
# 变量 num 减 1
num = num - 1
# 如果 num 为 0, 则退出 for 循环
if num == 0:
    break
```

最后, 全局变量g.days加1, 具体代码如下:

```
    g.days += 1        # 全局变量 g.days 加 1
else:
    g.days = g.days + 1
```

16.9.3 人工智能多因子量化交易策略的回测

在回测之前, 设置开始时间为2016年6月1日, 结束时间为2017年3月1日。
设置账户交易资金为10万元, 交易频率为每天, 如图16.20所示。

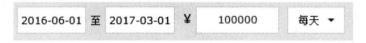

图16.20 设置回测时间和频率

设置好各项参数后, 单击"编译运行"按钮, 就可以编译运行小市值股票
量化交易策略, 运行完毕后, 就可以看到策略收益和基准收益对比图表, 如
图16.21所示。

图16.21 策略收益和基准收益对比图表

在这里可以看到基准收益为9.11%, 而策略收益为37.78%, 这表明人工智
能多因子量化交易策略是一个不错的策略。